Drogenstrafrecht in Deutschland und Frankreich

D1829099

Europäische Hochschulschriften
Publications Universitaires Européennes
European University Studies

Reihe II
Rechtswissenschaft

Série II Series II
Droit
Law

Bd./Vol. 2080

PETER LANG
Frankfurt am Main · Berlin · Bern · New York · Paris · Wien

Andreas Siebel

Drogenstrafrecht in Deutschland und Frankreich

Verfassungsmäßigkeit und Auswirkungen der Drogenprohibition

PETER LANG
Europäischer Verlag der Wissenschaften

Die Deutsche Bibliothek - CIP-Einheitsaufnahme

Siebel, Andreas:

Drogenstrafrecht in Deutschland und Frankreich : Verfassungsmäßigkeit und Auswirkungen der Drogenprohibition / Andreas Siebel. - Frankfurt am Main ; Berlin ; Bern ; New York ; Paris ; Wien : Lang, 1997
(Europäische Hochschulschriften : Reihe 2, Rechtswissenschaft ; Bd. 2080)
Zugl.: Bremen, Univ., Diss., 1996
ISBN 3-631-30842-6

NE: Europäische Hochschulschriften / 02

D 46
ISSN 0531-7312
ISBN 3-631-30842-6

© Peter Lang GmbH
Europäischer Verlag der Wissenschaften
Frankfurt am Main 1997
Alle Rechte vorbehalten.

Das Werk einschließlich aller seiner Teile ist urheberrechtlich geschützt. Jede Verwertung außerhalb der engen Grenzen des Urheberrechtsgesetzes ist ohne Zustimmung des Verlages unzulässig und strafbar. Das gilt insbesondere für Vervielfältigungen, Übersetzungen, Mikroverfilmungen und die Einspeicherung und Verarbeitung in elektronischen Systemen.

Printed in Germany 1 2 3 4 6 7

"Die Dosis macht das Gift"

Paracelsus

Inhaltsverzeichnis

Abkürzungsverzeichnis

AG	Amtsgericht
AIFO	Aids-Forschung (Zeitschrift)
Alt	Alternative
AM	Arzneimittel
Anm	Anmerkung
AO	Abgabenordnung
Art	Artikel
Aufl	Auflage
AWG	Außenwirtschaftsgesetz
B	Beschluß
BayOblG	Bayerisches Oberstes Landgericht
Bd	Band
BGA	ehem. Bundesgesundheitsamt in Berlin
BGBl	Bundesgesetzblatt
BGHR	Entscheidungssammlung des BGH
BGHSt	Entscheidung des Bundesgerichtshofes in Strafsachen
BKA	Bundeskriminalamt in Wiesbaden
BR	Bundesrat
BReg	Bundesregierung
BT	Bundestag
BT-Drs.	Bundestagsdrucksache
BtM	Betäubungsmittel
BtMÄndVO	Verordnung zur Änderung betäubungsmittelrechtlicher Vorschriften
BtMG	Betäubungsmittelgesetz
BVerfGE	Entscheidungen des Bundesverfassungsgerichtes
C.P.	Code pénal (Strafgesetzbuch)
C.P.P.	Code de procédure pénale (Strafverfahrensrecht)
C.S.P.	Code de la santé publique (Gesundheitsgesetz)

DEA	Drug Enforcement Agency - Geheimdienst der Vereinigten Staaten
DGLDT	Délégation Générale à la Lutte contre la Drogue et la Toxicomanie (dem Premierminister unterstellte Drogenbekämpfungsbehörde)
DJ	Deutsche Justiz (Zeitschrift)
DJZ	Deutsche Juristenzeitung (Zeitschrift)
DR	Deutsches Recht (Zeitschrift)
Drogalkohol	Zeitschrift
Drs	Drucksache
EMRK	Europäische Menschrechtskonvention
EuGH	Gerichtshof der Europäischen Gemeinschaften
FR	Frankfurter Rundschau
GA	Goltdammer's Archiv für Strafrecht
GBA	Generalbundesanwalt
GG	Grundgesetz
GVG	Gerichtsverfassungsgesetz
GWG	Geldwäschegesetz
idR	in der Regel
ieS	im engen Sinne
IP	Interpol
iS	im Sinne
iVm	in Verbindung mit
iwS	im weiten Sinne
JO	Journal Officiel (Amtsblatt der französischen Republik)
JR	Juristische Rundschau (Zeitschrift)
JuS	Juristische Schulung (Zeitschrift)
JVA	Justizvollzugsanstalt
Komm	Kommentar
KP	Kriminalpolizei

LG	Landgericht
Lit	Literatur
LKA	Landeskriminalamt
LSD	Lysergid
MDR	Monatsschrift für Deutsches Recht
MSchKrim	Monatsschrift für Kriminologie und Strafrechtsreform
NJW	Neue Juristische Wochenschrift (Zeitschrift)
NStE	Neue Strafrechts-Entscheidungssammlung von Rebmann, Dahs und Miebach
NStZ	Neue Zeitschrift für Strafrecht
Nr	Nummer
OCTRIS	Office Central de répression du trafic illicite de stupéfiants (Polizeibehörde für die Samm lung von Daten für die Strafverfolgung von Delikten gegen die Betäubungsmittelgesetzgebung und Gesprächspartner von OICP-Interpol)
OGH	Oberster Gerichthof für die britische Zone in Köln
OLG	Oberlandesgericht
OLG St	Entscheidungen der Oberlandesgerichter in Strafsachen
OpiumG	Opiumgesetz
OrgKG	Gesetz zur Bekämpfung des illegalen Rauschgifthandels und anderer Erscheinungsfor men Organisierter Kriminalität
RegE	Regierungsentwurf
RG	Reichsgericht oder Rauschgift
RN	Randnummer
Rspr	Rechtsprechung
Rz	Randziffer
s	siehe
S	Seite
SchG	Schöffengericht

S.D.N.	Société Des Nations (Völkerbund)
sog	sogenannt
StA	Staatsanwalt
StGB	Strafgesetzbuch
StPO	Strafprozeßordnung
StrafV	Strafverteidiger (Zeitschrift)
Sucht	Zeitschrift
Sucht G	Suchtgefahren (Zeitschrift)
Sucht R	Sucht Report (Zeitschrift)
THC	Tetrahydrocannabinol
U	Urteil
u a	unter anderem oder und andere
UN	United Nations
u U	unter Umständen
vgl	vergleiche
VGH	Verwaltungsgerichtshof
VO	Verordnung
VP	Verbindungsperson der Polizei
WHO	World Health Organisation
ZfB	Hessische Zentralstelle für die Bekämpfung der Betäubungsmittelkriminalität
ZPO	Zivilprozeßordnung
ZStR	Schweizerische Zeitschrift für Strafrecht

Einleitung

Die aktuellen Lebensverhältnisse der Drogensüchtigen und die Situation des Rechtsstaates in diesem Sektor nehmen immer alarmierendere Formen an. Diese Problematik stellt sich gleichermaßen in beiden zu untersuchenden Ländern. Es soll daher mit Hilfe eines Rechtsvergleiches versucht werden, die Auswirkungen der Drogenprohibition auf beide Gesellschaften zu analysieren.
In der folgenden Arbeit wird die Frage untersucht werden, wie die beiden Staaten auf das Problem der Drogensucht reagierten und reagieren. Das Ziel der Arbeit ist die Darstellung des unterschiedlichen Drogenstrafrechtes, die Aufarbeitung des vorhandenen Gesetzes- und Endscheidungsmaterials, sowie die Entwicklung von Lösungsvorschlägen.

Um die aktuelle Gesetzgebung auf diesem Gebiet des Strafrechtes erfassen zu können, ist nach Ansicht des Verfassers die Einbeziehung der rechtshistorischen Entwicklung des Drogenrechtes in die Untersuchung erforderlich.
Bei der Aufarbeitung des geschichtlichen Hintergrundes standen dem Verfasser für den deutschen Teil im wesentlichen die Arbeiten von Sebastian Scheerer zur Verfügung, und für den französischen hatte Francis Caballero bereits eine weitgehende Aufbereitung des Materials vorgenommen. Es galt daher, erstmalig die beiden Entwicklungen zu vergleichen.
Nach Auffassung des Verfassers ist bereits die Wahl des juristischen Instrumentes für die Definition der illegalen Drogen bezeichnend für die Perzeption des Drogenproblems durch den Gesetzgeber. Daher wurde das erste Kapitel der Definition der illegalen Drogen gewidmet. Dabei wurde versucht, eine andere Art der Definition zu entwickeln.
Bei der Darstellung der historischen Entwicklung der Gesetzgebung war das Ziel der Arbeit, die für den Juristen erstaunliche Feststellung zu beweisen, daß die nationalen Gesetze fast immer erst eine Reaktion auf internationale Abkommen waren. Weiterhin sollte mit Hilfe der Gegenüberstellung der ver-

schiedenen Abkommen und der nationalen Gesetze die unterschiedlichen gesetzgeberischen Reaktionen auf die Abkommen in den beiden zu untersuchenden Ländern dargestellt werden.
Auch in den folgenden Kapiteln wird diese Methode der beschreibenden Gegenüberstellung der beiden Gesetzestexte mit anschließender Kommentierung beibehalten. Erst danach wird ein Vergleich mit kritischer Betrachtung der möglichen Schwachstellen vorgenommen. Dabei soll versucht werden, mit Hilfe des jeweiligen anderen Rechtssystemes eine bessere Lösung des Problemes zu entwickeln.

Bei der Darstellung des deutschen Drogenrechtes kam dem Verfasser die 1994 erfolgte Neuauflage des BtMG-Kommentares von Harald Körner sehr zu statten. Dagegen mußte der Verfasser in Frankreich mit mehreren Problemen kämpfen. Zunächst werden die französischen Gesetze nicht wie in Deutschland in Loseblattsammlungen publiziert, sondern nur in Büchern, die teilweise schon mit Kommentierungen versehen sind. So ist die Auffindung von Gesetzestexten von Nebengesetzen erheblich erschwert. Aus diesem Grunde gibt es auch keine ausführlichen Kommentare wie in der deutschen Fachliteratur, sondern man ist auf die knappen Kommentierungen in den Gesetzestextpublikationen angewiesen. Die Ausnahme von der Regel kann ein Lehrbuch über das konkrete Gesetz sein. Ein solches hatte Francis Caballero zwar 1989 über das Drogenstrafrecht geschrieben.
Dieses konnte dem Verfasser aber bei der Analyse der heutigen Strafgesetze auf diesem Gebiet nicht helfen, da das gesamte französische Strafgesetzbuch im Jahre 1994 novelliert wurde. Dabei wurde auch eine Reform der Drogenstraftatbestände in Bezug auf den Händler vorgenommen. Bei der Gesetzestextpublikation des neuen Strafgesetzes entfiel deshalb auch die oben erwähnte knappe Kommentierung aus dem schlichten Grund, daß es noch keine Entscheidungen zu diesen neuen Strafvorschriften gibt. Somit mußte sich der Verfasser mit den alten Kommentierungen, soweit noch nicht überholt, und den Rundschreiben des französichen Justizministeriums zu der Auslegung der neuen Strafgesetze begnügen.

Auch bei der statistischen Analyse traf der Verfasser in Frankreich auf Probleme. Zwar gibt es in Frankreich ein Institut für Statistik; dieses publiziert aber nur sehr allgemeine Statistiken, deren Aussagewert für spezifische Fragestellungen begrenzt ist. Deshalb wandte sich der Verfasser an das Justizministerium. Dieses veröffentlicht alle drei Jahre Statistiken über Verurteilungen, aber diese Statistiken sind nicht entfernt so differenziert wie die vom Bundesamt für Statistik und nur mit Mühe waren Zahlen von 1992 zu erhalten.
Dagegen war die sehr gut organisierte Nationalbibliothek in Paris eine große Hilfe. Da auch in Frankreich das Drogenproblem in der öffentlichen Meinung als immer wichtiger empfunden wird, wurden nach französischer Gepflogenheit verschiedene Staatskommissionen und Behörden mit der Untersuchung dieses Phänomens beauftragt. Deshalb gab es für die Untersuchung im fünften Kapitel, welches sich mit den sozialen Auswirkungen der Drogenprohibition beschäftigt, eine Reihe von verwertbaren Untersuchungen. Eine vergleichende Analyse mit Untersuchungen in Deutschland war wegen der meist unterschiedlichen Ansätze und Prämissen nicht möglich.

Im anschließenden Kapitel über die Verfassungsmäßigkeit trat das Problem auf, daß in Frankreich zu dieser Frage keine höchstrichterlichen Entscheidungen existieren. Auch hat bisher nur ein französischer Autor diese Frage aufgegriffen. Gerichte der unteren Instanzen haben Argumente gegen die Verfassungsmäßigkeit der französischen Drogenstrafgesetzgebung als irrelevant abgetan. In auffälligem Widerspruch zu der immer schärferen französischen Prohibition stehen die teilweise sehr progressiven Reformvorschläge der eingesetzten Kommissionen.

Insgesamt ist festzuhalten, daß sich die Arbeit in zwei Blöcke aufteilt: Der erste behandelt die Straftatbestände und die Verfahrensvorschriften mit ihrer Entstehungsgeschichte. Im zweiten Block untersucht der Verfasser die Auswirkungen der Repression, ihre Verfassungsmäßigkeit und die möglichen Alternativen. Die vorliegende Arbeit stellt einen Versuch dar, die Umrisse des Drogenproblems zu beleuchten und mit Hilfe des Rechtsvergleiches die unterschiedliche strafrechtliche Beurteilung darzustellen. Sie soll einen Beitrag zur Versachlichung der Diskussion über die bestmögliche Bekämpfung der Drogensucht leisten.

München, den 16.11.1995

Andreas Siebel

1. Kapitel: Was sind Drogen?

Ehe man sich mit dem Drogenrecht befaßt, muß definiert werden, was Drogen sind. Die ersten Prohibitionsgesetze sind für einzelne Substanzen entstanden, ohne daß ihre Verfasser sich um eine allgemeingültige Definition der Drogen bemüht hatten. Ob dies Drogen sind oder nicht, oder ob andere legale Substanzen auch ähnliche Effekte auf den menschlichen Körper haben, wurde nicht diskutiert. In diesem Kapitel werden die verschiedenen Definitionen der internationalen Organisationen und der nationalen Gesetzgeber in Frankreich und Deutschland dargestellt. Zunächst werden die Definitionen der Weltgesundheitsorganisation erklärt. Danach folgt die Klassifikation gemäß dem Bericht von Pelletier Abschließend soll dargestellt werden, warum es auch heute keine allgemeingültige Definition der illegalen Drogen gibt.

1.1 Definition der Droge durch die WHO zwischen 1952-57

Die ersten Definitionen der Drogen stützen sich auf den suchtbildenden Charakter der Drogen. Somit wurde definiert, daß Drogen alle die Substanzen sind, die zur Sucht führen. Diese Definition wurde von der OMS/WHO (Organisation Mondiale de la Santé, Weltgesundheitsorganisation) als ungenügend empfunden. Daher wurde 1952[1] eine Kommission einberufen, die eine Definition der Drogen ausarbeiten sollte. Die Definition, die von 1952-1957 galt, lautete: Die Substanzen deren Konsum nicht nur eine Gewohnheit, sondern eine Sucht erzeugen, sind Drogen. "Gewohnheit" wird folgendermaßen definiert:[2]

1. Der nicht zwanghafte Wunsch, die Droge weiter zu konsumieren, da die Droge angenehme Gefühle vermittelt.
2. Mit oder ohne Tendenz zur Dosenerhöhung.

---

1 Vgl. WHO, Expertenkonfezenz für die Drogen, die zu einer Sucht führen können. Technische Berichte Nr. 57, 1952.

2 Vgl. Caballero, 1989, S. 3.

3. Nur eine psychische Abhängigkeit, deshalb auch keine Entzugserscheinungen.
4. Negative Folgen, wenn überhaupt nur für den Einzelnen, jedoch nicht für die Allgemeinheit.

Dagegen wurde die Sucht folgendermaßen definiert: Sucht ist ein Zustand, der durch den wiederholten Genuß von natürlichen oder synthetischen Drogen entstanden ist. Ihre Charakteristika sind:

1. Es besteht der Zwang, die Droge weiter zu konsumieren und sie sich deshalb ohne Rücksicht auf die Mittel zu besorgen.
2. Tendenz zur Dosenerhöhung.
3. Eine psychische und meistens auch physische Abhängig keit von der Drogenwirkung.
4. Negative Auswirkungen auf den Einzelnen und die Gesell schaft.

1.2 Definition der pharmakologischen Abhängigkeit

1969 schlägt eine Expertenkonferenz den Begriff "pharmakologische Abhängigkeit[3]" für den Mißbrauch von Medikamenten vor. Die pharmakologische Abhängigkeit ist ein psychischer und manchmal auch physischer Zustand, der das Ergebnis einer Interaktion von einem lebendigen Organismus und einem Medikament ist. Das Verhalten verändert sich und es entsteht ein Zwang, das Medikament weiter zu sich zu nehmen um die positiven Effekte zu erreichen und die negativen zu vermeiden, die durch die Abstinenz entstehen könnten Das selbe Individuum kann von verschiedenen Medikamenten abhängig sein. Die Schwächen dieser Definition erkennt man schon an dem Beispiel Wasser. Wasser ist auch eine Substanz, die man zu sich nehmen muß, um sich wohl zu fühlen und Entzugserscheinungen zu verhindern. Hieraus erkennt man, daß der

---

3 Vgl. WHO, Expertenkonferenz für die pharmakologische Abhängigkeit, technische Berichte, Nr. 407, 1969.

Definition ein wesentliches Merkmal der juristischen Definition fehlt, die individuelle und soziale Gefährlichkeit der Droge.

1.3 Synthese: Die juristische Qualifikation der Drogen

Die Synthese[4] aus den bisher dargestellten Definitionen ergibt folgende Charakteristiken für die juristische Qualifikation: Droge ist jede natürliche oder künstliche Substanz, die geeignet ist, folgende Effekte zu bewirken:

1. Ein Effekt auf das Zentralnervensystem.
2. Eine physische oder psychische Abhängigkeit.
3. Eine soziale und gesundheitliche Gefahr.

Einen Effekt auf das Zentralnervensystem haben viele Substanzen, ohne als Drogen angesehen zu werden, z.B. Tee, Kaffee und Schokolade. Somit muß auch eine Abhängigkeit[5] vorhanden sein, damit von einem juristisch relevanten Tatbestand ausgegangen werden kann. Aber auch hier wurde festgestellt, daß eine relativ geringe psychische Abhängigkeit bei Schokolade zu beobachten ist. Deshalb stellt sich die Frage, ab welchem Niveau der Abhängigkeit die juristische Definition ansetzen muß. Daher kommt man zum letzten Merkmal der obigen Definition; die soziale und gesundheitliche Gefahr. Eine Gefahr für die Gesellschaft besteht nur, wenn sich der Gebrauch der Droge ausbreitet, und das Abhängigkeitspotential der Droge nicht zu vernachlässigen ist. Mit anderen Worten, bei geringem Abhängigkeitspotential und geringer Ausbreitungsgefahr, ist die betreffende Droge aus dem juristisch relevanten Tatbestand auszuklammern. Damit sind die "kleineren Aufputschmittel", wie Tee, Kaffee und Kakao vom juristischen Begriff der Droge auszuschließen: Trotz der Tatsache, daß auch diese im Einzelfall zu pathologischen Abhängigkeiten führen können, wie z.B. Teesucht, Kaffeesucht und Schokoladensucht.

---

4 Vgl. Caballero, 1989, S. 7.

5 nach einer Studie des National Institute of Drug Abuse gibt es 47 Theo rien über die Abhängigkeit: 12 psychologische Theorien, 8 biologische Theorien, 12 soziologische Theorien und 15 gemischte Theorien.

Es besteht hier das Problem, daß auf der sozialen Seite ein direkter Nachweis der Sozialschädlichkeit beim einzelnen Konsumenten nur schwer zu führen ist. Aber hier begnügt sich die juristische Definition mit einem statistischen Nachweis zwischen dem Genuß von bestimmten Substanzen und den ihnen zugeschriebenen Krankheiten. Dabei ist man aber häufig dem Zirkelschluß unterlegen, Schäden den einzelnen Substanzen zuzuschreiben, die nur aufgrund der Kriminalisierung entstanden sind.

1.4 Die Klassifikation der WHO von 1971

Nach langem Zögern hat sich die WHO[6] zu einer Klassifizierung der Drogen nach ihrem Abhängigkeits- und Suchtbildungspotential, dargestellt in der folgenden Tabelle[7], bereitgefunden.
Diese Klassifikation hat einige Schwachstellen, da Opiate ohne Differenzierung aufgezählt werden. Es werden Substanzen wie Heroin mit seinem starken suchtbildenden Charakter zusammengeworfen mit Kodein. Die abhängigkeitsbildende Eigenschaft von injiziertem Kokain wird gänzlich vernachlässigt. Tabak nicht erwähnt.
Man muß der WHO zugute halten, daß die Klassifizierung von Drogen extrem schwierig ist, da die Wirkung stark von der Art der Einnahme abhängig ist und sich von Individium zu Individium ändert. Hinzu kommt die Qualität und Reinheit der Zubereitung der Drogen, die körperliche und seelische Verfassung des Konsumenten, die Häufigkeit des Konsums, das Suchtstadium und schließlich die Umgebung (Setting).[8]

---

6 Vgl. NAHAS, A pharmacological classification of drugs of abuse, B.S., Vol. XXXIII, 1981, Nr. 2, S. 1.

7 Vgl. die Tabelle auf der nächsten Seite.

8 Vgl. Körner, 1994, Anhang C 1, Rdn. 60.

Drogen	Psychische Abhängigkeit	Physische Abhängigkeit	Toleranz
Alkohol	mittel bis stark	mittel bis stark	einige
Barbiturate	mittel bis stark	mittel bis stark	substanzielle
Opiate (Heroin, Kodein)	mäßig bis stark	stark	starke
Kokain	mäßig bis stark	keine	keine
Amphetamine	mittel bis stark	minimale	keine
Kath	mittel bis mäßig	minimale	geringe
Halluzinogene (LSD)	mittel bis mäßig	keine	vielleicht starke bei einigen Substanzen
Cannabis	mittel bis mäßig	minimale	bei starken Dosen möglich
Lösemittel, Inhalierungsmittel	mittel bis mäßig	minimale	bei einigen Substanzen möglich

Einige Autoren versuchten eine Klassifizierung aufgrund der Höhe der verwendeten Dosen von Drogenkonsumenten vorzunehmen. Aber die sich daraus ergebenen Zahlen sind nicht sehr überzeugend, da sich die Autoren auf Erhebungen in den Anden, Jamaika und Peru berufen. Diese Zahlen sind zumindest nicht weltweit als repräsentativ zu betrachten[9].

1.5 Klassifikation im Bericht Pelletier

Der Bericht Pelletier[10] schlägt eine Klassifikation der "wichtigen suchtbildenden Substanzen" vor, nach dem Merkmal, ob diese Substanz physische oder psychische Abhängigkeit

9 Vgl. Caballero, 1989, S. 20.

10 Vgl. Bericht Pelletier, Rapport de la mission d'études sur l'ensemble des problèmes de la drogue, La Documentation Francaise, 1978.

und/oder Toleranz bildet. Diese hat den doppelten Verdienst einer kompletten Aufstellung der juristisch relevanten Substanzen und die Koppelung der Indizien für das Abhängigkeitsbildungspotential mit den Indizien für die Toleranzbildung, um auf die Weise das Suchtpotential einer Substanz ungefähr bestimmen zu können.

1. Opium, Morphin, Heroin, synthetisches Morphium
2. Barbiturate
3. Alkohol, Amphetamine
4. Kokain, flüchtige Lösungsmittel
5. Halluzinogene ohne Barbiturate
6. Schmerzmittel ohne Opiate
7. Koka, Beruhigungsmittel
8. Tabak
9. Haschisch
10. LSD 25, Mescaline, Psilocybine, Cannabis

An dieser Aufstellung ist erstaunlich, daß Alkohol viel höher rangiert, als einige der illegalen Drogen, wie z.B. Kokain, Barbiturate und vor allen Cannabis. Hieran kann man erkennen, daß das Suchtbildungspotential einer Substanz nicht das entscheidende Kriterium für seine internationale Klassifizierung ist.
Die oben stehende Reihenfolge der Gefährlichkeit der Substanzen resultiert aus der Bewertung nach den genannten Indizien, die in der folgenden Tabelle aufgeführt sind.

Substanzen (Drogen)	Psychische Abhängigkeit	Physische Abhängigkeit	Toleranz
Opiate:			
Opium	++++	++++	++++
Morphine	++++	++++	++++
Heroin	++++	++++	++++

Substanzen (Drogen)	Psychische Abhängig-keit	Physische Abhängig-keit	Toleranz
Morphinomi methique:			
Pethidine	++++	++++	++++
Dextroma-ramide (Palfium)	++++	++++	++++
Dextrome-thorphane (romilar)	++++	++++	++++
Aufputsch-mittel:			
Koka	+++	0	++
Kokain	++++	0	++++
Halluzino-gene:			
LSD 25	+	0	0
Mescaline	+	0	0
Psilocybine	+	0	0
Haschisch	++	0	0
Cannabis	+	0	0
Aufputsch-mittel (Me-dikamente):			
Amphetamine	++++	+	++++
Metampheta-mine	++++	+	++++
S.T.P.	++++	+	++++

Substanzen (Drogen)	Psychische Abhängigkeit	Physische Abhängigkeit	Toleranz
Halluzinogene und Beruhigungsmittel:			
Barbiturate	+++	++++	+++
Nicht Barbiturate	++	++	+++
Beruhigungsmittel	++++	+	++
Schmerzmittel ohne Opiate:			
Pethacetine	++++	0	++
Amydopyrine	++++	0	++
Andere Substanzen:			
Alkohol	+++	+++	+++
Tabak	++	0	++
Flüchtige Lösungsmittel	+++	+	++++
o = keine	+ = geringe	++ = mittlere	+++ = starke
++++ = sehr starke			

Zwar reicht die Feststellung, daß das Suchtpotential bei der internationalen Klassifizierung der Drogen nicht bestimmend war, nicht aus, um diese für untauglich zu erklären, da außer pharmakologischen Gesichtspunkten auch andere bei der Klassifizierung eine Rolle spielen könnten. Diese wurden in der obigen Tabelle nicht berücksichtigt. Aber bei dem Vergleich der Klassifizierung der Drogen im Bericht Pelletier mit der internationalen Klassifizierung können Zweifel an der Fundiertheit der letzteren aufkommen. Besonders da der Hinweis auf die Gefährlichkeit der erlaubten Drogen fehlt.

1.6 Unterscheidung zwischen weichen und harten Drogen

Die Unterscheidung zwischen harten und weichen Drogen führte in Frankreich lange Zeit zu scharfen doktrinären Debatten. Auch der Bericht Pelletier stellt fest, daß zwischen gelegentlichem Haschischrauchen und täglichen intravenösen Heroinspritzen ein Unterschied besteht. Aber der Bericht meint, daß es sich bei der Diskussion über die Definition harter und weicher Drogen um eine falsche Debatte handelt.
Aus wissenschaftlicher Sicht kann man feststellen, daß die weichen Drogen eine sehr viel geringere Konzentration von toxischen Substanzen enthalten als die harten Drogen. Dieses pharmakologisches Argument führt aber nicht bei allen Drogen zur richtigen Einordnung. Z.B. müßte LSD nach dieser Klassifizierung aufgrund seiner großen Wirkung pro Milligrammm der Substanz zu den harten Drogen gehören. Dies widerspricht aber seiner Wirkung, da LSD nur eine geringe Abhängigkeit und keine Gewöhnung (Toleranz) hervorruft. Dagegen würde Opium zu den weichen Drogen zählen, obwohl es eine starke Abhängigkeit hervorruft. Seine Substanzkonzentration ist jedoch zwanzigmal geringer, als bei Heroin.

Nach den empirischen Ergebnissen von Weil und Rosen wurde von Caballero die folgende Tabelle entwickelt.[11]

Ultrastarke Drogen:
Heroin, Krack

Starke Drogen:
Morphin, Kokain, Phenocyclidine, synthetische Rauschgifte (Methadon, Pethidine...)

Mittelstarke Drogen:
Amphetamine, Barbiturate, LSD, Psilocybine, Mescaline, chemische Lösungsmittel, Liköre

Mittelmäßig weiche Drogen:
Opium, Haschisch. Kath, Koka, Tabak, destillierter Alkohol

Weiche Drogen:
Cannabis, Alkohol durch Gärung hergestellt, Kodeine, Beruhigungsmittel

Ultraweiche Drogen:
Tee, Kaffee, Schokolade

Zwar hat diese Aufstellung keinerlei juristischen Wert, aber es ist interessant festzustellen, daß die Unterscheidung zwischen weichen und harten Drogen fast mit der Unterscheidung zwischen synthetisch hergestellten Drogen und natürlich hergestellten Drogen übereinstimmt.

1.7 Zusammenfassung

Die oben dargelegten verschiedenen Ansatzpunkte zur Definition der Drogen können bisher für den juristischen Gebrauch

---

11 Vgl. Caballero, 1989, S. 24 und die Studien von A. Weil und W. Rosen, From chocolate to morphine, Houghton Mifflin Co, Boston, 1983.

keine schlüssige Definition bringen. Es steht außer Zweifel, daß es sich bei Alkohol und Tabak um Drogen handelt. Dies ergibt sich aus ihrer pharmakologischen Zusammensetzung und ihrer Wirkung. Trotzdem besteht ein Konsens darüber, daß diese Drogen nicht verboten werden sollen. Somit muß man diese Drogen bei der Definition der zu verbietenden Drogen ausklammern. Dies ist nur mit dem Argument ihrer geringeren Gefährlichkeit für die Gesellschaft, wenn überhaupt, begründbar. Aber schon bei diesem Kriterium könnten Zweifel aufkommen, da der gesellschaftliche Schaden, der durch Alkohol angerichtet wird, beträchtlich ist. Dazu kommt, daß dieses Kriterium einem steten Wertewandel in der Gesellschaft ausgesetzt wäre und daher durch die Gerichte immer wieder überprüft und angepaßt werden müßte. Bei internationalen Abkommen würde dies zu unterschiedlichen Auslegungen führen. Daher hat man zu Recht bei den internationalen Abkommen zu dem Prinzip der Enumeration der zu verbietenden Drogen gegriffen. Dies hat jedoch zur Folge gehabt, daß die Designerdrogen entstanden sind. Bei diesen Drogen handelt es sich um Wirkstoffe, die von den internationalen oder nationalen Gesetzen noch nicht erfaßt wurden, die aber einen ähnlichen Effekt wie die gebräuchlichen Drogen haben. Da Herstellung und Konsum im Verborgenen stattfinden, kann auch vor dem Vertrieb dieser Drogen kein Test gemacht werden. Es handelt sich daher um äußerst gefährliche Drogen. Ihr einziger Vorteil besteht darin, daß sie zunächst nicht verboten sind. Die obigen Definitionen sind dennoch von gewissem Nutzen, da mit ihrer Hilfe die vorhandenen Gesetze auf ihre Zweckmäßigkeit überprüft werden können.

Das Land Baden-Württemberg hatte den folgenden Gesetzesvorschlag gemacht: Es sollte ein Absatz 7 in den § 29 BtMG eingefügt werden, der sich mit den betäubungsmittelrechtlichen Designerdrogen beschäftigt. Danach sollten die Substanzen den Betäubungsmitteln gleichgestellt werden, die vom Hersteller für den Mißbrauch als Droge gedacht waren[12]. Dieser Vorschlag traf verständlicherweise auf rechtliche Bedenken, da

---

12 Vgl. Körner, 1994, § 1 Rdn. 30.

man hätte definieren müssen, was "Wie ein Betäubungsmittel mißbraucht zu werden" bedeutet.

Als Alternative zum Enumerationsprinzip käme die oben genannte Definitionslösung in Frage. Diese hätte zur Folge, daß sämtliche Drogen im Sinne der Definition verboten wären. Der Konsum von nach heutiger Auffassung unschädlichen legalen Drogen wie Alkohol und Nikotin müßte dann durch eine Ausnahme vom Verbot legalisiert werden.
Mit einer solchen Definitionslösung würde man auch das Problem der Designerdrogen beseitigen. Andererseits würde die Gesellschaft zu dem Eingeständnis gezwungen, daß es sich bei einigen sogenannten Genußmitteln wie z.B. Alkohol um eine gesundheitlich und gesellschaftlich gefährliche Droge handelt. Die Legalisierung dieser Genußmittel mit Hilfe der Ausnahmeregelung würde offenbar machen, daß die Unterscheidung zwischen Drogen im Sinne des heutigen Betäubungsmittelstrafrechts und den Genußgiften eine politische Entscheidung ist und keinen Rückhalt in sachlichen Argumenten wie zum Beispiel der unterschiedlichen gesellschaftlichen Gefährdung findet. Denkt man diesen Gedanken zu Ende, muß man sich konsequenterweise entscheiden, ob man alle Drogen erlaubt oder verbietet.

2. Kapitel: Geschichtliche Entwicklung der Drogengesetzgebung

1. Die Herkunft der Drogen

1.1 Frühgeschichtliche Verwendung von Drogen

Die Menschheit kennt schon seit Jahrtausenden die Verwendung von Drogen zu religiösen Zwecken, als Heilmittel und als Genußmittel. Die Verwendung war meistens festen Regeln unterworfen, und die einzelne Drogen wurde von unterschiedlichen Gesellschaften verschieden behandelt. Schon die Assyrer, Ägypter, Griechen und Chinesen gewannen aus dem Milchsaft des Schlafmohns (Papayer somniferum) Opium (opos = griech. Saft) als einschläfernde und schmerzstillende Droge. Durch ägyptische Händler kam Opium nach Griechenland und wurde dort unter anderem als Wundermittel von den Priestern von Epidaurus verwendet. Die Wirkungen des Schlafmohns spielten in der griechischen Dichtung eine große Rolle. In Homers Odyssee werden die Wirkungen des Opiums besungen. Auch auf den südamerikanischen Kontinent waren Drogen bekannt. Die südamerikanische Bevölkerung kaute Kokablätter gegen den Hunger, den Durst und die Ermüdung.[1]

1.2 Medizinische Anwendung von Drogen

Das Wissen über den Gebrauch von Opium als Heilmittel ist während des Mittelalters wie viele andere Heilverfahren der arabischen Medizin in Vergessenheit geraten und erst im Jahre 1680 durch den englischen Modearzt Sydenham als Heilmittel wiederentdeckt worden. Dem deutschen Apotheker Friedrich Sertüner gelang es im Jahre 1803 einen bestimmten Anteil des Opiums zu isolieren und nannte diesen Stoff Morphin nach dem griechischen Schlafgott Morpheus. Mit dieser Entdeckung gründete Sertüner einen neuen Wissenschaftszweig, die Alkaloidchemie. Im 19. Jahrhundert wurden Opium

---

1 Vgl. Körner, 1994 Einl. Rdn. 1.

und Laudanum von den Ärzten als Allheilmittel angesehen, ohne die negativen Folgen zu beachten. Opiumpräparate kamen auch bei Kindern als Beruhigungsmittel zur Anwendung, z.B. Dr. Zöhrers Kinderglück und Mutter Baileys Beruhigungssyrup. Von dem Autor des bekannten Kinderbuchs Struwwelpeter, Dr. Heinrich Hoffmann, stammen auch die Hoffmanns Tropfen, die einen Opiatanteil von 5% hatten.
Nachdem Louis Lewis den suchtbildenden Charakter des Morphins 1879 nachgewiesen hatte, eroberten die Cannabismediziner den Markt. Bis dahin waren die Hanfprodukte nur in der Korbflechterei, Seilerei, in der Sack- und Textilindustrie verwendet worden.
1898 wurde von den Farbenfabriken Elberfeld ein neues Mittel, erfunden von Dr. Hoffmann und Dr. Dreser, mit dem Markennamen "Heroin" gegen Husten und Morphinsucht auf den Markt gebracht. Dabei bestand dieses Mittel aus Morphin, das mit Essigsäureanhydrid gekocht worden war.[2] Dieses Präparat hatte einen großen kommerziellen Erfolg. Übrigens sollen viele Apothekerehefrauen damals morphinsüchtig gewesen sein, da sie leichten Zugang zu diesem Mittel hatten.

1.3 Rolle der Kriege bei der Einführung von Genußmitteln (Drogen) in die europäische Gesellschaft

Die Einführung von Genußmitteln in die europäische Gesellschaft fand meistens durch Kriege statt. Opium als die älteste Droge kam nach der Eroberung Griechenlands durch die Römer nach Westeuropa. Die vollständige Ausbreitung verdankt Opium den späteren muslemischen Eroberungskriegen[3]. Der dreißigjährige Krieg hat maßgebend zur Einführung von Tabak in Deutschland beigetragen. Kaffee wurde erst durch den türkischen Einfall in Europa bekannt. Nach der siegreichen Schlacht bei Wien fielen dem Christenheer 1683 10.000 Sack Kaffee in die Hände[4]. Napoleonischen Soldaten haben im Ägyptenfeldzug die Pflanzendroge Cannabis als Genußmittel

---

2 Vgl. Körner, 1994 Einl. Rdn. 6.

3 Vgl. Bienick, 1993, S. 22.

4 Vgl. Behr, 1984, S. 73.

kennengelernt. Aber erst durch die Eroberung von Algerien 1830-47 wurde Haschisch in größeren Mengen nach Frankreich exportiert. Französische und englische Soldaten verbreiten nach 1814 die Sitte des Zigarrerauchens in Europa. Zwar war Morphin schon 40 Jahre in Deutschland bekannt, aber seine Ausbreitung verdankt es dem deutsch-französischen Krieg von 1871. Die große Zahl der Verwundeten auf beiden Seiten verlangte den Einsatz von Schmerzmitteln. Durch die Verwendung von Morphin als Schmerzmittel wurden viele Soldaten abhängig und brachten die Sucht mit nach Hause. In Frankreich erreichte die Morphinwelle zwischen 1875 und 1900 ihren Höhepunkt mit 50.000 Morphinisten in Paris. Opium dagegen wurde von Seeleuten aus dem Fernen Osten eingeführt. Die Kolonisierung Indochinas begünstigte die Ausbreitung der Opiumsucht bei Militär und Beamtentum. Dies führte dazu, daß allein Toulon 1913 163 Opiumhöhlen hatte. Durch den ersten Weltkrieg kam neben Morphin auch Kokain als Genußmittel in Gebrauch. Die enorme Zahl an Verletzten während des Krieges verlangte eine große Menge Schmerzmittel, die von der Pharmaindustrie hergestellt wurde. Aufgrund der Handelsblockade wurde aber der Grundstoff Opium knapp. Dies führte vor allem in dem Revolutionswinter 1918 zu großen Engpässen[5]. Kokain wurde während des Krieges von den Kampffliegern gerne als Durchhaltemittel bei Nachtflügen eingesetzt[6]. In den 1920er Jahren war es in Künstlerkreisen Mode, Kokain zu schnupfen.

2. Die internationalen Abkommen

Es erscheint angebracht, vor der Beschäftigung mit der nationalen Drogengesetzgebung die internationalen Abkommen zu diesem Thema darzustellen, da im Bereich der Drogengesetzgebung die bemerkenswerte Besonderheit besteht, daß die nationalen Gesetze meistens als Reaktion auf internationale Abkommen entstanden sind.

---

5 Vgl. Scheerer, 1982, S. 41.

6 Vgl. Thamm, 1988, S. 62 ff.

2.1 Funktion der Vereinigten Staaten von Amerika bei der Initiierung der ersten internationalen Abkommen

Die Genese der internationalen Kontrolle der Drogen fängt in gewisser Weise mit den Opiumkriegen in China an. Seit 1792 hat China vergeblich versucht, sich gegen das Opiumrauchen der Massen zu wehren. Ein Schreiben des chinesischen Kaisers an die britische Königin Viktoria wird durch das Unterhaus abgelehnt. Die Einnahmen aus dem Opiumhandel waren zu groß, um darauf zu verzichten. Für den Handel war es viel billiger, die Waren aus dem Fernen Osten, wie z.B. Tee und Seide, mit Opium zu bezahlen[7]. Das Opiummonopol der indischen Handelsgesellschaft erwirtschafteten 15% der Einnahmen der Kolonie. Der erste Opiumkrieg von 1839 wurde ausgelöst durch eine chinesische Beschlagnahmung von 20.000 Kisten Opium. Dieser Krieg[8] führte nach der raschen Niederlage von China zu dem Abkommen von Nanking vom 27.10.1842, das die Öffnung von fünf chinesischen Häfen und die Abtretung der Insel von Hong-Kong beinhaltete. Diese diente dann als Basis für den Opiumhandel, da China weiterhin den Handel von Opium prohibitionierte. Ein weiterer Vorfall führte zum zweiten Opiumkrieg, der das Abkommen von Tientsin von 1858 nach sich zog. Nach weiterem politischen Druck aus England wurde Opium in China einige Jahre später legalisiert. Zwar führte das viktorianische England diese Kriege im Namen des freien Handels, aber in Wirklichkeit ging es primär um den Opiumhandel. Dabei muß man wissen, daß zu gleicher Zeit Opium in England verboten war.

Durch chinesische Gastarbeiter, die zum Bau der Eisenbahnen in die USA kamen, wurde das Opiumrauchen in den USA eingeführt. Dies führte 1903 zur Einberufung einer Konferenz über Möglichkeiten, die Ausbreitung von Opium zu verhindern. Die Kommission schlug vor, ein staatliches Monopol zu

---

7 Vgl. Wang Adine, La Chine et le problème de l'opium, Paris, Pédone, 1933, die Schmugglerbanden steigerten von 4000 Kisten 1800 auf 25000 in 1838.

8 Vgl. Ouchterlony, The chinese war: an account of all the operations of british forces from the commencement to the treaty of Nankon, Londres, Saunders, 1844.

bilden und den Opiumrauchern eine staatliche Lizenz auszugeben, mit dem Ziel, den Opiumkonsum für nicht medizinische Zwecke innerhalb von drei Jahren einzustellen. Einer der Kommissionsmitglieder war der Priester Brent aus Manille, der am 24.06.1906 an Präsident Theodor Roosevelt einen persönlichen Brief schrieb und ihn aufforderte, eine internationale Konferenz über die Kontrolle der Suchtstoffe einzuberufen. Als Roosevelt 1909 die Konferenz von Shanghai einberief, tat er dies aus drei unterschiedlichen Gründen:

1. Moralischen Gründen
2. Ausländerfeindliche Rassismus
3. Geopolitische Interessen

Die chinesischen Arbeiter waren für die einheimischen Arbeiter zu einer unangenehmen Konkurrenz geworden. Daher wurde versucht, sie als Ursacher für die Verbreitung des Opiumrauchens in Mißkredit zu bringen, um einen Grund für eine Ausweisung oder Verringerung der Einwanderung zu haben[9]. Außerdem konnte Amerika mit einer Prohibition der Drogen gleichzeitig seinem alten Rivalen England, der den Handel im Pazifik beherrschte, schaden.

2.2 Konferenz von Shangai von 1909

Die Konferenz von Shangai brachte dreizehn Länder an den Verhandlungstisch: USA, China, England, Frankreich, Deutschland, Italien, Niederlande, Portugal, Österreich-Ungarn, Rußland, Japan, Siam und Persien. Nur China und die USA waren für eine Prohibition, alle anderen vertretenen Länder sprachen sich dagegen aus. Aufgrund dieser Konstellation sind

9 Einige Autoren meinen sogar, daß der Rassismus gegenüber den Chinesen der eigentliche Grund für die prohibitionistische Politik Amerikas war, Zafiropoulos und Pinell, Drogues, déclassement et stratégie de disqualifications, Actes de la recherche en sciences sociale, 1982. Einige andere sind differenzierter: Glorie, L'internalisation des lois en matière de stupéfiants, Psychotropes, 1984.

keine juristisch verpflichtenden Resolutionen[10] angenommen worden. Der freie Handel wurde geschützt, da die Resolutionen nur allgemeine Empfehlungen beinhalteten. England war mit diesem Ergebnis zufrieden, da auf diese Weise das bilaterale Abkommen mit China von 1907[11] nicht berührt wurde. Der Verdienst dieser ersten internationalen Konferenz zum Drogenproblem ist, daß zum erstenmal anerkannt wurde, daß ein Staat seine Exporte zum Wohle eines anderen Staates verringern und daß Drogen nur zu medizinischen Zwecken eingesetzt werden sollten[12].

2.3 Haager Abkommen vom 23.01.1912

Im Gegensatz zur Konferenz von Shanghai wurde bei dem Haager Abkommen das Drogenproblem nicht auf eine Substanz und eine Region beschränkt. Die erste Konferenz in Shangai beschäftigte sich nur mit Opium und dem chinesischen Handel. Aber auch diesmal verhinderten die Kolonialmächte England, Frankreich und Portugal eine effektive Prohibition. Diese Länder bekamen von Deutschland, das um seine pharmazeutische Industrie bangte, Schützenhilfe. Die USA konnten sich nicht mit einer vertraglichen Festlegung der Drogen für rein medizinische Zwecke durchsetzen. Im Art. 9 des Abkommens wurde festgeschrieben, daß Drogen zu medizinischen und sonstigen gesetzmäßigen Zwecken verwendet werden dürfen. Zwar wurden die Vertragsstaaten verpflichtet, Verordnungen und Gesetze zu erlassen, die den Mißbrauch von Drogen verringern sollen und mit den Staaten zusammenzuarbeiten, die den Drogenkonsum schon verboten hatten. Aber diese Verpflichtungen wurden so unbestimmt formuliert, daß ihre Durchführung der Willkür der einzelnen Vertragsstaaten überlassen blieb. Nach den Schlußbestimmungen des Abkommens wurde

10 Die Resolutionen sind im englischen Orginaltext in, International Opium Commission, Shangai, 1909, Vol. I u. II, King and son, London, nachlesbar.

11 Das Abkommen von 1907 sah vor, die Reduktion der Opiumeinfuhr gekoppelt mit einer gleichzeitigen Reduktion der Opiumanbauflächen in China.

12 Vgl. Caballero, 1989, S. 42.

die Ratifizierung in der Form vorgesehen, daß das Abkommen in Kraft treten würde, nachdem die letzte Ratifizierungsurkunde bei der Regierung der Niederlande von den Vertragsstaaten eingegangen ist. Bei der Ratifizierung entstanden Probleme, die man mit zwei Ratifizierungskonferenzen in den Jahren 1913 und 1914 zu lösen versuchte. Am Ende verweigerte nur noch Deutschland die Ratifizierung[13]. Nach Darstellung von Caballero[14] wurde die Ratifizierung durch Deutschland in dem Sinne verändert, daß aufgrund der fehlenden Vertretungsbefugnis der Vertragsstaaten für die restlichen Länder der Welt, das Abkommen erst nach Beitritt dieser Länder in Kraft treten dürfe. Diese Abänderung war weder im Vertragstext noch in einem Zusatzprotokoll enthalten. Aber es besteht die Möglichkeit, daß Deutschland aus Mangel an anderen Argumenten mit diesem Grund argumentierte. Man darf deshalb trotzdem dieses Abkommen nicht in seiner Bedeutung unterschätzen, da es den ersten Anstoß zur internationalen Kontrolle der Drogen gegeben hat. Aufgrund des Versailler Vertrages mußte Deutschland die Ratifizierung nach dem 1. Weltkrieg vornehmen.

2.4 Opiumabkommen von Genf (1925)

Im Jahre 1925 wurden in Genf zwei internationale Abkommen geschlossen: Ein internationales Abkommen über die Bekämpfung von Handel und Konsum des aufbereiteten Opiums und ein internationales Abkommen über Rohopium und die sonstigen Suchtstoffe. Die Konferenz über das aufbereitete Opium versammelte nur zehn Staaten[15], die das Problem der Opiumsucht auf ihrem Territorium hatten. Aber schon hier stellte sich die entscheidende Frage, sollte man die totale Prohibition

13 Vgl. Dritte Internationale Opiumkonferenz 1914, 18 f. zitiert nach Wissler, A.: Die Opiumfrage. Jena 1931, 191.

14 Vgl. Caballero, 1989, S. 44.

15 Es handelte sich hier um folgende Staaten: Großbrtitannien (Indien), Frankreich, Japan, China, Niederlande, Portugal und Siam.

anstreben, oder nur eine Reglementierung des Handels[16]. Die zweite Konferenz über Rohopium und die sonstigen Suchtstoffe wurde von Vertretern von vierzig Staaten besucht. Die Vertreter der Prohibition wiedersetzten sich dem Standpunkt der Realisten, da sie der Meinung waren, es dürfe keinen Unterschied in der Moral für den Orient und den Okzident geben[17]. Dieser Konflikt zwischen Realisten und Idealisten führte dazu, daß die Vertreter der Vereinigten Staaten von Amerika und Chinas die Konferenz verließen, da sie diese für zu nachsichtig hielten.

Trotzdem wurde am 11.02.1925 ein Abkommen[18] über die Unterdrükkung des Handels und des Gebrauchs von aufbereitetem Opium geschlossen. Entgegen seines Namens ist dieses Abkommen nicht sehr prohibitionistisch, da wichtige Unterzeichner dieses Abkommens wie England, Frankreich und Indien waren der Ansicht, daß Opiumkonsum im Orient nicht sehr schädlich sei. Außerdem war man der Meinung, daß es nicht möglich sei, diese alte Tradition des Opiumrauchens mit einem einfachen internationalen Abkommen abzuschaffen. Darüber hinaus waren diese Staaten davon überzeugt, daß ein Verbot nur den Schmuggel und den illegalen Handel fördern würde. Das Abkommen sah nur ein Verbot der Abgabe an Minderjährige, Verringerung der Opiumhöhlen und eine Verringerung der Anbaukulturen vor. Es wurde zwar auch eine Frist von fünfzehn Jahren gesetzt, in der der Konsum partiell suprimiert werden sollte. Aber diese fing erst an zu laufen, wenn die Regierung von China sichergestellt hätte, daß keine Exporte aus China mehr möglich wären. Der Forderung der Vereinigten Staaten von Amerika nach einer Kommission

---

16 Frankreich verteidigt seine guten Resultate durch die Monopolisierung des Opiums (Eine Reduzierung von 45 % des Verbrauches). Der Repräsentant der französischen Delegation M. Daladier, Minister der Kolonien, borniert sich zu verlangen, daß "die Produktionsländer sollen nicht kommen und die Völker unter seiner Autorität vergiften". Vgl. Pila, Der Handel der Suchtstoffe und die Staatengemeinschaft, Sirey, 1925.

17 Erklärung von Porter, Repräsentant der Vereinigten Staaten von Amerika, Vgl. Pila, s.o. S. 167.

18 Vgl. Abkommensammlung, SDN, Vol. LI, S. 337; Bensoussan, op. cit. S. 335..31.

(S.D.N.), die die Ausführung dieses Abkommen überwachen sollte, wurde stattgegeben.
Das zweite internationale Abkommen über Opium und andere Suchtstoffe[19] wurde teilweise durch die anwesenden Delegationen am 19.02.1925 unterzeichnet. Im Gegensatz zum ersten Abkommen behandelte dieses die drei großen natürlichen Suchtstoffe wie Opium, Koka und Cannabis, sowie ihre wichtigen Derivate, Heroin, Kokain und Haschisch. Zum ersten Mal wurde von den Vertragsstaaten verlangt, die gesamte Produktion, den Handel und den Export einer staatlichen Kontrolle zu unterstellen. Außerdem mußten die Vertragsstaaten einen jährlichen Bericht über ihren Verbrauch an Suchtstoffen abgeben. Daneben wurde eine ständig tagende Kommission eingesetzt, die das offizielle Organ zur Kontrolle der Drogen werden sollte. Damit wurde das Fundament einer internationalen Kontrolle gelegt, deren Instrumente durch die späteren Abkommen verfeinert werden konnten.

2.5 Ergänzende Abkommen zum Opiumabkommen von 1925 in den Jahren 1931-1953

Nicht weniger als zehn Abkommen wurden zwischen 1931 und 1956 geschlossen. Zwar variierten ihre Themen, aber einen gemeinsamen Punkt hatten sie alle: Die Verstärkung der Prohibition gegenüber den Suchtstoffen.

a) Abkommen von Genf von 1931: Dieses Abkommen[20] erweitert die Kontrolle auf die synthetisch hergestellten Drogen, führt eine Klassifikation der Substanzen in zwei Gruppen ein und begrenzt die Anwendung der Suchtstoffe auf die medizinischen und wissenschaftlichen Bereiche. Der Bedarf an Suchtstoffen wurde für jedes Land festgelegt. Dies führte für die Herstellerländer zu Problemen, da nun Kontingente zuge-

---

19 Vgl. Abkommensammlung, SDN, Vol. LXXXI, S. 317: Bensoussan, op. cit. S. 335.31.

20 Vgl. Abkommensammlung, SDN, Vol. CXXXIX, S. 301. Wright, The Narcotics Convention of 1931, 28, Am. J. Int. L, 475 (1931).

wiesen wurden. Ein Verstoß gegen diese Kontingentierung sollte mit einem Handelsboykott geahndet werden.

b) Abkommen von Bangkok von 1931: Es sollte das Abkommen von 1925 über das aufbereitete Opium komplettieren[21]. Es richtet sich nur an die Mächte, die Besitzungen im fernen Osten haben. Für den Vertrieb von Opium in Opiumhöhlen werden Vorschriften eingeführt, die aber kaum den Gewinn dieser Opiumhöhlen verringern, da zum Beispiel nur verboten wird, an Minderjährige unter 21 Jahren zu verkaufen. Weiterhin wurde angeraten, ein System der Erfassung der Opiumraucher einzuführen, mit dem Ziel, auf Dauer deren Konsum durch Kontingentierung zu begrenzen.

c) Abkommen von Genf von 1936: Mit diesem Abkommen[22] sollten die vorherigen Abkommen in ihrer Anwendung effektiver gemacht werden. Es sollte der Akzent mehr auf die Repression des illegalen Handels gelegt werden. Deshalb wurde vorgesehen, daß illegale Händler ihre Staatsangehörigkeit verlieren können und die Einrichtung eines speziellen Polizeidienstes in jedem Unterzeichnerstaat wurde vereinbart. Dieses internationale Abkommen ist auch das einzige Abkommen, daß nach dem internationalen Einheitsabkommen von 1961 noch partiell in Kraft geblieben ist, da einige seiner Strafbestimmungen schärfer sind als die des späteren.

d) Protokoll von Lake-Success von 1946: Dieses Abkommen[23] ändert alle vorherigen Abkommen in dem Sinne ab, daß die Kompetenzen der S.D.N.[24] (Völkerbund) auf die UNO im Bereich der Kontrolle der Suchtstoffe übertragen wurde. Dagegen wurde die Art der Kontrolle nicht verändert.

e) Protokoll von Paris von 1948: Dieses Abkommen[25] hatte zur Aufgabe, einige synthetisierte Substanzen, die von dem internationalen Abkommen von 1931 nicht erfaßt wurden, zu erfassen. Darüber hinaus wurde ein System eingeführt, das erlaubte, Substanzen, die von der Weltgesundheits-

---

21 Vgl. Abkommensammlung, S.D.N., Vol. CLXXVII, S. 373.

22 Vgl. Abkommensammlung, S.D.N., Vol. CXCVIII, S. 299. Starke, The Convention, 21, Am. J. Int. L., 21, (1937).

23 Vgl. Abkommensammlung, UNO, Vol. 12, S. 179.

24 Société Des Nations = Völkerbund.

25 Vgl. Abkommensammlung, UNO, Vol. 44, S. 277.

organisation als Suchtstoffe klassifiziert wurden, den internationalen Abkommen automatisch zu unterstellen.

f) Protokoll von New-York von 1953: Mit diesem Protokoll[26] sollte die Produktion von Mohn reglementiert werden. Die Anzahl der Produktionsländer wird auf sieben[27] beschränkt. Diese Staaten wurden verpflichtet, ein Monopol für die Produktion von Mohn zu errichten. Sie mußten internationale Kontrollen auf ihrem Gebiet zulassen, und es konnte bei Überschreitung der festgesetzten Produktionsmengen ein Embargo gegen das jeweilige Land verhängt werden. Aber dieses Protokoll hatte erhebliche Schwierigkeiten bei der Ratifizierung, da die Produktionsländer die Einschränkungen ihrer Souveränität nicht hinnehmen wollten. Deshalb wurde es erst 1963 in Kraft gesetzt.

Durch die Entkolonialisierung veränderte sich der Aspekt der Drogenproblematik. Es standen nun nicht mehr die europäischen Kolonialmächte den Vereinigten Staaten von Amerika gegenüber, sondern die südlichen Produzentenstaaten den nördlichen Konsumentenstaaten. Dieser neue Konflikt tauchte bei der Vorbereitung des Einheitsabkommen von 1961 auf.

2.6 Internationales Einheitsabkommen von 1961 über illegale Drogen

Das internationale Einheitsabkommen von 1961[28] ist das bedeutsamste Abkommen auf dem Gebiet des internationalen Drogenrechtes. Mit diesem Abkommen traten bis auf einige isolierte Regelungen alle vorherigen Abkommen außer Kraft. Es wurde von dreiundsiebzig Delegationen ausgehandelt; zwischenzeitlich von 115 Staaten ratifiziert und umfaßt 108 Pflanzen und Substanzen, klassifiziert in fünf Tabellen. Jedoch entstand durch den Konflikt zwischen Produzenten- und

26 Vgl. Abkommensammlung, UNO, Vol. 456, S.3.

27 Diese Länder waren: Bulgarien, Griechenland, Indien, Iran, Türkei, UDSSR und Jugoslawien.

28 Vgl. Abkommensammlung, UNO, Vol. 520, S. 151; Sur la Convention Unique, v. Bettati; Le contrôle international des stupéfiants, Rev. Gén. Dr. Int. Public, 1974, S. 1.

Konsumentenstaaten ein Kompromiß, der keinen zufrieden stellte.
Die entscheidenen Bestimmungen der Konvention sind die administrativen und repressiven Bestimmungen. Sie unterwirft alle Suchtstoffe einer staatlich kontrollierten Bewirtschaftung. Diese erstreckt sich von der Produktion über den internationalen Handel und dem Vertrieb bis zum Verbrauch. Eine entscheidende Änderung gegenüber früheren Abkommen war die Unterwerfung von Koka und Cannabis unter diejenige Kontrolle, die bisher nur für Opium galt. Sie konnte trotzdem nicht sofort den traditionellen Konsum eliminieren. Deshalb würde den Staaten Südamerikas eine Übergangsfrist von zwanzig Jahren zugebilligt. Die Konvention verlangte, daß jedes Suchtmittel nach seiner Produktion in Registern eingetragen wird und nur mit Hilfe von Zertifikaten gehandelt werden darf. Damit war eine Ableitung der Suchtstoffe in den illegalen Handel nach der ersten Erfassung durch das staatliche Monopol nicht mehr möglich. Aber die Suchtstoffe gelangen auch heute schon vor der ersten Erfassung in den illegalen Handel, da sie illegal produziert werden. Jeder Staat soll unter der Voraussetzung der Verfassungsmäßigkeit Strafvorschriften gegen den Handel von Drogen, ihre Produktion und ihren Besitz erlassen. Zwar versucht das Abkommen auf diese Weise auch etwas gegen die illegale Produktion zu unternehmen, aber dieses Unterfangen wurde schon früher von vielen Staaten als Einmischung in die inneren Angelegenheiten angesehen. Deshalb konnte auch nicht die Aberkennung der Staatsangehörigkeit als Strafe durchgesetzt werden. Ebenso erging es der Maßnahme des internationalen Embargos gegen solche Staaten, die sich nicht an ihre Obligationen aus dem Abkommen halten. Nur ein Artikel in der Konvention befaßt sich mit den Suchtkranken. In ihm wird den Staaten nahegelegt, entsprechende Therapieeinrichtungen einzurichten, wenn nach ihrem Ermessen der Bedarf groß ist.
Schon in der Präambel dieser Konvention wird der Anspruch auf Universialität erhoben. Dies ist auch folgerichtig, da schon wenige Staaten, die sich nicht an dieses Abkommen halten, ausreichen, den illegalen Markt mit Drogen zu beliefern. Die Konvention sieht eine interessante Technik der Aufforderung

zur Kooperation gegenüber den Nichtunterzeichnerstaaten vor, die mit 64 Staaten noch eine große Gruppe darstellen. Die große Schärfe dieses Abkommen läßt sich daran erkennen, daß alle drei wichtigen Suchtstoffe, wie Opium, Koka und Cannabis gleichzeitig verboten werden. Man müßte sich nur mal vorstellen, daß die Kultivierung der Weinpflanzen und der Tabakpflanzen verboten würden, da diese die Volksgesundheit der dritten Welt beeinträchtigten. Für dieses Opfer der Staaten in der dritten Welt wird in diesem Abkommen keinerlei Kompensation angeboten[29].

2.7 Konvention von Wien von 1971 über die psychotropen Stoffe

Diese Konvention[30] ähnelt dem Einheitsabkommen von 1961. Sie wird von 76 Staaten unterzeichnet und erfaßt 65 Substanzen; klassifiziert in vier Tabellen (Halluzinogene, Amphetamine, Barbiturate und Beruhigungsmittel). Alle sind synthetisch hergestellt; dies erklärt auch die Umkehr der Rollen. Nun sind die Industriestaaten diejenigen, die gegen eine schärfere Kontrolle sind und nicht die Staaten der dritten Welt[31]. Am Ende siegten die Befürworter einer schärferen Kontrolle. Neben den Regeln für den legalen Verkehr mit psychotropen Stoffen findet man die gleichen Regeln wie in dem Einheitsabkommen für die Bekämpfung des illegalen Handels. Die Nichtvertragsstaaten können gleichermaßen wie beim Einheitsabkommen zur Kooperation mit der Kommission verpflichtet werden, um die Einhaltung der Konvention sicherzustellen[32].
Hierdurch wird das internationale Prinzip verletzt, daß ein Staat nur dann an ein internationales Abkommen gebunden

---

29 Vgl. Caballero, 1989 S. 51.

30 Vgl. Kommentar zur Konvention von Wien über die psychotropen Stoffe von 1971, UNO, 1978.

31 Vgl. Dokumente über die Konferenz für die Annahme eines Protokolles über die psychotropen Substanzen, UNO, New York, 1973.

32 Vgl. Artikel 19 Absatz eins der Konvention über psychotrope Substanzen von 1971.

ist, wenn er es unterzeichnet hat. Diese Mißachtung wird nur partiell mit den unabdingbaren Universalitätsanspruch der Abkommen legitimiert. Dieses Hinwegsetzen über die Souveränität der Nichtvertragsstaaten kann, wenn überhaupt, nur mit dem moralischen Anspruch, der hinter diesen internationalen Abkommen bezüglich der Drogen steht, begründet werden.

2.8 Protokoll von Genf von 1972

Für die Durchsetzung der Bestimmungen des internationalen Abkommens von 1961 war das Fehlen jeglicher Druckmittel auf die Staaten, die sich nicht an die eingegangenen Verpflichtungen hielten, ein Fehler. Es bestand nur eine moralische Verpflichtung. Aus diesem Grund versuchten die Vereinigten Staaten, ein stärkeres Kontrollsystem[33] einzuführen, scheiterten aber wiederum an dem Widerstand der vom Warschauer Pakt unterstützten Produzentenländer.
Die Organe zur Kontrolle der Drogen bekamen nicht das Recht, sich neben den Regierungsberichten auch durch andere Quellen über den Verbrauch und die Produktion der illegalen Drogen eines Landes zu informieren. Sie müssen weiterhin mit den staatlichen Organen zusammenarbeiten und sie zu überzeugen versuchen. Darüber hinaus erhalten Staaten, die Schwierigkeiten mit der Umsetzung dieses Abkommens haben, die Zusicherung von finanzieller Hilfe. In manchen Bereichen wird die Kontrolle verschärft, sodaß nun auch die Produktion von synthetischen Drogen der Kontrolle unterworfen ist. Der Verbraucher kann statt Strafe oder zusätzlich in eine Therapieanstalt eingewiesen werden[34].

---

33 Vgl. Kommentar zum Protokoll des Einheitsabkommen, UNO, New York, 1977.

34 Vgl. Art. 22 des Abkommens von 1972.

2.9 Übereinkommen der Vereinten Nationen gegen den unerlaubten Verkehr mit Suchtstoffen und psychotropen Stoffen vom 20.12.1988

Das Ziel dieses Abkommens war die Verstärkung der Zusammenarbeit der Vertragsstaaten des schon geltenden Abkommens zur Bekämpfung des illegalen Handels mit Suchtstoffen und psychotropen Stoffen.
Erstmals wird in einem internationalen Abkommen die Verpflichtung der Vertragsstaaten ausgesprochen, den Besitz, den Kauf oder den Anbau von Suchtstoffen oder psychotropen Stoffen für den persönlichen Verbrauch als Straftat zu umschreiben[35]. Als einzige Einschränkung dieser Verpflichtung sind die Verfassungsgrundsätze des jeweiligen Landes aufgeführt. Es wird ausdrücklich klargestellt, daß diese neue Verpflichtung den vorherigen Abkommen nicht entspricht. Im Artikel drei dieses Abkommens werden auch die strafverschärfenden Umstände aufgeführt. Daneben werden auch Vorschriften für die Gerichtsbarkeit gemacht, sowie für die Einziehung von Vermögenswerte, die durch Verstoß gegen die Strafvorschriften erlangt wurden. Die Vertragsstaaten werden insgesamt verpflichtet, die geltenden Vorschriften zur Bekämpfung des illegalen Handels von Suchtstoffen bedeutend zu verbessern. Daneben werden die Vorschriften aus den früheren Abkommen aufrechterhalten. Zur Bekämpfung des illegalen Verkehrs mit Suchtstoffen werden den Kontrollorganen weitere Kompetenzen zugebilligt. Zum Beispiel sollen geeignete Maßnahmen ergriffen werden, den Postweg als Verkehrsmittel der illegalen Drogen zu unterbinden.
Bei all diesen Maßnahmen darf man nicht übersehen, daß die individuelle Freiheit immer weiter eingeschränkt wird.

---

35 Vgl. Art. 3 Abs. 2 S. 1 des 3. Übereinkommen der Vereinten Nationen gegen den unerlaubten Verkehr mit Suchtstoffen und psychotropen Stoffen vom 22.07,1993, abgedruckt im Kommentar zum BtMG, 4. Aufl. 1994, Körner, Harald, B 3.

2.10 Kündigungsmöglichkeiten und Wirkungen der internationalen Abkommen

Gemäß Artikel 46 des Einheitsabkommens von 1961 und des Artikel 29 der Konvention von 1971 über psychotrope Stoffe vom 21. Februar 1971 können beide Abkommen nach einer Sperrfrist von zwei Jahren nach ihrem Inkrafttreten im ersten Halbjahr zum 1.Januar des folgenden Jahres und im zweiten Halbjahr zum 1.Juli des folgenden Jahres gekündigt werden. Dagegen kann das Übereinkommen der Vereinten Nationen gegen den unerlaubten Verkehr mit Suchtstoffen und psychotropen Stoffen vom 22.07.1988 jederzeit durch eine Notifikation an den Generalsekretär mit Wirkung ein Jahr nach Eingang gekündigt werden.
Abgesehen von den Kündigungsmöglichkeiten darf nicht übersehen werden, daß eine Verletzung des Grundgesetzes nicht deshalb gegenstandslos wird, weil sie auf einer völkerrechtlichen Verpflichtung der Bundesrepublik Deutschland beruht[36]. Auch wird die einzige völkerrechtliche Verpflichtung des nationalen Gesetzgebers im internationalen Abkommen vom 20.12.1988, den Eigenkonsum von psychotropen Stoffen unter Strafe zu stellen, unter dem Vorbehalt der Verfassungskonformität gestellt. Bei Cannabis besteht nach Meinung des Rechtsausschusses des 12. Deutschen Bundestages[37] auch die Möglichkeit, die Bestrafung in dem unteren Deliktsbereich anzusiedeln. Im übrigen berührt Art. 3 des Suchtstoffübereinkommens gemäß seinem Absatz 11 nicht den Grundsatz, daß die Beschreibung der Straftaten, auf die sich der Artikel bezieht, und der diesbezüglichen Gründe, die eine Bestrafung ausschließen, dem innerstaatlichen Recht einer Vertragspartei vorbehalten sind.

---

36 Vgl. BVerfGE 45, 83, "96".

37 Vgl. Protokoll der 76. Sitzung des Rechtsausschusses des 12. Deutschen Bundestages am 12. Mai 1993, S. 46 ff.

3. Gesetzgebung in Deutschland

3.1 Gesetzgebung im 19. Jahrhundert

Nach der Reichsgründung wurden in der ersten gesamtdeutschen Apothekenverordnung[38] von 1872 Opiate und Indischen Hanf genauso wie Kirschlorbeerwasser, Rizinus und Baldrianöl etc. behandelt und damit apothekenpflichtig gemacht. Am 3. Juni 1878 folgte die Verordnung: "Bestimmungen, unter welchen gewisse Medikamente nicht ohne ärztliche Verordnung in den Apotheken verabreicht werden dürfen"[39], am 22. Juni 1896 die preußische Bekanntmachung betreffend der Abgabe stark wirkender Arzneimittel sowie der Beschaffenheit und Bezeichnung der Arzneigläser und Standgefäße[40], die "Bekanntmachung betreffend der Abgabe stark wirksamer Arzneimittel" vom 24. November 1899[41] sowie die kaiserliche "Verordnung betreffend den Verkehr mit Arzeimittel" vom 22. Oktober 1901[42]. 1901 bestimmte der Deutsche Reichstag, Morphin dürfe ausschließlich in Apotheken abgegeben werden[43]. Diese Vorschrift war eine Reaktion auf die stark zunehmende Morphinsucht. Der Handelsboykott von Rohopium während des ersten Weltkrieges führte in Verbindung mit der stark ansteigenden Nachfrage nach Schmerzmitteln durch die große Anzahl der Verletzten zu einem Engpaß im Versorgungssystem und veranlaßte deshalb das Deutsche Reich, die ausländischen Kontrollsysteme teilweise zu übernehmen. Deshalb erließ es am 22. März 1917 die "Verordnung betreffend den Handel mit Opium und anderen Betäubungsmitteln"[44]. Nach dieser Verordnung durften Opium, Morphin und die übrigen Opiumalkaloide und Kokain sowie entsprechende Stoffe

---

38 Vgl. RGBl. 1872, 85.

39 Vgl. MBliV 1878, 117.

40 Vgl. MBliV 1896, 123; s.a. Bieniek, Rajnhard: Empirische und rechtliche Bedingungen einer Entkriminalisierung von Drogenabhängigen durch Substitutionsbehandlung, Diss Bremen 1993

41 Vgl. MBliV 1899, 231.

42 Vgl. RGBl. 1901, 380.

43 Vgl. Körner, 1994, Einl. Rdn. 7.

44 Vgl. RGBl. 1917, 256.

nur in Apotheken und nur als Heilmittel abgegeben werden. Nur der Großhandel war teilweise von diesen Bestimmungen ausgenommen. Der Strafrahmen betrug bis zu einem Jahr Freiheitsstrafe und einer Geldstrafe von bis zu 10.000,- Mark. Am 15. Dezember 1918 wurde diese Verordnung von einer weiteren "Verordnung über den Verkehr mit Opium" abgelöst[45]. Diese wurde wiederum durch eine Verordnung vom 20. August 1919 ergänzt[46].

3.2 Verordnung des Reichsministers des Innern über den Verkehr mit Opium und anderen Betäubungsmitteln, vom 20. Juli 1920

Auf Grund der die wirtschaftliche Demobilmachung betreffenden Befugnisse wird nach Maßgabe des Erlasses[47], betreffend Auflösung des Reichsministeriums für wirtschaftliche Demobilmachung vom 26. April 1919[48], eine Verordnung bezüglich der Suchtstoffe, die noch durch die Kriegsproduktion übrig waren, erlassen. In dieser Verordnung wurde der Handel mit Betäubungsmitteln der amtlichen Kontrolle unterworfen. Unter Strafandrohung wurden alle Personen, die mit Betäubungsmitteln handelten, verpflichtet, Lagerbücher zu führen und Erlaubnisse von den Behörden einzuholen.

3.3 Erstes deutsches Betäubungsmittelgesetz vom 30.12.1920

Am 1. Januar 1921 trat das erste Betäubungsmittelgesetz[49] in Deutschland in Kraft. Durch den Versailler Vertrag[50] war

---

45 Vgl. RGBl.1918, 1447.

46 Vgl. RGBl. 1919,1474.

47 Vgl. RGBl. 1920, 664. (1464)

48 Vgl. RGBl. 1919, 438.

49 Vgl. RGBl vom 30.12.1920, S. 156.

50 Vgl. Artikel 295 I Versailler Vertrag. Dieser Artikel wurde auf das Betreiben von England und China hin ergänzt, in dem Deutschland

Deutschland zur Ratifizierung des internationalen Opiumabkommens vom 23. Januar 1912 verpflichtet worden. Das Ausführungsgesetz erfaßte Opium, Koka und alle Derivate, wie zum Beispiel Heroin. Die Strafrahmen waren für heutige Begriffe nicht allzu hoch, da eine maximale Freiheitsstrafe von sechs Monaten angedroht wurde. Aber es wurde schon damals der Besitz von den illegalen Drogen unter Strafe gestellt. Cannabis wurde noch nicht von diesem Gesetz erfaßt. Außerdem gab es keinerlei Bestimmungen für die Therapie von Süchtigen. Dieses Gesetz wurde 1924[51] durch ein weiteres Gesetz modifiziert, das vorsah, die Strafandrohung auf drei Jahre zu erhöhen und den Postversand von Betäubungsmittel ins Ausland unter Strafe stellte.

3.4 Opiumgesetz von 1929

Am 1. Januar 1930 trat das Opiumgesetz von 1929[52] in Kraft. Dieses Gesetz entsprach den Verpflichtungen, die Deutschland durch das Opiumabkommen von 1925 in Genf eingegangen war. Zum erstenmal wurde auch Cannabis der Drogengesetzgebung unterworfen. Die Strafandrohung betrug drei Jahre. In weiten Teilen entspricht es dem Aufbau und der Struktur des ersten Opiumgesetzes von 1920. Zielsetzung dieses Gesetzes war es, die erfaßten Suchtstoffe nur rein medizinischen oder wissenschaftlichen Zwecken zuzuführen. Dem Verordnungsgeber wurde im § 1 Abs. 2 die Aufgabe erteilt, weitere gefährliche Suchtstoffe dem Gesetz zu unterstellen. Durch dieses Gesetz wurde das in den internationalen Abkommen vorgesehene Verwaltungsverfahren zur Kontrolle der Produktion und der Abgabe von Suchtstoffen eingeführt.
Schon eine Woche später ergeht die erste Verordnung zum Opiumgesetz, in der weitere Substanzen dem Gesetz unterstellt werden[53]. Die Kontrolle der Betäubungsmittel endet

---

die Ratifizierung des Abkommens von 1912 auferlegt wurde. RGBL 1919, II. 1103.

51 Vgl. RGBl. 1924, 2.

52 Vgl. RGBl. vom 10.12.1929, S. 956.

53 Vgl. RGBl. vom 18.12.1929, S. 999.

nunmehr nicht mehr beim Apotheker, sondern schon der Arzt wird mit Hilfe einer weiteren Verordnung verpflichtet, nur bei medizinischer Indikation Betäubungsmittel zu verschreiben.

3.5 Gesetzgebung im Dritten Reich und nach Kriegsende

Im Dritten Reich wurde das Opiumgesetz von 1929 noch mehrmals geändert[54]. Aber die registrierten Fälle von Verurteilungen nahmen nach einem Anstieg in den Jahren 1933 und 1934 in den beiden folgenden Jahren plötzlich wieder ab[55]. In der im Jahre 1942 herausgegebenen Kriminalstatistik werden für die Jahre 1937 bis 1939 die Opiumdelikte nicht mehr einzeln aufgeführt[56]. Die Nachkriegszeit war wiederum geprägt durch das Problem mit vielen Abhängigen auf Grund von Kriegsverletzungen. Das Opiumgesetz erfuhr nach dem Kriegsende nur wenige Veränderungen[57].

3.6 Gesetz vom 26. März 1959.

Die Bundesrepublik ratifizierte mit diesem Gesetz die Protokolle von Paris (1948) und New York (1953), die eine Ausdehnung der Betäubungsmittelkontrollen auf synthetische Drogen sowie detaillierte Bestimmungen über Anbau, Erzeugung, Handel und Verwendung von Opium enthielten[58].
1966 wurden einige periphere Änderungen am Katalog der Betäubungsmittel vorgenommen, indem auf Betreiben der USA u.a. Meskalin und LSD aufgenommen wurden[59].

---

54 Vgl. RGBl. 1933 II, 321; 1933 I, 278; 1934 I, 22.
55 Vgl. Scheerer, 1982, S. 64.
56 Vgl. Ellinger, 1974, S. 27.
57 Vgl. BGBl. 1953 I, 402.
58 Vgl. BGBl. 1959, 333.
59 Vgl. BGBl. 1967 I, 197, 382; 1968 I, 503 ff.; 1969 I, 645.

3.7 Betäubungsmittelgesetz vom 22.12.1971

Die Sucht nach Rauschgiften nahm angeblich immer bedrohlichere Ausmaße an, und man meinte sie nicht mehr als vorübergehende Modeerscheinung abtun zu können. Hinzu kam, daß das Einheitsabkommen von 1961 die Pönalisierung auch des Besitzes verlangte. Der Name des deutschen Gesetzes änderte sich in "Betäubungsmittelgesetz", da man den Namen "Opiumgesetz" als nicht mehr zeitgemäß ansah, und das Betäubungsmittelgesetz weit mehr Substanzen als Opium erfaßte. Die angebliche Drogenwelle war hauptsächlich charakterisiert durch eine starke Zunahme des Cannabisverbrauchs. Zwar war auch schon damals bekannt, daß Cannabis wenn überhaupt nur bei Dauergebrauch zu einer psychischen Abhängigkeit führen kann. Weiterhin ging man davon aus, daß keine Entzugserscheinungen beim Konsum von Cannabis auftreten würden und nur eine geringe Tendenz zur Dosiserhöhung vorhanden sei[60]. Trotzdem hielt man das Verbot von Cannabis auf Grund der angeblichen Schrittmacherfunktion aufrecht, von der auch die Experten der Vereinten Nationen ausgingen[61]. Weiterhin behielt der Verordnungsgeber das Recht, nicht erfaßte Substanzen dem Betäubungsmittelgesetz zu unterstellen. Das Opiumgesetz war als vorkonstitutionelles Gesetz weiter in Kraft geblieben, deshalb entsprach seine Verordnungsermächtigung nicht den Vorgaben des Grundgesetzes und mußte geändert werden. Die Strafbestimmung im Paragraphen 10 wurde neu formuliert. Im Absatz 1 wurde der Strafrahmen von bis zu maximal drei Jahren für den einfachen illegalen Besitz beibehalten. Dagegen wurde im Absatz 4 ein Strafrahmen von einem bis zu zehn Jahren für den Händler und für denjenigen, der Menschenleben gefährdete, vorgesehen. Gemäß Paragraph 11, Absatz 5 bekam das Gericht zum erstenmal das Recht, bei Besitz oder Erwerb von geringen Mengen für den Eigenverbrauch, von Strafe abzusehen. Es wurde eine Unterscheidung zwischen Ordnungswidrigkeiten und Straftaten eingeführt. Zuwiderhandlungen gegen die Bestimmungen der Kontrolle des legalen Handels mit Betäu-

---

60 Vgl. Körner, 1994, Einl. Rdn. 10.

61 Vgl. BT Drs. VI/2673 S. 2.

bungsmitteln werden nur noch mit Ordnungswidrigkeitsstrafen bedroht. Es handelte sich bei dem starken Anstieg des Cannabisverbrauches um jugendliche Konsumenten, deshalb wurde die Möglichkeit geschaffen, diese jugendlichen Straftäter in Entziehungsanstalten als Maßregel der Sicherung und Besserung unterzubringen[62]. Angeblich war die Hauptstoßrichtung dieses Gesetzes die Verschärfung der Verfolgung des Händlers, aber gleichzeitig wurde faktisch der reine Konsum kriminalisiert. Dazu kam, daß nur für den jugendlichen Süchtigen die obligatorische Entziehungskur als Strafersatz vorgesehen wurde.

3.8 Betäubungsmittelgesetz vom 28.07.1981

Das "Drogenproblem" war durch das dritte Betäubungsmittelgesetz von 1971 nicht gelöst worden. Immer mehr wurde sichtbar, daß es sich beim Drogenabhängigen um einen kranken Menschen handelt, der von seiner Sucht nicht durch Gefängnisstrafen geheilt werden kann. Aber man war trotzdem der Ansicht, daß als Motivation für eine Therapie die Strafbarkeit bestehen bleiben müßte. Bei dieser Argumentation ist erstaunlich, daß man das Cannabisverbot immer noch mit der gleichen Logik wie bei den härteren Drogen begründete. Da beim Cannabiskonsum keine physische Abhängigkeit besteht, ist es auch sinnlos den Nichtabhängigen zu einer Therapie motivieren zu wollen. Auf der anderen Seite glaubte man die Händlerorganisationen als perfekt organisierte und international operierende kriminelle Vereinigungen erkannt zu haben. Deshalb sollte die Neugestaltung und Vereinfachung des Betäubungsmittelrechts eine Strafverschärfung für die schwere Rauschgiftkriminalität bringen, unter besonderer Beachtung der Belange abhängiger kleiner bis mittlerer Rauschgifttäter, bei denen der sozialtherapeutischen Rehabilitation Vorrang eingeräumt werden sollte. Dabei wurden die internationalen Suchtstoff-Übereinkommen in das Betäubungsmittelrecht der Bundesrepublik Deutschland umgesetzt. Dies bedeutete eine Straffung der Kontrolle des legalen Betäu-

---

62 Vgl. BGBl. 1871, 2096.

bungsmittelverkehrs, sowie eine Ausdehnung der Kontrolle auf 27 weitere Stoffe und ca. 55 Präparate gemäß dem internationalen Übereinkommen über psychotrope Stoffe von 1971.

Das Höchstmaß der angedrohten zeitlichen Freiheitsstrafe für schwerwiegende Taten wurde auf fünfzehn Jahre erhöht und der Strafrahmen des Paragraphen 29, der der Nachfolger des Paragraphen 11 ist, auf vier Jahre. Hierbei sollte nicht der Straftäter, der aufgrund seiner Abhängigkeit gegen das BtMG verstoßen hat, getroffen werden[63], sondern nur der Straftäter, der aus Gründen der Gewinnabsicht solche Straftaten begeht. Diese Strafrahmenerhöhung wurde mit der Praxis der Gerichte begründet, die den vorhandenen Strafrahmen stärker ausschöpften als bei anderen Delikten mit gleich hohen Strafrahmen. Für den reinen Konsumenten sollte sich das Strafmaß durch diese Strafrahmenerweiterung nicht erhöhen. Nach Meinung des Verfassers handelt es sich um eine fragwürdige Gesetzestechnik, da bei der Bestimmung des individuellen Strafmaßes der Gesamtstrafrahmen eine entscheidene Rolle spielt. Weiterhin wurde die Verleitung zum Drogenkonsum als schwerwiegende Straftat definiert. Hierbei wurde eine Teilnahmehandlung an einer straflosen Haupttat unter Strafe gestellt. Dies widerspricht dem strafrechtlichen Grundsatz, daß Teilnahmehandlungen an einer nicht strafbaren Hauptat nicht strafbar sind.
Das neue BtMG enthielt zusätzlich die Möglichkeit des Verzichts auf Strafvollstreckung und des Absehens von der Anklageerhebung gegenüber kleinen bis mittleren betäubungsmittelabhängigen Straftätern, wenn diese sich einer Behandlung ihrer Abhängigkeit unterziehen. Die Möglichkeit des Strafverzichts wurde auf alle Tathandlungen, die mit dem Eigenverbrauch geringer Mengen im Zusammenhang stehen, erweitert. Es wurde die Möglichkeit der Strafmilderung oder des Absehens von Strafe bei Tätern eingeführt, durch deren Information Rauschgift-Delikte aufgedeckt oder schwere Rauschgift-Delikte verhindert werden konnten[64]. Ein Vorschlag des Rechtsaus-

63 Vgl. BT-Drs., 9/500 vom 25.05.81.
64 Vgl. BT-Drs., 9/443 vom 15.05.81.

schusses, der den Konsum direkt unter Strafe gestellt hätte, wurde mit einer überparteilichen Mehrheit abgelehnt[65].

3.9 OrgKG vom 15. Juli 1992

Das Gesetz zur Bekämpfung des illegalen Rauschgiftshandels und anderer Erscheinungsformen der organisierten Kriminalität wurde aus der Erkenntnis beschlossen, daß der Polizei die Möglichkeiten zu erfolgreicher Verfolgung dieser Art von Straftaten fehlten. Weiterhin wurde versucht, die Abschreckung durch besonders empfindliche Mindeststrafen zu erhöhen. Es war erkannt worden, daß der Rauschgifthandel ein extrem lukratives Geschäft ist. Deshalb wurde die Vermögensstrafe für diese Art von Delikten eingeführt. Die Vermögensstrafe wurde auch durch spezielle Sicherungsmaßnahmen in der Strafprozeßordnung abgesichert.
Die wesentlichen Errungenschaften dieses Gesetzes sind spezielle Verbrechensstraftatbestände für die bandenmäßige Tatbestandsverwirklichung mit entsprechend hohen Strafrahmen.
Weiterhin wurde die Geldwäsche unter Strafe gestellt. Im Betäubungsmittelgesetz wurde der Strafrahmen des Paragraphen 29 von vier auf fünf Jahre erhöht. Auch hier wurde ein eigener Straftatbestand für die bandenmäßige Begehung von Betäubungsmitteldelikten geschaffen. Die Mindeststrafe für Bandenmitglieder betrug fünf Jahre.
Im Bereich der polizeilichen Maßnahmen wurden neben der Rasterfahndung, dem verdeckten Ermittler und der polizeilichen Überwachung, auch spezielle Schutzvorschriften für die Zeugen eingeführt. Auch wurde die Möglichkeit der Fernmeldeüberwachung für die Straftaten der organisierten Kriminalität geschaffen.
Kurz nach diesem Gesetz wurde das Gesetz zur Änderung des BtMG vom 9.9.1992[66] beschlossen, daß im Gegenzug zu dem OrgKG einige liberale Elemente, wie die Einführung des einge-

65 Vgl. BT-Drs., 9/500 vom 25.05.81.
66 Vgl. BGBl I, 1593 ff.

schränkten Opportunitätsprinzips des § 31 a BtMG für die Staatsanwaltschaft und die §§ 36, 37 BtMG enthielt.

4. Gesetzgebung in Frankreich

4.1 Ursprung der französischen Drogengesetzgebung

Historisch gesehen sind die Vorschriften für den Umgang mit Giften der Ursprung für die Prävention gegen den Mißbrauch von pharmazeutischen Substanzen[67]. Der erste wichtige Text auf diesem Gebiet stammt vom 31. August des Jahres 1682. Danach mußten die Apotheker alle gefährlichen Substanzen an einem sicheren und abschließbaren Ort aufbewahren und sie nur unter Eintragung in einem Register verkaufen. Diese Vorschriften wurden im einem Gesetz aus der Revolution übernommen[68]. Am 19. Juli 1845 ergeht das erste Gesetz in Frankreich[69], das eine weitergehende Regelung des Umgangs mit gefährlichen Substanzen vorsieht und zum erstenmal auch Strafvorschriften enthält. Bei Verstoß gegen diese Vorschriften kann eine Freiheitsstrafe von 6 Tagen bis zu 2 Monaten oder eine Geldstrafe von 3.000 Francs verwirkt werden. Nach einer Verordnung, die aufgrund dieses Gesetzes am 29. Oktober 1846 ergangen war, wurden 72 giftige Substanzen, unter ihnen Arsen, Opium, Morphium, Kodein, Nikotin und Laudanum, unter diese Kontrolle gestellt. Ziel dieser Gesetzgebung war aber die Vorbeugung gegenüber Vergiftungen und nicht die Verhinderung des Mißbrauches.

---

67 Vgl. Über die Geschichte dieser Regelungen für die Gifte, v. Verde, La législation ancienne et moderne des substances vénéneuses, Dissertation, Strasbourg, 1950.

68 Vgl. Artikel 34 und 35 des Gesetzes vom 21. Germinal des XI. Jahres nach der Revolution.

69 Vgl. Journal Officiel de la République Francaise vom 19. Juli 1945.

4.2 Gesetz vom 12. Juli 1916[70]

Dieses Gesetz sollte die erfaßten Substanzen ab ihrem Eintritt in Frankreich und während möglicher Umwandlungen und Verarbeitungen kontrollieren. Es wurde eine zweite Strafvorschrift bei Verstoß gegen dieses Gesetz und seine Verordnungen für den Fall eingeführt, daß es sich um Rohopium, seine Derivate, wie Morphium, sowie Kokain oder Cannabis mit seinen verschiedenen Aufbereitungen handelt. Der Strafrahmen bestand aus einer Freiheitsstrafe von 3 Monaten bis zu 2 Jahren sowie einer Geldstrafe von maximal 10.000 Francs. Mit denselben Strafen wurde derjenige bedroht, der in Gesellschaft diese Substanzen konsumiert oder es anderen ermöglicht, sei es durch Bereitstellung eines Lokals oder auf andere Weise. Es wurde auch demjenigen Strafe angedroht, der ohne Berechtigung mit diesen Drogen angetroffen wurde. Die Gerichte hatten die Möglichkeit, die gefundenen Bestände an Suchtstoffen einzuziehen.
Dieses Gesetz wurde aufgrund eines Klimas beschlossen, welches durch einen spektakulären Prozeß entstanden war. Ein Marineoffizier hatte im Jahre 1907 wegen Geldschulden, die aufgrund seines lockeren Lebens mit Opium und Spiel entstanden waren, versucht, mit Militärgeheimnissen den Staat zu erpressen. Da er schon Kontakt mit Deutschland aufgenommen hatte, wurde dies vom französischem Volk als Verrat, der durch den Drogenkonsum ausgelöst worden war, angesehen[71]. Diese Einschätzung wurde zum Leitmotiv der Gesetzesvorschläge von 1911, die dann schließlich zu dem Gesetz von 1916 führten. Dieses Gesetz war von Anfang an sehr umstritten, da es keinerlei Unterschied zwischen dem Konsum zur Entspannung und dem Mißbrauch, der zur Abhängigkeit führt, machte. Auch waren die Strafrahmen für den Händler und den Konsumenten gleich hoch. Dies führte zur schärfsten Kritik in der Geschichte der französischen Gesetzestextkommentierungen. In einem Brief von Antonin Artaud stand: "Monsieur le législateur de la loi de 1916 agrémentée du décret

---

70 Vgl. Journal Officiel de la République Francaise vom 14. Juli 1916, 6254.

71 Vgl. Chaubard, 1987, S. 239.

de juillet 1917 sur les stupéfiants, tu est un con..."[72]. Dieses Gesetz wurde durch zwei Verordnungen vom 14. September 1916 und vom 19. November 1948 weiter ausgebaut. In diesen Verordnungen wurden unter anderen Regelungen für den Vertrieb, Export und Import vorgesehen.

4.3 Gesetz vom 24.12.1953

Dieses Gesetz[73] markiert die Wende der französischen Drogengesetzgebung, da zum ersten Mal der Süchtige nicht nur als Krimineller angesehen wurde, sondern auch als Kranker. Der Untersuchungsrichter bekam die Möglichkeit, einen straffällig gewordenen Süchtigen zu einer Zwangstherapie einzuweisen. Die Lokale, in denen man gemeinschaftlich Drogen konsumierte, wurden den Örtlichkeiten, an denen illegal Drogen hergestellt und abgegeben wurden, strafrechtlich gleichgestellt. Neben der schon bestehenden Strafbarkeit der gefälschten Drogenrezepte wurden jetzt auch die Rezeptausstellungen, die aufgrund von ärztlichen Gefälligkeiten erfolgten, strafbar. Des weiteren wurde die Strafandrohung in folgenden zwei Fällen verdoppelt und dem Richter die Möglichkeit eröffnet, schon bei Ersttätern eine Freiheitsstrafe von zehn Jahren zu verhängen:

1) Die Fabrikation von illegalen Drogen oder deren Kultivierung.
2) Die Erleichterung des Konsums dieser Substanzen für einen Minderjährigen, oder die Beschaffung durch ein fiktives oder gefälligkeitshalber ausgestelltes Rezept.

Trotz dieser erheblichen Strafverschärfung für den Drogenhändler scheint dies den Autoren des Gesetzes nicht weit genug gegangen zu sein, da die Herren Mazeaud und Weber[74] schon kurz darauf zwei weitere Gesetzesvorschläge einbrach-

---

72 Vgl. "Herr Gesetzgeber des Gesetzes von 1916 und der Verordnung vom Juli 1917 über die Suchtstoffe, du bist ein Blödmann..." in L'ombilic des limbes, NRF, Gallimard, 1979, S. 68.

73 Vgl. Chaubard, 1987, S. 248.

74 Vgl. Gesetzesvorschlag JO 1954 Nr. 829 (Mazeaud) und und Nr. 866 (Weber) vom 27. Mai 1970, veröffentlich am 23. Juni 1970.

ten, die noch viel weitergehendere Strafverschärfungen für den Händler beinhalteten.

4.4 Gesetz vom 31.12.1970

Das Gesetz von 1970[75] bringt die nun herrschende dualistische Meinung zum Ausdruck, daß der Konsument, halb Straftäter und halb Kranker sei. Auf der Seite der Repression wird in Frankreich zum ersten Mal auch der solitäre Konsum unter Strafe gestellt[76]. Damit war Frankreich weiter gegangen als die bis dahin gültigen internationalen Abkommen verlangten. Jede Person, die nun zu Hause irgendeine Menge von illegalen Drogen zu sich nimmt, verwirkt eine Freiheitsstrafe von einem Jahr. Diese Strafandrohung ist sehr viel schwächer als diejenige, die für den Händler vorgesehen ist. Es ist das Ziel, die volle Schärfe des Gesetzes nur gegenüber den Händler zur Anwendung zu bringen, damit der Süchtige, der sich einer Entziehungskur unterziehen will, dieser Möglichkeit nicht beraubt wird. Der Staatsanwalt hat die Möglichkeit eine Entziehungskur anzuordnen, die bei Befolgung die Straffreiheit für illegalen Konsum nach sich zieht[77]. Die angebotene Wahl durch den Richter ist einfach: Die der Entziehungskur folgende Straffreiheit ist das Zuckerbrot, die Freiheitsstrafe die Peitsche. Auch auf der Seite der Repression des Handels markiert das Gesetz von 1970 mit seinen exemplarischen Strafen eine Wende. Schon die vorbereitenden Arbeiten zeigen den Willen, den Handel stärker zu bestrafen und dafür auch einige Grundsätze des französischen Strafrechts und Strafprozeßrechts zu mißachten[78]. Somit wurde die wichtige Unterscheidung zwischen Vergehen und Verbrechen des Art. 40 Code Pénal geopfert, der vorsieht, daß eine zeitliche Freiheitsstrafe

75 Vgl. Journal Officiel de la République Francaise vom 2. Januar 1971, S. 74.

76 Vgl. L. 628 Code de la Santé Publique.

77 Vgl. L. 628-1 Code de la Santé Publique.

78 Vgl. M. Marcilhacy, qualifiziert das Gesetz "Einige Dispositionen außerhalb ihres Kontextes erscheinen für das juristische System schockierend". Und er erkennt an, daß sie nicht die eigentlichen Verantwortlichen treffen. JO, 3.4.1970, S. 1715.

bei einem Vergehen 5 Jahre nicht überschreiten darf. Denn die Freiheitsstrafe für den illegalen Handel betrug bis zu 20 Jahren und bei erneuter Verurteilung wegen des gleichen Straftatbestandes sogar 40 Jahre[79]. Hierdurch wurde die Regel durchbrochen, daß bedeutende Strafen nur von Geschworenengerichten verhängt werden dürfen. Um die Strafverfolgung zu erleichtern, hat man auch den Polizeigewahrsam auf 4 Tage verlängert und nächtliche Durchsuchungen erlaubt.
Die Kritik an diesem Gesetz war groß, da kein Unterschied zwischen entspannendem Konsum und Mißbrauch gemacht wurde, die Kategorie der süchtigen Händler ohne Beachtung blieb und bei therapeutischen Maßnahmen die Medizin mit der Justiz in Konflikt kam.

4.5 Verordnung 72-200 vom 13.03.1972: Regelung des Verkaufs von Spritzen

In Folge der obigen Gesetzgebung hat man am 14.03.1972 durch Verordnung[80] den freien Verkauf von Spritzen verboten. Es wurde vorgeschrieben, daß die Spritzen nur in Apotheken abgegeben werden dürfen und nur aufgrund eines ärztlichen Rezeptes oder unter Angabe der Adresse des Käufers. Durch die Verordnung vom 13. Mai 1987[81] wurde die Verpflichtung zur Adressennennung für die Dauer von einem Jahr wieder aufgehoben. In der Folge wurde diese Maßnahme noch einmal verlängert und dann schließlich ganz aufgehoben und durch die Regelung ersetzt, daß alle Erwachsenen ohne Einschränkung Spritzen erwerben können.

4.6 Gesetz vom 31.12.1987

Die Repression erreichte durch das obige Gesetz[82] einen weiteren Höhepunkt, der aber nicht der letzte sein sollte. Durch

---

79 Vgl. Art. 56 c.p., altes französisches Strafgesetzbuch, gültig bis März 1994.

80 Vgl. JO 14.03.1972, S. 2079.

81 Vgl. JO 16.05.1987, S. 5399.

82 Vgl. JO 05.01.1987, S. 160.

die Fehlinformationen der Medien war eine Atmosphäre entstanden, in der sich der Gesetzgeber verpflichtet glaubte ohne Rücksicht auf die Rechte seiner Bürger illegale Drogenhändler und Konsumenten zu verfolgen[83]. Die Grundtendenz aus dem letzten Gesetz von 1970 ist weiter bestimmend. So wird der Drogenhandel als ein einfaches Vergehen behandelt, obwohl die angedrohte Strafe dem nicht entsprach. Bei Vergehen ist ein einfacheres Verfahren vorgesehen als bei Verbrechen, dies wurde mit der geringeren Strafandrohung von maximal fünf Jahren begründet. Die Ersatzzwangshaft bei Uneinbringlichkeit der Geldstrafe wird für den Drogenhändler auf das sechsfache der sonst für andere Delikte möglichen Dauer festgelegt. Damit wurde der Gleichheitssatz der Bürger vor dem Gesetz nicht beachtet. Die Verdächtigung wird für den Fall legalisiert, in dem der Drogenhändler durch entsprechende Information seine Komplizen der Justiz zuführt. Der Zoll bekommt das Recht, Verdächtige mit dem Röntgengerät zu untersuchen. Dem Gericht wird auch die Möglichkeit eröffnet, das Vermögen des Straftäters ohne Rücksicht auf dessen Ursprung, einzuziehen. Ein zusätzlicher Straftatbestand wird für die Abgabe von Suchtstoffen an Minderjährige mit einem Strafrahmen von maximal zehn Jahren eingeführt. Im ganzen gesehen, erscheint nach Meinung des Verfassers der illegale Drogenhandel als ein Delikt auf halbem Weg zwischen einem Vergehen und einem Verbrechen, das mit der Hilfe eines besonderen Strafverfahrens verfolgt wird.

4.7 Gesetz vom 22. Juli 1992

Mit dem Inkrafttreten des neuen Strafgesetzbuches[84] am 1. März 1994 ist der bisher höchste Grad an Repression erreicht worden. Bei dieser umfassenden Novellierung, die unter anderen auch eine Veränderung der Definition von Verbrechen und Vergehen mit sich brachte, wurde auch das Drogenstrafrecht bezüglich des Händlers in das Strafgesetzbuch aufgenommen.

---

83 Vgl. M. Asensi, JO, AN, Déb., 9. Oktober 1987, S. 4168.

84 Vgl. JO 23.07.1992, S. 9864.

Im Gesundheitsgesetz verblieben nur noch die Paragraphen, die sich mit dem einfachen Konsumenten beschäftigen. Dabei wurden auch die Straftatbestände umfassend novelliert. Unter anderen wurde ein spezieller Straftatbestand für den Bandenführer mit der Androhung lebenslanger Freiheitsstrafe eingeführt.

5. Initiativen der europäischen Gemeinschaft

5.1 Die Droge und das europäische Abkommen der Menschenrechte

Das europäische Abkommen der Menschenrechte wurde am 4. November 1950 geschlossen und sollte im europäischen Rahmen den Einzelnen gegenüber Eingriffen des Staates schützen. Deshalb überrascht es, wenn man den Artikel 5, Absatz 1 Nr. e[85] genau anschaut, denn hier könnte unter Umständen eine Einschränkung der Menschenrechte vorliegen. Diese Vorschrift erlaubt auf Grund der alleinigen Voraussetzung, daß der Betroffene rauschgiftsüchtig ist, eine Freiheitsentziehung. Nach einem französischen Kommentator[86] soll dies nur bedeuten, daß nur die klassischen Sicherungsmaßnahmen aufgrund einer gerichtlichen Entscheidung vorgenommen werden dürfen. Diese Auslegung würde aber bedeuten, daß Artikel 5 Absatz 1 Nr. a und Absatz 3 überflüssig wären, da hier unter gewissen Voraussetzungen extra eine richterliche Entscheidung verlangt wird. Somit ist es für eine Inhaftierung ausreichend, wenn die Rauschgiftsucht festgestellt wurde[87]. Eine Gefahr für die öffentliche Ordnung und Sicherheit muß nicht vorliegen. Hinzu kommt, daß bis heute keine juristische Definition für die Rauschgiftsucht vorhanden ist. Bemerkenswert ist auch, daß der Alkoholiker und der Rauschgiftsüchtige

---

85 Vgl. Konvention zum Schutz der Menschenrechte und Grundfreiheiten vom 4. November 1950, Nr. 130 Sautorius II.

86 Vgl. Levasseur, La convention européenne des droits de l'homme et la procédure pénale francaise, Revue des droits de l'homme, 1970, Vol. 3, S. 595.

87 Vgl. Caballero, 1989, S. 67.

auf dieselbe Stufe gestellt werden. Ein solche Gleichstellung gibt es sonst im Drogenrecht nicht. Der französische Kassationsgerichtshof[88] hat erklärt, daß eine präventive Inhaftierung wegen Konsum oder Drogenhandel nicht gegen die europäische Menschenrechtskonvention verstoße. Es bleibt dem europäischen Gerichtshof überlassen, diese versteckte Falle für die Menschenrechte durch einschränkende Interpretation zu entschärfen.

5.2 Gruppe Pompidou (1971)

Die Gruppe Pompidou wurde 1971 auf Grund der Anregung des französischen Präsidenten Pompidou gegründet, um zu zeigen, daß auch Frankreich den Krieg gegen die Drogen aufnehmen will. 1980 wurde diese interdisziplinäre Gruppe in den Rahmen des europäischen Rates übernommen. Ihre Aufgabe besteht darin, auf Ministerebene Zusammenkünfte zu organisieren, um den Kampf gegen den Mißbrauch von Drogen zu koordinieren. Seit 1991 gehören diesem Gremium fünfundzwanzig Staaten aus Europa an, unter anderem auch die Türkei. Die technische Kooperation hat inzwischen auch den ehemaligen Ostblock erreicht. Die Gruppe Pompidou vereint alle drei Jahre die Minister der Mitgliedsländer. 1990 wurde bei diesem Ministertreffen die Konvention gegen die Geldwäsche, die von der Gruppe Pompidou vorbereitet wurde, unterschrieben. Den zwölf Erstunterzeichnerstaaten schlossen sich 9 weitere Staaten dieser Konvention an. Die Größe des Problems hat dazu geführt, daß nun auch paneuropäische Konferenzen abgehalten werden.
Bei der paneuropäischen Kooperation konzentriert sich die Gruppe[89] auf die Hilfe bei der Ausbildung von Personal für Osteuropa. Es geht dabei um die Entstehungsmechanismen des Drogenproblems, Reduzierung der Nachfrage, Strafrechtssysteme und die Ausbildung der Juristen.

---

88 Vgl. Crim., 20. Februar, 1984, Lexis.

89 Vgl. Europäischer Rat, Gruppe Pompidou, Strasbourg, April 1994, Publikation Nr. 124537, Entstehung, Organisation und Beziehungen der Gruppe Pompidou.

Die Gruppe Pompidou hat im Jahr 1994 zahlreiche Seminare zu allen Aspekten des Drogenproblems veranstaltet. Zwar hat diese Gruppe keine direkte Eingriffsbefugnis, aber aufgrund ihrer Zusammensetzung ein erhebliches politisches Gewicht. Sie ist ein Forum zur interdisziplinären Diskussion aller Aspekte des Drogenproblems und setzt sich aus Fachministern der Mitgliedsländer[90], die für die Bekämpfung der illegalen Drogen zuständig sind, zusammen.
Auf der fünften Konferenz der Minister wurde 1979 erklärt, daß Cannabis auf keinen Fall legalisiert oder liberalisiert werden darf, auch eine Unterscheidung zwischen weichen und harten Drogen wurde abgelehnt. Auf der paneuropäischen Konferenz von 1994 wurde die Legalisierung insgesamt ausdrücklich abgelehnt.

5.3 Die europäische Union und die illegalen Drogen

Gemäß den Römischen Verträgen besteht die Möglichkeit, die Betäubungsmittel als Substanzen anzusehen, die die Harmonisierungsmaßnahmen der Gemeinschaft in Gefahr bringen können[91]. Die einheitliche europäische Akte und der EU-Vertrag zählten die Drogenabhängigkeit als Gefahr für die Volksgesundheit auf.
Artikel 129 EGV bestimmt, daß die Volksgesundheit auf einem hohen Niveau zu halten sei. Die europäische Gemeinschaft soll Informationsmaterial zur Bekämpfung der Drogenabhängigkeit zur Verfügung stellen. Diese Förderung soll durch die übrige Politik der Gemeinschaft begünstigt werden. Aber die Kompetenzen, die im Absatz 5 für den Rat vorgesehen werden, sind sehr gering. Unter Ausschluß jeglicher Harmonisierungsmaßnahmen der Rechts- und Verwaltungsvorschriften der Mitgliedstaaten können nur Fördermaßnahmen unter Mitwirkung des Parlamentes beschlossen werden. Weiterhin können vom Rat auf Vorschlag der Kommission Empfehlungen mit qualifizierter Mehrheit beschlossen werden. Bevor

90 Dies sind alle EU Staaten und die Schweiz, Malta, Türkei, Ungarn, Tscheschien, Slowakei, Polen und Saint-Marin.

91 Vgl. Artikel zwei in den Römischen Verträgen

Maastricht den EGV[92] änderte, gab die einheitliche europäische Akte der Gemeinschaft keine weitergehende Rechte. Trotzdem hat das europäische Parlament schon davor eine Resolution erlassen, die sich mit dem Kampf gegen die Drogen beschäftigte. Hierbei konnte sich das Parlament nur auf Artikel 2 und 235 der Römischen Verträge stützen, die dem Rat die Möglichkeit gab, Maßnahmen zu ergreifen, die die Gesundheit der Bevölkerung bewahren helfen.
Im Jahre 1985 hat das Parlament in Strasbourg den "Bericht Stewart-Clark"[93], der die Grundlinien für den Kampf gegen die Drogen beschreibt, angenommen. Dabei steht im Vordergrund die Readaptation der Süchtigen, die Harmonisierung der verschiedenen europäischen Strafrechte bezüglich der Drogenhändler, der Geldwäsche und die Ablehnung jeglicher Legalisierung von illegalen Drogen. Der Bericht gibt zwar zu, daß die Argumente der Legalisierung von Cannabis sich mit den Gegenargumenten die Waage halten, zieht aber hieraus die Konsequenz, bei Eigenkonsum von Cannabis nur einen einfachen Verweis als Strafe zu empfehlen. Dieser Bericht hatte eine nur geringe Bedeutung, da die Gemeinschaft keinerlei Möglichkeiten zur Harmonisierung des Drogenstrafrechts hat. Durch die einheitliche europäische Akte sah es vorübergehend so aus, als hätte die Gemeinschaft nun mehr Möglichkeiten zur Drogenbekämpfung, aber der EU-Vertrag stellte klar, daß die Kompetenz keine Harmonisierung der Rechts- und Verwaltungsvorschriften erlaubt.

5.4 Drogen-Bericht des europäischen Parlamentes

Aufgrund eines Antrages des Abgeordneten Colajanni vom 15. Oktober 1990 setzte das europäische Parlament im Jahre 1991 einen Untersuchungsausschuß bezüglich des Drogenproblems ein. Nach einer umfassenden Analyse des Problems

---

92 EG Vertrag.

93 Vgl. Dieser Bericht war im Auftrag der Kommission, die das Drogenproblem in der Gemeinschaft untersuchen sollte, gemacht worden. Europäisches Parlament, Sitzungsprotokoll 1986-1987, 2. Oktober 1986.

kam dieser Untersuchungsausschuß[94] zu einigen Schlußfolgerungen.
Im Bericht wurde die erhebliche Zunahme der Sicherstellungen von illegalen Drogen in den letzten Jahren aufgezeigt. Weiter wurde deutlich, daß die Möglichkeiten der Polizei nicht ausreichten, zumal es erheblich an der notwendigen Zusammenarbeit über die Grenzen hinweg fehlte. Der Untersuchungsausschuß kam zu dem Schluß, daß der Kampf gegen die illegalen Drogen mit dem Strafrecht unter Postulation der absoluten Abstinenz bisher gescheitert sei. Deshalb wurde vorgeschlagen, daß man größere Anstrengungen auf der Nachfrageseite machen müßte. Der Besitz von geringen Mengen von illegalen Drogen für den eigenen Bedarf sollte nicht als Straftat definiert werden. Bezüglich der Produzentenländer sollte eine konsequentere Entwicklungspolitik betrieben werden. Dies würde bedeuten, daß man nicht nur auf seinen eigenen wirtschaftlichen Vorteil achten dürfe. Stattdessen sollten für die angebotenen Ersatzkulturen spezielle Absatzanreize geschaffen werden, wie zum Beispiel spezielle Einfuhrquoten in die europäische Gemeinschaft. Bei den Polizeidienststellen fehlte es an der grenzüberschreitenden Koordination. Deshalb wurde vorgeschlagen, eine Europäische Drogenfahndungsgruppe (European Drugs Intelligence Unit - EDIU) unter demokratischer Kontrolle, bestehend aus Polizei- und Zollbeamten der verschiedenen Mitgliedstaaten sowie Drogenverbindungsbeamten aus wichtigen Drittstaaten einzurichten.
Der Bericht wies auch auf den wichtigen Zusammenhang zwischen Drogenprofit und Geldwäsche hin. In diesem Kontext ist die neue Richtlinie zur Geldwäsche von der europäischen Gemeinschaft zu nennen. Diese EG-Richtlinie stützt sich im wesentlichen auf Artikel 5 des UNO-Übereinkommens gegen den unerlaubten Verkehr mit Suchtstoffen und psychotropen Stoffen von 1988. Beide fordern die Umkehrung der Beweislast beim Nachweis der Herkunft verdächtiger Geldmittel. Verdächtige müssen nachweisen, daß das eingezahlte Geld legalen Ursprungs ist. Die wichtigsten Elemente der neuen Richtlinie lassen sich, wie folgt, zusammenfassen: Geldwäsche wird unter

94 Vgl. Sitzungsdokument vom europäischen Parlament vom 23. April 1992, A3-0358/91

Strafe gestellt, namentliche Nennung von Kunden und Beziehern von Kapitalerträgen, Sorgfaltspflicht für Finanz- und Kreditinistitute und verstärkte Zusammenarbeit zwischen Finanzinstituten und Strafverfolgungsbehörden. Diese EG-Richtlinie trat am 1. Januar 1993 in Kraft und wurde von Deutschland mit dem Gesetz über das Aufspüren von Gewinnen aus schweren Straftaten[95] (Geldwäschegesetz - GwG) vom 25. Oktober 1993 umgesetzt. In diesem Gesetz wird den Kreditinistituten eine Identifizierungspflicht vorgeschrieben, wenn der einzuzahlende Betrag DM 20.000 übersteigt. In diesem Zusammenhang wurde auch ein neuer Straftatbestand in das Strafgesetzbuch eingeführt, der die Geldwäsche unter Strafe stellt.

Die Autoren des Berichtes des europäischen Parlamentes kommen zwar zu dem Ergebnis, daß die bisherige Bekämpfungsstrategien gegen die illegalen Drogen nicht sehr erfolgreich waren, meinen aber, daß trotz der starken Zuwachsraten der Drogenkrieg noch nicht verloren sei. Sie geben zu, daß der bisherige Aufwand zur Bekämpfung sehr groß war. Trotzdem glauben sie, daß man mit noch mehr Aufwand Erfolge erzielen könnte.
Diese Ansicht erstaunt umso mehr, da sie an anderer Stelle zugeben, daß die Drogendealer desto einfallsreicher werden, je besser die Polizei mit Eingriffsmöglichkeiten ausgerüstet ist. Als weiteres Argument führen sie auf, daß die europäische Gemeinschaft als rechtsstaatliches Gebilde an die Vorgaben der Vereinten Nationen gebunden sei. Diese habe sich gegen eine Normalisierung der Drogenpolitik ausgesprochen.

Die dünne Argumentationskette wird besonders daran deutlich, daß zu einem rhetorischen Hilfsargument gegriffen wird: Man müsse ein Ziel nicht gänzlich aufgeben, das man nicht vollständig erreichen könne. Insgesamt ist zu diesem Bericht zu sagen, daß der Untersuchungsausschuß die richtige Analyse hervorbrachte. Aber er weigerte sich aus ideologischen Gründen die nächstliegende Konsequenz daraus zu ziehen.

---

95 Vgl. Richtlinie 91/308/EWG des Rates vom 10. Juni 1991, und GwG im BGBl. 1993 I S. 1770.

3. Kapitel: Aktueller Stand der Strafgesetzgebung

1. Strafgesetzgebung in Deutschland

Zunächst waren die Verwaltungsvorschriften im ehemaligen Opiumgesetz von besonderer Bedeutung, nun sind mit "fortschreitender Rauschgiftwelle" die Strafvorschriften immer weiter in den Vordergrund gerückt. Deshalb führte man einen eigenen Abschnitt für diese Strafvorschriften im neuen Betäubungsmittelgesetz ein. Die ersten 5 Abschnitte des BtMGs befassen sich mit Begriffsbestimmungen, den Erlaubnisverfahren, den Pflichten im Betäubungsmittelverkehr, der Überwachung, und mit den Vorschriften für Behörden. Der 6. Abschnitt enthält sechs Strafvorschriften, von denen drei Verbrechenstatbestände sind. Um eine möglichst lückenlose Strafbarkeit aller möglichen Begehungsformen von Drogendelikten zu erreichen, schuf der Gesetzgeber durch eine stark ausgeprägte Verweisungstechnik und lange Aufzählungen von Begehungsweisen ein kompliziertes Netz von Strafvorschriften. Durch mehrfaches Nachbessern entstanden viele Überschneidungen der Straftatbestände. Weiterhin wurde bei den Strafvorschriften kein Unterschied zwischen weichen und harten illegalen Drogen gemacht. Nur in der Strafzumessung bleibt es dem Richter überlassen, zwischen Verstößen mit harten oder weichen Drogen zu unterscheiden. Der Gesetzgeber hat diese Unterscheidung nicht in das Gesetz aufgenommen, da er der Meinung war, daß die Drogenszene einem zu schnellen Wandel unterworfen sei. Nach heutiger Erkenntnis müßte man auch eher zwischen den verschiedenen Konsumierungsmethoden von Betäubungsmitteln unterscheiden, als zwischen harten und weichen Drogen.
Die Klassifikation der Substanzen als Betäubungsmittel erfolgt in Deutschland auf dem Verordnungswege, die Verordnungen müssen aber gemäß § 1 Abs. 2 BtMG nach Anhörung von Sachverständigen vom Bundesrat genehmigt werden. Es besteht jedoch auch die Möglichkeit, daß in dringenden Fällen der Bundesgesundheitsminister ohne Zustimmung des Bundesrates Stoffe oder Zubereitungen in die entsprechende Anlage

aufnimmt: Diese Anordnung tritt aber gemäß § 1 Abs. 3 BtMG spätestens nach einem Jahr außer Kraft, wenn der Bundesrat sie nicht nachträglich genehmigt. Gemäß § 1 Abs. 3 BtMG kann der Bundesgesundheitsminister eine Rechtsverordnung erlassen, wenn die internationalen Abkommen dies erfordern.
Im folgenden Teil der Arbeit werden die einzelnen Strafvorschriften des BtMG im einzelnen dargestellt.

1.1 § 29 Abs. 1 Betäubungsmittelgesetz

§ 29 Abs. 1 BtMG, ausgestaltet als Vergehenstatbestand, soll ein möglichst kompletter Katalog aller Begehungsweisen sein, um eine wirkungsvolle Bekämpfung des illegalen Umgangs mit Betäubungsmittel sicherzustellen. Das geschützte Rechtsgut ist nicht nur die Gesundheit und das Leben des Einzelnen, sondern auch die Volksgesundheit.

1.1.1 § 29 Abs. 1 Nr. 1 Betäubungsmittelgesetz

Erst seit 1981 ist der Anbau von Betäubungsmitteln unter Strafe gestellt. Man war früher davon ausgegangen, daß ein Anbau dieser Pflanzen in Deutschland nicht möglich sei. Als Betäubungsmittelpflanzen gelten die Kokasorten: Erythroxylum Coca einschließlich der Varietäten: Bolivianum, Spruceaanum und Novogranatense. Die Cannabispflanze darf nicht angepflanzt werden, es sei denn es handelt sich um einen Schutzstreifen[1] für Getreidefelder bei dem die Pflanzen vor ihrer Reife vernichtet werden. Eine weitere Voraussetzung für die Strafbarkeit ist das Fehlen einer Erlaubnis für den Anbau. Die Tat ist vollendet, wenn die Samen ausgesät sind; weder die Reife der BtM-Pflanze, noch ein bestimmter Wirkstoffgehalt sind notwendig[2].

Auch die Herstellung von Betäubungsmitteln steht in Deutschland unter Strafe, § 29 Abs. 1 S. 1 Nr. 1 Alt. 2 BtMG.

---

1 Vgl. auch Artikel 28 Abs. 2 Single Convention von 1961.
2 Vgl. Ebert A./Müller E., 1982, § 29 Rz. 9.

Damit visiert man nicht die klassische Produkion von natürlichen illegalen Drogen an, sondern die illegal und synthetisch hergestellten Drogen. Die Wurzel des illegalen Handels ist die illegale BtM-Herstellung. Deshalb wollte der Gesetzgeber durch Aufzählung der möglichen Tatbegehungsweisen den Produktionsprozeß möglichst lückenlos erfassen[3].

Des weiteren steht das Handeltreiben mit Betäubungsmitteln gemäß § 29 Abs. 1 S. 1 Nr. 1 Alt. 3 BtMG unter Strafe, aber es fehlt im deutschen Betäubungsmittelrecht an einer Legaldefinition für diese Begehungsweise. In § 6 Nr. 5 STGB ist immer noch vom unbefugten Vertrieb von Betäubungsmitteln die Rede. Die Rechtsprechung hat diesen Begriff sehr viel weiter definiert, als der Begriff beim legalen Handel mit Betäubungsmitteln definiert war. Unter Handeltreiben sind alle eigennützigen Bemühungen zu verstehen, die darauf gerichtet sind, den Umsatz mit Betäubungsmitteln zu ermöglichen oder zu fördern, selbst wenn es sich nur um eine einmalige oder auch nur vermittelnde Tätigkeit handelt[4]. Auch bei der Alternative des Handeltreibens ist Strafbarkeitsvoraussetzung das Fehlen der notwendigen Erlaubnis gemäß § 3 BtMG.

Die Einfuhr von Betäubungsmitteln ist gemäß § 29 Abs. 1 S. 1 Nr. 1 4.Alt. in Verbindung mit § 2 Abs. 2 BtMG strafbar. Da der Gesetzgeber des BtMG 1982 die Einfuhr als eine Art des Verbringens in den Geltungsbereich des BtMG ansah, ist in der Einfuhr das Verbringen von Betäubungsmitteln über die deutsche Hoheitsgrenze aus dem Ausland in den Geltungsbereich des BtMG anzusehen[5]. Vor 1982 übernahm die Rechtsprechung die Definition aus dem Außenwirtschaftsgesetz.

Wie die Einfuhr ist auch die Ausfuhr gemäß § 29 Abs. 1 Nr. 1 5. Alt. BtMG unter Strafe gestellt. Die Definition für die Einfuhr gilt auch für die Ausfuhr. Die zunächst im Gesetzesvorschlag

---

3 Vgl. Körner, 1994, § 29 Rdn. 51.

4 Vgl. BGH B vom 17.1.1990-3 StR 449/89; BGH B vom 15.5.1990-5 StR 152/90.

5 Vgl. BGH U vom 21.3.1991 - 1 StR 19/91= StrafV 1992, 376; BGH U vom 22.7.1992 -3 StR 35/92.

enthaltenden Legaldefinitionen für Ein- und Ausfuhr wurden gestrichen; somit gelten nur die gesetzlichen Bestimmungen aus § 2 Abs. 2 BtMG. Das geschützte Rechtsgut ist hier die Volksgesundheit anderer Völker außer der des deutschen Volkes. Der Grund hierfür ist in den internationalen Abkommen von 1961 und 1971 zu sehen, die die Anwendung des Weltrechtsprinzipes gebieten. Danach darf die Bekämpfung der Rauschgiftkriminalität nicht auf den Schutz der deutschen Bevölkerung beschränkt werden.

Als weitere Begehungsweise ist die unerlaubte Veräußerung gemäß § 29 Abs. 1 Nr. 1 6. Alt. BtMG unter Strafe gestellt worden. Veräußerung ist die rechtsgeschäftliche und entgeltliche Übereignung eines Betäubungsmittels unter Einräumung der Verfügungsgewalt[6]. Da schon der Anwendungsbereich der Tatbegehung Handeltreiben weite Teile abdeckt, bleibt als einzige Fallgruppe für die unerlaubte Veräußerung der Fall übrig, in dem der Täter zwar entgeltlich, aber uneigennützig Betäubungsmittel abgibt. Eine mögliche Erscheinungsform dieser Tatbegehungsweise ist der Verkauf von Betäubungsmitteln zum Selbstkostenpreis.

Auch die illegale Abgabe von Betäubungsmitteln ist in § 29 Abs. 1 Nr. 1 7. Alt. BtMG unter Strafe gestellt. Die Abgabe ist die unerlaubte Übertragung der eigenen tatsächlichen Verfügungsgewalt ohne rechtsgeschäftliche Grundlage und ohne Gegenleistung an einen Dritten, der dann über die Betäubungsmittel frei verfügen kann[7]. Als Form der Abgabe kommen insbesondere das Verschenken, das Tauschen und das Hinterlegen in Betracht. Im Gegensatz zum Handeltreiben, bei dem ein obligatorisches Geschäft abgeschlossen werden muß, ist hier nur die dingliche Überlassung des Betäubungsmittels Voraussetzung für die Strafbarkeit. Auch diese Vorschrift dient wiederum dem Schutz der Volksgesundheit, denn sie soll

---

6 Vgl. Eberth-Müller, 1982, § 29 Rdn. 28; Erbs-Kohlhaas-Pelchen § 29 Rdn. 2 e; Hügel-Junge-Winkler § 29 Rdn. 7.1.

7 Vgl. BGH B vom 23.11.1988 - 3 StR 503/88=StrafV 1989, 201; BGH U vom 11.12.1990 - 1 StR 571/90=MDR 1991, 484.

die Verbreitung von Betäubungsmitteln, auch wenn sie ohne Gewinnabsicht geschieht, verhindern.

Bei der Begehungsweise des sonstigen Inverkehrbringens von Betäubungsmitteln handelt es sich gemäß § 29 Abs. 1 Nr. 1 S. 1 8. Alt. BtMG um "jedes Ermöglichen der tatsächlichen Verfügungsgewalt an Betäubungsmitteln für einen anderen, also jedes Tun oder Unterlassen, das ohne Abgabe zu einem Wechsel der Verfügungsgewalt führt, zu verstehen"[8]. Dies ist ein Auffangtatbestand, der die Verhaltensweisen erfassen soll, die durch das Handeltreiben, die Abgabe und die Veräußerung nicht erfaßt werden. Für die anderen Alternativen im § 29 Abs. 1 Nr. 1 BtMG ist diese Begehungsweise kein Auffangtatbestand. Das Sonstige Inverkehrbringen findet dort sein Hauptanwendungsgebiet, wo es der Täter nicht auf größere Umsätze abgesehen hat.

Auch der unerlaubte Erwerb von Betäubungsmitteln ist gemäß § 29 Abs. 1 Nr. 1 9. Alt. BtMG strafbar. Der Tatbestand des unerlaubten Erwerbes von Betäubungsmitteln setzt voraus, daß der Täter die eigene tatsächliche Verfügungsgewalt über das Betäubungsmittel auf abgeleitetem Wege, daß heißt im einverständlichen Zusammenwirken mit dem Vorbesitzer, durch ein Rechtsgeschäft erlangt und die Verfügungsgewalt ausüben kann, ohne Rücksicht auf das Eigentum und den Zweck des Erwerbes[9]. Der Erwerber erhielt Eigenbesitz aufgrund eines Rechtsgeschäftes. Das Einheitsabkommen von 1961 hatte den Erwerb unter Strafe gestellt, da man erkannt hatte, daß die enormen Gewinne aus dem Drogenhandel nicht nur diesen fördern, sondern auch durch ihren Rückfluß in die Wirtschaft die Gesellschaft und den Staat korrumpieren.

Die Tatbegehungsweise des Sichverschaffens in sonstiger Weise ist gemäß § 29 Abs. 1 Nr. 1 10. Alt. BtMG ein Auffangtatbestand für jegliche illegale Beschaffungsart von Drogen, die nicht von

---

8 Zitat von Körner, 1994, § 29 Rdn. 689, BGH B vom 12.9.1991 - StR 418/91; BGH U vom 25.11.1980 - 1 StR 508/80.

9 Vgl. OLG Frankfurt am Main, B vom 22.1.1988 - 1 Ss 309/87 = StraV 1989, 20; BGH B vom 24.11.1992 - 1 StR 780/92.

dem Erwerbstatbestand abgedeckt wird und stellt diese unter Strafe. Damit ein Sichverschaffen in sonstiger Weise vorliegt, muß der Täter Eigenbesitz an den Betäubungsmitteln auf sonstige Weise wie zum Beispiel durch Diebstahl, Raub oder Erpressung, bekommen haben. Vor Einführung dieser Begehungsweise bestand eine Strafbarkeitslücke, da die Erlangung von Betäubungsmitteln auf illegale Weise nur als Besitz bestraft werden konnte[10].

1.1.2 Herstellen von ausgenommenen Zubereitungen, § 29 Abs. 1 Nr. 2 BtMG

Der § 29 Abs. 1 Nr. 2 BtMG stellt die Arten von Zubereitungen (Herstellung), die die Anlagen I bis III vom Regelungsbereich des Betäubungsmittelgesetz ausgenommen haben, unter Strafe. Der Begriff "ausgenommene Zubereitungen" in den Anlagen entspricht dem des Artikels 3 Abs. 3 des Übereinkommens von 1971. Der Zweck dieser Ausnahme von der Erlaubnispflicht ist, daß Medikamente, die Betäubungsmittel enthalten, bei Einhaltung von gewissen Mengen nicht der Kontrolle des Betäubungsmittelgesetzes bezüglich des Handels und Verkehrs unterworfen sein sollen. Deshalb werden die ausgenommenen Zubereitungen speziell einer Erlaubnispflicht für die Herstellung im § 3 Abs.1 Nr. 2 BtMG unterzogen. § 29 Abs. 1 Nr. 2 BtMG bezweckt die lükkenlose Strafbarkeit aller möglichen Handlungen, die zur Herstellung von Betäubungsmitteln führen können.

1.1.3 Illegale Besitz, § 29 Abs. 1 Nr. 3 BtMG

Der Besitz von Betäubungsmitteln ohne entsprechende schriftliche Erlaubnis für den Erwerb gemäß § 3 BtMG ist ein Auffangtatbestand für § 29 Abs. 1 Nr. 1 BtMG. Er soll verhindern, daß die Gerichte den mühsamen Beweis des Erwerbs, Sichverschaffens oder Handeltreibens führen müssen. Unter

---

10 Vgl. BGH B vom 12.7.1978 - 3 StR 231/78; BGH B vom 19.3.1982 - 2 StR 677/81.

Besitz ist kein Zustand, sondern ein Dauerdelikt, ein kausales Verhalten, nämlich die Herbeiführung oder Aufrechterhaltung eines tatsächlichen Herrschaftsverhältnisses zu verstehen[11]. Dieser Besitzbegriff entspricht nicht dem zivilrechtlichen Begriff, sondern dem Gewahrsamsbegriff des § 246 StGB. Im Vordergrund steht die Sachherrschaft und damit die Einwirkungsmöglichkeit auf die Sache. Mit dem Besitz muß keine Gefahr für andere Personen verbunden sein[12]. Auf diese Weise ist der Eigen- und Fremdbesitz gleichermaßen strafbar. Da der Eigenbesitz regelmäßig hinter dem Erwerb als Straftatbestand zurücktritt, kommt dieser Auffangtatbestand nur dann zur Anwendung, wenn die Besitzbegründung verjährt ist, nicht nachweisbar oder im Ausland geschehen und gemäß § 7 Abs. 2 StGB nicht strafbar ist.

Der Gesetzeszweck der Strafbarkeit des Besitzes von Betäubungsmitteln ist die Verhinderung der Gebrauchsmöglichkeit und der damit verbundenen Gefahren. Deshalb sind Spuren von Betäubungsmitteln im Körper oder an Gerätschaften nicht strafbar, wenn sie für sich allein nicht mehr konsumierbar sind. Nur wenn die Betäubungsmittelrückstände noch einen erneuten Konsum erlauben (zB Opiumasche) erweist sich der Besitz von Betäubungsmittelrückständen als strafbar[13].

Der reine Konsum von Betäubungsmitteln ist in Deutschland nicht strafbar. Dies ergibt sich aus dem Prinzip der Straflosigkeit der Selbstbeschädigung im deutschen Strafrecht. Deshalb ist auch der Konsum durch Essen, Trinken, Schlucken, Schnupfen, Rauchen, Injizieren, Inhalieren, Schnüffeln etc. nicht als Besitz oder Erwerb von Betäubungsmitteln strafbar. Beim reinen Konsum fehlt es an der Verfügungsmacht über die Betäubungsmittel, damit ein strafbarer Besitz vorliegt. Ein reiner strafloser Konsum liegt deshalb immer nur dann vor, wenn sofort konsumiert wird. Der Konsument darf keine auch

---

11 Vgl. Körner, 1994, § 29 Rdn. 781; BGH B vom 23.03.1984 - 2 StR 107/84 = StrafV 1984, 286; BayObLG B vom 3.9.1985 - RReg 4 St 176/85 = StrafV 1988, 206.

12 Vgl. BGH U vom 2.9.1981 - 2 StR 266/81; BGH U vom 3.11.1981 - 1 StR 558/ 81.

13 Vgl. OLG Düsseldorf, B vom 15.4.1992 - 5 Ss 127/92 = MDR 1992, 895 = NStZ 1992, 443.

nur zeitweilige Verfügungsmacht über das Betäubungsmittel haben.

Nach der Meinung des Verfassers ist mit dieser Gesetzgebung faktisch der Konsum von illegalen Drogen strafbar, da ein sofortiger Konsum ohne zeitweilige Sachherrschaft nur selten möglich sein wird. Für einen straffreien Konsum ließe sich nur an einen Freundeskreis denken, in dem eine Haschischpfeife herumgeht. Derjeinige, der nur einige Züge aus der Pfeife zöge, wäre dann straffrei. Die lückenlose Pönalisierung aller Beschaffungsformen der illegalen Drogen lassen die Straffreistellung des Konsums als sinnentleerten juristischen Kunstgriff erscheinen.

1.1.4 Durchfuhr von Betäubungsmitteln, § 29 Abs. 1 Nr. 5 BtMG

Der Verstoß gegen die Bestimmungen des § 11 Abs. 1 Satz 2 BtMG ist im § 29 Abs. 1 Nr. 5 BtMG unter Strafe gestellt. Der Tatbestand der Durchfuhr ist dann gegeben, wenn Betäubungsmittel durch den Geltungsbereich des BtMG transportiert werden, ohne daß sie zu irgendeinem Zeitpunkt dem Durchführenden oder einer dritten Person tatsächlichen zur Verfügung stehen[14]. Für die Durchfuhr ist keine Erlaubnis nach § 3 BtMG erforderlich, sondern an ihre Stelle tritt eine zollamtliche Kontrolle. Diese ist in einer Verordnung aufgrund von § 11 Abs. 2 BtMG geregelt. Verstöße gegen die Verfahrensvorschriften sind in § 32 Abs. 1 Nr. 6 BtMG als Ordnungswidrigkeiten ausgestaltet. Tatbestandsmerkmal des Vergehens gemäß § 29 Abs. 1 Nr. 5 BtMG dagegen ist, daß der Täter die zollamtliche Überwachung umgeht oder unmöglich macht.

---

14 Vgl. BGH U vom 4.5.1983 - 2 StR 661/82 = StrafV 1983, 280.

1.1.5 Mißbräuchliche Verschreibung, Verabreichung und Verbrauchs überlassung von Betäubungsmitteln, § 29 Abs. 1 Nr. 6 a, b BtMG

Der Straftatbestand des § 29 Abs. 1 Nr. 6 BtMG soll den vom BtMG bezweckten Schutz der Gesundheit so weit wie möglich gewährleisten. Daß heißt, im Rahmen einer ärztlichen Behandlung dürfen Betäubungsmittel nur zum Zwecke der Heilung, zur Schmerzlinderung oder zur Lebenserhaltung verschrieben, verabreicht oder zum Verbrauch überlassen werden. Die Verabreichung von Betäubungsmittel soll immer dann unterbleiben, wenn es andere Möglichkeiten gibt, zum gleichen Erfolg zu gelangen. Eine bereits bestehende Sucht darf nicht unter Mißachtung der ärztlichen Sorgfaltspflicht oder des § 13 Abs. 1 BtMG weiter vertieft werden. Der Arzt darf grundsätzlich nur die in Anlage III aufgeführten BtMs verschreiben. Zwar könnte man dem Wortlaut des § 29 Abs.1 Nr. 6 a BtMG entnehmen, daß nur ein approbierter Arzt wirksam verschreiben und sich damit strafbar machen kann, aber im Schrifttum hat sich durchgesetzt, daß diese Verbotsnorm als an jedermann gerichtet angesehen wird[15]. Neben dem Schutz des Einzelnen und der Volksgesundheit ist das Ziel dieser Vorschrift auch die Aufrechterhaltung der Sicherheit und Ordnung im Betäubungsmittelverkehr.

1.1.6 Mißbräuchliche Abgabe von Betäubungsmittel in Apotheken, § 29 Abs. 1 Nr. 7 BtMG

Die Apotheken haben bei der Abgabe von Medikamenten eine Monopolstellung; deshalb sind sie verpflichtet, besondere Sorgfalt walten zu lassen. Die Betäubungsmittel dürfen sie deswegen nur auf Rezept und im Rahmen des Betriebes gemäß § 13 Abs. 2 BtMG abgeben. Bei Verstoß gegen diese Vorschrift machen sie sich gemäß § 29 Abs. 1 Nr. 7 BtMG strafbar. Die Apotheker sind verpflichtet, auch die Verschreibungspraxis der Ärzte zu kontrollieren und jeglichen Mißbrauch von Be-

---

15 Vgl. Eberth-Müller, 1982, § 29 Rdn. 48; Winkler, § 29 Rdn. 16.1; Bt-Drs. 8/3551, 43/52.

täubungsmitteln zu verhindern[16]. Für die Abgabe von Betäubungsmitteln der Anlage III benötigt der Apotheker keine Erlaubnis, sondern die Abgabe unterliegt gemäß § 4 Abs. 3 BtMG nur einer Anzeigepflicht.

1.1.7 Mißbräuchliche Werbung für Betäubungsmittel, § 29 Abs. 1 Nr. 8 BtMG

Der Verstoß gegen das Werbungsverbot im § 14 Abs. 5 BtMG wird im § 29 Abs. 1 Nr. 8 BtMG unter Strafe gestellt. Nach dieser Vorschrift darf für alle in der Anlage I enthaltenen Substanzen nicht geworben werden. Für die in der Anlage II enthaltenen Substanzen darf nur im Fachhandel und in der Industrie geworben werden. Dagegen darf für die in der Anlage III enthaltenen Substanzen auch bei Ärzten geworben werden. Auf diese Weise soll die Weckung des Wunsches zum Bezug und Konsum verbotener Betäubungsmittel verhindert werden. Die Werbung für Betäubungsmittel soll auf ein Mindestmaß beschränkt werden. Mit diesem Verbot wird nicht die Werbung erfaßt, die sich mit Stoffen, die rauschgiftähnliche Bezeichnungen tragen, befaßt. Zu nennen ist hier zum Beispiel das Parfüm "Opium" der Firma Yves St. Laurent und Coca-Cocktail.

1.1.8 Das Erschleichen von Betäubungsmittelverschreibungen, § 29 Abs. 1 Nr. 9 BtMG

Der Tatbestand des § 29 Abs. 1 Nr. 9 BtMG wendet sich gegen Drogenkonsumenten, die mit den unterschiedlichsten Täuschungsmanövern dem frei praktizierenden Arzt oder einer anderen Person, die die Möglichkeit hat, Rezepte auszustellen, Betäubungsmittelverschreibungen zu entlocken versuchen. Für die Erfüllung dieses Tatbestandes reicht die Erlangung des Rezeptes aus.

---

16 Vgl. OLG Stuttgart U v 15.10.1965 - 1 Ss 257/65 = NJW 1966, 412; Bay ObLG U vom 24.3.1966 - RReg 4a St 149/65 = NJW 1966, 1878ff.

Das erschlichene Rezept ersetzt nicht die sonst erforderliche Erlaubnis für den Erwerb von Betäubungsmitteln. Somit macht man sich bei Erwerb mit Hilfe dieses Rezeptes gemäß § 29 Abs. 1 Nr. 1 9. Alt. BtMG strafbar.

1.1.9 Die öffentliche oder eigennützige Mitteilung einer Gelegenheit zum unbefugten Gebrauch, Erwerb oder Abgabe, eine solche Gelegenheit einem anderen verschafft oder gewährt oder ihn zum unbefugten Verbrauch von Betäubungsmitteln verleitet, § 29 Abs. 1 Nr. 10 BtMG

Bei dem Straftatbestand des § 29 Abs. 1 Nr. 10 BtMG handelt es sich um einen Auffangtatbestand. Der Gesetzgeber will denjenigen treffen, der, ohne selber Handel zu treiben, andere zum Konsum verleitet. Deshalb hat er alle Arten von Hilfeleistung, wie Beihilfe zum Erwerb, Verbrauch, Abgabe oder auch nur Duldung der Kontaktaufnahme zwischen Dealern und Konsumenten, unter Strafe gestellt. Der Schutzzweck dieser Norm ist, daß derjenige Drogenabhängige, der sich in einer Entziehungskur befindet, oder der neugierige Laie nicht in Versuchung geführt wird. Diese Vorschrift hat mehr deklaratorische Wirkung, denn es gab in den Jahren 1985-1987 nur 112 Verurteilungen aufgrund dieser Vorschrift[17]. Es soll nur eine bestimmte Verhaltensweise vom Gesetzgeber mißbilligt werden. Jeder, der aus welchen Motiven auch immer, Süchtigen oder Neugierigen den Konsum oder den Erwerb von Betäubungsmitteln erleichtert, macht sich strafbar. Der Gesetzgeber hatte den Straftatbestand auf Gastwirte, Taxifahrer oder Bordellwirte abgestellt, dabei aber die Problematik von Fixerräumen übersehen. Da der Gesetzgeber bezüglich des Drogenproblems eine Doppelstrategie fährt, nämlich Bestrafung des Händlers und Ersetzung der Strafe durch Therapie beim Süchtigen, ist diese Vorschrift restriktiv auszulegen. Deshalb fallen Gesundheitsräume, die nur die Konsumbedingungen verbessern, nicht unter dieses Gesetz. Entgegen der Ausle-

---

17 Vgl. BT-Drs. 11/4329,13.

gung von Hügel-Junge-Winkler[18], der als ausreichend für die Erfüllung dieses Straftatbstandes die bewußte Verbesserung der Konsummöglichkeiten ansah, geht die heutige Rechtsprechung davon aus, daß im Begriff des Verschaffens wie bei § 180 Abs. 1 Nr. 2 STGB die Gelegenheit mitenthalten ist[19]. Diese Zielsetzung des Gesetzgebers wird auch durch den Satz 2 des § 29 Abs. 1 BtMG zum Ausdruck gebracht, der die Ausgabe von Einmalspritzen an Betäubungsmittelabhängige als kein Verschaffen von Gelegenheit zum Verbrauch definiert. Mit diesem Straftatbestand wird der strafrechtliche Grundsatz, daß die Teilnahme an einer nicht strafbaren Haupttat wie den Konsum nicht bestraft werden darf, mißachtet.

1.1.10 Der illegale Verkehr mit Grundstoffen, § 29 Abs. 1 Nr. 11 BtMG

Nachdem immer deutlicher wurde, daß die Chemieindustrie teilweise die Drogenkartelle mit den notwendigen Grundstoffen für die Betäubungsmittelherstellung belieferte, wurde dieser Straftatbestand eingeführt. § 18 a BtMG verbietet jeglichen Umgang mit den in der EWG-VO 3677/90 aufgeführten Substanzen mit dem Ziel der illegalen Herstellung von Betäubungsmitteln, und § 29 Abs. 1 Nr. 11 BtMG stellt einen Verstoß gegen § 18 a BtMG unter Strafe. Dieser gesetzestechnische Umweg war erforderlich, da die Grundstoffe zur Betäubungsmittelherstellung nicht dem BtMG unterstehen. Man konnte die Grundstoffe nicht generell dem BtMG unterstellen, da sie in großen Umfange von der legalen Wirtschaft benötigt werden.

---

18 Vgl. SuchtG 1990, 211.

19 Vgl. BayObLG B v 30.7.1982 - RReg 4 St 140/82 = MDR 1983, 75.

1.1.11 Öffentliche Aufforderung zum ärztlich nicht indizierten Betäubungsmittelverbrauch, § 29 Abs. 1 Nr. 12 BtMG

Vor der Einführung dieser Vorschrift gab es nur den § 111 StGB, der die Werbung für eine rechtswidrige Tat unter Strafe stellte. Da es sich aber beim Betäubungsmittelkonsum nicht um eine rechtswidrige oder strafbare Tat handelt, konnte hiermit keine Strafbarkeit herbeigeführt werden. Geschütztes Rechtsgut dieser neuen Vorschrift ist der Gemeinschaftsfrieden. Die Tat ist ein abstraktes Gefährdungsdelikt[20]. In Umsetzung von Artikel 3 Abs. 1 c des Suchtstoffübereinkommens von 1988 wurde nach dem Ausführungsgesetz des Suchtstoffübereinkommens 1988 nach § 29 Abs. 1 Nr. 12 BtMG strafbar, wer öffentlich in einer Versammlung oder durch Verbreiten von Schriften (§ 11 Abs. 3 StGB) dazu auffordert, Betäubungsmittel zu verbrauchen, die nicht in zulässiger Weise verschrieben worden sind.

1.1.12 Bereitstellen von Geldmitteln und anderen Vermögensgegenständen, § 29 Abs. 1 Nr. 13 BtMG

Das Ziel dieser neuen Vorschrift ist die Bestrafung der Drahtzieher und Finanzierer des illegalen Rauschgiftshandels, die, ohne selbst in Erscheinung zu treten oder Handel zu treiben, die notwendigen Geldmittel zur Verfügung stellen[21]. In § 29 Abs. 1 Nr. 13 BtMG werden die Nummern 1, 5 bis 7, 10 bis 12 aufgeführt. Mit dieser Vorschrift wurde eine Beihilfehandlung verselbständigt, deshalb entfällt auch die sonst bestehende obligatorische Strafmilderung des § 27 Abs. 2 Satz 2 StGB. Die Strafbarkeit entfällt nicht, wenn die geförderte Haupttat nicht begangen wird. Deshalb kommt dieser Vorschrift auch prä-

---

20 Vgl. Körner, 1994, § 29 Rdn. 982.

21 Vgl. Begründung des Gesetzentwurfes der Bundesregierung, BT Drs. 8/3551, S.36.

ventive Bedeutung zu[22]. Der Versuch der Bereitstellung der Geldmittel ist nicht strafbar.

1.1.13 Verstöße gegen die Sicherheits- und Kontrollvorschriften im Betäubungsmittelverkehr, § 29 Abs. 1 Nr. 14 BtMG

§ 29 Abs. 1 Nr. 14 BtMG soll die Einhaltung der wichtigen Verfahrensbestimmungen im legalen Betäubungsmittelverkehr sicherstellen. Deshalb wird ein Verstoß gegen die Rechtsverordnung[23], die aufgrund § 11 Abs. 2 Satz 2 Nr. 1 oder § 13 Abs. 3 Satz 2 Nr. 1 oder 3 BtMG erlassen wurde, soweit diese Rechtsverordnung dies bestimmt, unter Strafe gestellt. Nicht alle Verstöße gegen diese Verordnungen sind Vergehen nach § 29 Abs. 1 Nr. 1, 6, 7 oder 14 BtMG, sondern einige sind auch Ordnungswidrigkeiten nach § 32 BtMG.

1.1.14 Versuchshandlungen

Im Abs. 1 des § 29 BtMG handelt es sich um Vergehenstatbestände, die gemäß § 23 Abs. 1 StGB nur bei ausdrücklicher Bestimmung durch das Gesetz als Versuch strafbar sind. Weiterhin enthält § 29 Abs. 1 BtMG eine Reihe von Tatbeständen, die sich mit der Anbahnung von Betäubungsmitteldelikten beschäftigen und sich deshalb im Vorstadium bewegen. Deshalb bleibt nur ein geringer Spielraum für eine Versuchsstrafbarkeit. Sonst hätte man gegen die im Strafgesetzbuch herrschende Dogmatik verstoßen, die vorschreibt, daß eine versuchte Teilnahme an einem Vergehen gemäß § 30 StGB nicht strafbar sei. Aus dem Bestreben heraus alle Beschaffungsformen von illegalen Drogen möglichst lückenlos zu erfassen, sind viele Vorbereitungshandlungen, die nach der herrschenden Auffassung der Strafbarkeit des Versuches

---

22 Vgl. Schmidt MDR 1982, 881; Slotty NStZ 1981, 321.

23 Aufgrund dieser Ermächtigung wurden unter anderen folgend Verordnungen erlassen: Betäubungsmittel-Außenhandelsverordnung vom 16.12.1981, BtMVschrVO etc.

noch vor der Schwelle der strafbaren Versuchshandlung liegen, miterfaßt worden. Der Gesetzgeber hat aus diesem Grund nur für die Nr. 1,2,5,6 b, und Nr. 11 des § 29 Abs. 1 BtMG die Versuchsstrafbarkeit in § 29 Abs.2 BtMG angeordnet.

1.1.15 Fahrlässigkeitsdelikte

Grundsätzlich sind nur vorsätzlich begangene Taten gemäß § 15 StGB strafbar, es sei denn das Gesetz hat ausdrücklich die fahrlässige Begehungsweise unter Strafe gestellt. In § 29 Abs. 4 BtMG werden die Nummern 1, 2, 5, 6b, 10, 11 des Absatzes 1 des § 29 BtMG auch bei fahrlässiger Begehungsweise mit Geldstrafe oder Freiheitsstrafe bis zu einem Jahr bedroht. Fahrlässige Verschreibungen von Ärzten und fahrlässige Belieferung von Betäubungsmittelrezepten durch Apotheker sind nicht erfaßt[24].

1.2 Besonders schwere Fälle, § 29 Abs. 3 BtMG

Der Gesetzgeber hat in § 29 Abs. 3 BtMG Regelbeispiele definiert, bei denen ein besonders schwerer Fall vorliegt. Der Strafrahmen beträgt bei diesen Fällen von 1 Jahr bis zu 15 Jahren. Es handelt sich hier nicht um Qualifikationstatbestände, sondern lediglich um Strafzumessungsregeln[25]. Der Charakter des Straftatbestandes wird dadurch nicht wesentlich verändert, deshalb bleibt es trotz Mindestandrohung von 1 Jahr bei einer Klassifikation als Vergehensdelikt gemäß § 12 StGB.

---

24 Vgl. hierzu die Kritik von Kreuzer, 1975, S 168, 352 ff; Kreuzer ZRP 1975, 209.

25 Vgl. BGH U vom 3.12.1980-2 StR 615/80; BGH B vom 19.1.1990 - 4 StR 668/89.

1.2.1 Gewerbsmäßige Begehungsweise

Mit § 29 Abs. 3 Nr. 1 BtMG soll verhindert werden, daß sich in der Rauschgiftszene illegale Betäubungsmittel- bzw. Grundstoffhändler niederlassen, die durch wiederholte Verstöße gegen das BtMG zumindest einen Teil ihres Lebensunterhaltes bestreiten. Eine gewerbsmäßige Begehung liegt immer dann vor, wenn das Geschäft auf einige Zeit angelegt ist und Einnahmen von einem gewissen Umfang verspricht. Der Verkauf von kleinen Mengen durch einen Kleindealer ohne Erzielung von größeren Gewinnen kann ein gewerbsmäßiges Handeln darstellen[26].

1.2.2 Der bandenmäßige Grundstoffhandel, § 29 Abs. 3 S. 2 Nr. 2 BtMG

§ 29 Abs. 3 Satz 2 Nr. 2 BtMG definiert einen besonders schweren Fall immer dann, wenn sich mehrere zusammengetan haben, um bandenmäßig Grundstoffhandel zu betreiben. Dieses Regelbeispiel wurde durch das Ausführungsgesetz des Suchtstoffübereinkommens 1988 eingefügt. Es bezeugt die Erkenntnis des Gesetzgebers, daß der illegale Grundstoffhandel für die Produktion von illegalen Suchtstoffen entscheidend ist.

1.2.3 Gesundheitsgefährdung mehrerer Menschen

Das Regelbeispiel des § 29 Abs. 3 Nr. 3 BtMG war schon im BtMG von 1972 enthalten. So reichte es nach der amtlichen Begründung für die Strafbarkeit bereits aus, wenn erhebliche Mengen von Betäubungsmitteln in geheimen Laboratorien illegal hergestellt wurden[27]. Das Regelbeispiel wurde nach der amtlichen Begründung als ein abstraktes Gefährdungsdelikt angesehen. Diese Begründung, die schon beim Erlaß des Gesetzes umstritten war, wird heute von der herrschenden Meinung abgelehnt, da Wortlaut und Sinn der Vorschrift mehr

---

26 Vgl. BGH U vom 16.5.1979 - 2 StR 151/79.

27 Vgl. BT-Drs. 1877, S. 9.

auf ein konkretes Gefährdungsdelikt hindeuten[28]. Denn nicht die Vorbereitung der gefährlichen Betäubungsmittel und deren Umgang, sondern erst die Handlungen, die zu einer konkreten Gefahr für mehrere Menschen führen, sind unter besondere Strafe gestellt worden. Bei der Gesundheitsgefährdung muß es sich um eine erhebliche Beeinträchtigung der Gesundheit von mindestens 2 Menschen handeln.

1.2.4 Ungeschriebene besonders schwere Fälle

Im Gegensatz zur widerlegbaren Vermutung der Annahme eines besonders schweren Falles bei Vorliegen eines Regelbeispieles, wird bei den ungeschriebenen besonders schweren Fällen eine Gesamtbetrachtung aller tat- und täterbezogenen Umstände vorgenommen. Nur wenn sich diese insgesamt erheblich vom Durchschnitt der gewöhnlichen Fälle abheben, wird ein besonders schwerer Fall angenommen[29]. Ein solcher Fall liegt zum Beispiel dann vor, wenn bei der Einfuhr von Betäubungsmitteln ein besonders schwer zu kontrollierendes Versteck benutzt wird. Diese Bewertung wird mit der erhöhten kriminellen Energie, die durch solches Verhalten zum Ausdruck kommt, begründet.

1.3 Absehen von Strafe durch das Gericht bei geringen Mengen zum Eigenverbrauch, § 29 Abs. 5 BtMG

Diese Vorschrift ist aus dem Gegensatz zwischen dem Grundsatz der Straflosigkeit der Selbstschädigung und dem Verbot des Besitzes von Betäubungsmittel wegen Fremdgefährdung entstanden. Da in den meisten Fällen ein Konsum von Betäubungsmitteln ohne vorherigen Besitz nicht möglich ist, wurde die Möglichkeit des Absehens von Strafe gemäß § 29 Abs. 5 BtMG geschaffen. Der Gelegenheitskonsument und der Probie-

---

28 Vgl. Erbs-Kohlhaas-Pelchen § 11 Amn 21 und 22; Ellinger, 1974, S.99; Joachimski II § 11 Anm 23; Slotty NStZ 1981, 325.

29 Vgl. BGH U vom 2.3.1982 - 1 StR 32/82; BGH B vom 8.3.1988 - 1 StR 800/88.

rer sollen vor Strafe und einer Eintragung in das Strafregister bewahrt werden[30]. Man wollte auch bei allen Tathandlungen, die mit dem Konsum von geringen Mengen durch abhängige Straftäter im Zusammenhang stehen, nicht nur von der Strafvollstreckung absehen, sondern auf eine Anklageerhebung verzichten können[31].

In der Rechtsprechung der Oberlandesgerichte bestimmt man die geringe Menge mit Hilfe des Tagesbedarfes eines noch nicht physisch abhängigen Konsumenten. Das bayerische Oberste Landesgericht, das zunächst eine andere Auffassung vertreten hatte, schloß sich dann auch dieser Meinung an; somit definierte man die geringe Menge als 3 Konsumeinheiten eines Probierers. Damit errechnete sich für Haschisch 3-6 g, Kokain 3x100 mg = 300 mg und bei Heroin 3x50 mg = 150 mg[32]. Dagegen ist der BGH von einer Gesamtbetrachtung des Falles ausgegangen und hat zugunsten des Angeklagten auch den Wirkstoffgehalt miteinbezogen[33]. Der BGH hat es in den wenigen entschiedenen Fällen vermieden, die geringe Menge als Tatbestandsmerkmal zu definieren, sondern hat sie nur als einen Faktor für die Gewichtung der Schuld und der Gefährlichkeit der Tat im Sinne von § 46 StGB angesehen. Der BGH hat versucht, in seiner Rechtsprechung eher den Anwendungsbereich zu erweitern und auch den Grad der Abhängigkeit mit den entsprechenden Dosen und die Konsumform in die Berechnung der geringen Menge miteinzubeziehen.

Diese Art der Berechnung erzeugt eine erhebliche Rechtsunsicherheit, da für den Konsumenten nicht klar feststeht, wann er mit einer Anklage zu rechnen hat. Daher wäre es angebracht, von der Anzahl der Konsumeinheiten auszugehen, da diese als solche verkauft werden und es bei der Preisbestimmung nicht auf die Qualität des Stoffes ankommt. Dagegen

---

30 Vgl. Bay ObLg, B vom 23.5.1973 - Reg 4 St 68/73 = JR 1974, 209; Bay ObLG B vom 26.5.1982 - RReg 4 St 63/82 = MDR 1982, 1043 = NStZ 1982, 472 = StrafV 1982, 423.

31 Vgl. Schlußempfehlung des Ausschusses für J, F u G in BT-Drs 9/443 vom 15.5.1981.

32 Vgl. BayObLG, B vom 26.5.1982 - RReg 4 St 69/82 = MDR 1982,1043 = NStZ 1982, 473 = StrafV 1982, 423 ff.

33 Vgl. BGH B vom 9.7.1982 - 5 StR 410/82 = NStZ 1982,425; BGH U vom 15.9,1983 - 4 StR 454/83 = StrafV 1987, 250.

müßte man bei Zugrundelegung des Wirkstoffgehaltes für die Bestimmung der geringen Menge kostspielige und aufwendige Untersuchungen vornehmen. Dieser Aufwand würde nicht die Entkriminalisierung des kleinen Konsumenten fördern, da bei den Strafverfolgungsbehörden die Tendenz vorherrschen würde, daß dieser Aufwand zur Verurteilung führen soll[34].

1.4 Verkehr mit Betäubungsmittelimitaten, § 29 Abs. 6 BtMG

§ 29 Abs. 6 BtMG stellt den Handel, das Abgeben oder die Veräußerung mit Betäubungsmittelimitaten unter Strafe. Nach den Gesetzesunterlagen war das Ziel dieser Vorschrift zu verhindern, daß ein Rauschgifthändler einen potentiellen Konsumenten mit Imitaten zunächst von der Harmlosigkeit der illegalen Drogen überzeugt, um ihn als Kunden zu gewinnen[35]. Dieser Gesetzeszweck wurde mit Recht von der Literatur angezweifelt, da bisher kein Fall bekannt ist, bei dem mit falschen Drogen Kunden geworben wurden[36]. Aber die Vorschrift erfüllt daneben eine wichtige Funktion, da sie den Drogenkonsumenten vor Gesundheitsgefährdungen durch Drogenimitate schützt und dem betrügerischen Handel mit nicht unter das BtMG gestellten Stoffen Einhalt gebietet[37]. Der Veräußerer muß die fehlende Betäubungsmitteleigenschaft erkennen und diese Betäubungsmittelimitate unter Vorspiegelung falscher Tatsachen weitergeben, um den Tatbestand des § 29 Abs. 6 BtMG zu erfüllen.

---

34 Vgl. die gleich lautende Kritik von Rübsamen, NStZ 1991, 313/314.

35 Vgl. BT-Drs. VI/1877, 5-10 zu § 12 BtMG aF; OLG Zweibrücken, NStZ 1981, 66.

36 Vgl. Kritik von Kreuzer, ZRP 1975, 233 - BT-Drs. 8/3551, 37; Eberth-Müller § 29 Rdn. 32 u 94; Ellinger, 1974, S 77.

37 Vgl. BT-Drs. 9/500 nF 3; Hügel-Junge-Winkler; § 29 Rdn. 302 BayObLG B vom 23.3.1972 - RReg 4 St 25/72.

1.5 Verbrechenstatbestand des § 29 a BtMG

Der Gesetzgeber hat diesen Tatbestand, der bisher ein besonders schwerer Fall im Rahmen des § 29 Abs. 3 BtMG war, als eigenen Verbrechens-tatbestand definiert, da man bei dieser Art der Tatbegehung stets von einer besonderen Verwerflichkeit ausgehen muß. Der Strafrahmen reicht gemäß § 38 Abs. 2 StGB von 1 Jahr bis zu 15 Jahren. In Absatz 2 wird für den minder schweren Fall ein Strafrahmen von 3 Monaten bis zu 5 Jahren festgelegt. Hierdurch wurden der Justiz auch die Einstellungsmöglichkeiten des §§ 153, 153 a StPO genommen. Der Erfolg dieser Hochstufung ist fragwürdig, da im Bericht der Bundesregierung festgestellt wurde, daß nur 0,2% der Fälle nach diesem Straftatbestand entschieden wurden[38].

1.5.1 Die Abgabe, die Verabreichung oder die Verbrauchsüberlassung an Jugendliche unter 18 Jahren, § 29 a Abs. 1 Nr. 1 a BtMG

Der Zweck des § 29 a Abs. 1 Nr. 1a BtMG ist der Schutz von Minderjährigen vor der Verführung zum Drogenkonsum. Der Täter muß über 21 Jahre alt und der Adressat minderjährig sein. Da hier nur die Abgabe erwähnt ist, könnte man davon ausgehen, daß der Drogendealer nicht erfaßt ist, da das Handeltreiben nicht als Sonderfall der Abgabe behandelt werden kann. Diese Auffassung ist in der Literatur[39] heftig umstritten. Durch diesen Straftatbestand wird das persönliche Umfeld des Drogenabhängigen mit erheblicher Strafe bedroht. Eltern, Freunde und Ärzte, die einen minderjährigen Drogenabhängigen vor den Entzugserscheinungen aus altruistischen Gründen bewahren wollen, fallen unter diesen Straftatbestand.

---

[38] Vgl. BT-Drs 11/4329, 12/13.

[39] Vgl. Körner, 1994, § 29 a Rdn. 2 ff..

1.5.2 Das Bestimmen einer Person unter 18 Jahren zu Betäubungsmittelhandel, -schmuggel pp, § 29 a Abs. 1 Nr. 1 b BtMG

Diesen Verbrechenstatbestand des § 29 a Abs.1 Nr.1 b BtMG führte der Gesetzgeber im Rahmen des OrgKG ein, da er erkannt hatte, daß Drogendealer immer häufiger Kinder wegen ihrer Strafunmündigkeit oder der geringen deutschen Jugendstrafen als Drogendepot und Kurier einsetzen. Der Täter muß mit Geldversprechen, einer Drohung, einem Appellieren an die Familienehre oder einer Täuschung den Minderjährigen zur Tat bewogen haben. Vor dieser Gesetzesnovellierung war das Anstiften zum Drogenhandel nur als Anstiftung zu einem Vergehen nach § 29 Abs. 1 BtMG strafbar. Aufgrund der Klassifikation als Vergehen entfiel die Strafbarkeit der versuchten Anstiftung. Aufgrund § 23 Abs. 1 StGB ist jetzt die versuchte Bestimmung zum Drogenhandel wegen ihrer Klassifikation als Verbrechenstatbestand strafbar.

1.5.3 Das Handeltreiben, die Abgabe, die Herstellung, der Besitz von Betäubungsmitteln in nicht geringen Mengen, § 29 a Abs.1 Nr.2 BtMG

§ 29 a Abs.1 Nr.2 BtMG zielt auf größere Lagervorräte von Dealern, die Vorratshaltung von einzelnen Konsumenten und Rauschgiftgemeinschaften und definiert das Handeltreiben, die Abgabe oder den Besitz von nicht geringen Mengen als ein Verbrechen[40]. Diese Klassifikation wurde mit der erhöhten Gefährlichkeit für die Volksgesundheit von größeren Lagern von Rauschgift begründet. Daneben soll diese Vorschrift dem ergriffenen Rauschgifthändler die Einlassung der geringen Menge für den Eigenkonsum bei Entdeckung des Rauschgiftlagers abschneiden[41]. Mit dieser Vorschrift wird auch der Hin-

---

40 Vgl. OLG Hamburg, U vom 17.1.1975 - Ss 171/74; OLG Frankfurt, U vom 10.9.1975 - 1 Ss 237/75.

41 Vgl. OLG Frankfurt, U vom 10.9.1975 - 1 Ss 237/75; Wechsung-Hund NJW 1973, 1721.

termann und Großhändler, der selber keinen unmittelbaren Besitz an den Betäubungsmitteln hat, erfaßt.
Das BtMG definiert weder die geringe Menge, noch die nicht geringe Menge. Die nicht geringe Menge fängt nicht an der Stelle an, an der die geringe Menge aufhört, daher gibt es auch eine normale Menge. Der BGH hat nach anfänglichen Zögern dieses Tatbestandsmerkmal definiert und für jede Betäubungsmittelart nach den Kriterien Wirkstoffmenge, Anzahl der toxischen Dosen und Gefährlichkeit der Betäubungsmittel für den nicht abhängigen Konsumenten einen Grenzwert festgelegt[42].

1.6 Verbrechenstatbestand des § 30 BtMG

Mit der Einführung dieses Verbrechenstatbestandes will der Gesetzgeber bestimmte Rauschgiftdelikte, die besonders gefährliche und verabscheuenswürdige Angriffe auf die Volksgesundheit darstellen, mit einer Freiheitsstrafe von 2 bis zu 15 Jahren bestrafen. Vor allem der Großtäter soll getroffen und die repressive und präventive Wirkung des Strafrechts ihm gegenüber verstärkt werden[43]. Auch hier ist im Absatz 2 für einen minder schweren Fall ein Strafrahmen von 5 Monaten bis zu 5 Jahren vorgesehen. Ein minder schwerer Fall liegt immer dann vor, wenn die besonderen Tatumstände den Strafrahmen als unangepaßt erscheinen lassen.

1.6.1 Bandendelikte, § 30 Abs. 1 Nr. 1 BtMG

Mit diesem Straftatbestand will der Gesetzgeber ein Bollwerk gegen die zunehmenden Rauschgiftbanden in der Bundesrepublik Deutschland errichten. Der erhöhte Strafrahmen soll die Drahtzieher in internationalen Rauschgifthandelsorganisatione treffen[44]. Als Begehungsweisen wurden der Anbau, die Herstellung und das Handeltreiben unter Strafe gestellt. Mit der besonderen Gefährlichkeit von Bandendelikten, die auf-

42 Vgl. Fritschi ua, NStZ 1991, 470 ff.
43 Vgl. BT-Drs. 8/3551, S. 37.
44 Vgl. BT-Drs. 546/79.

grund besserer Planung und Professionalisierung eine größere Gefahr für die Gesellschaft darstellen, wurde der erhöhte Strafrahmen begründet. Aber aufgrund der großen Beweisschwierigkeiten bezüglich der bandenmäßigen Betätigung ist laut Regierungsbericht in den Jahren 1985-1987 nur in 32 Fällen eine Verurteilung wegen bandenmäßigen Handeltreibens erfolgt[45].

1.6.2 Gewerbsmäßige Abgabe von Betäubungsmitteln durch Erwachsene an Jugendliche, § 30 Abs. 1 Nr. 2 BtMG

§ 30 Abs. 1 Nr. 2 in Verbindung mit § 29 a Abs. 1 Nr. 1 BtMG dient dem Jugendschutz. Drogenhändler sollen davon abgehalten werden, ihre Kundschaft in Jugendklubs zu suchen oder Jugendliche als Erfüllungsgehilfen für ihre Geschäfte einzusetzen. Der Verbrechenstatbestand des § 30 Abs. 1 Nr. 2 BtMG kombiniert die Tatbestandsmerkmale des Tatbestandes des § 29 a Abs. 1 Nr. 1 a BtMG und des besonders schweren Falles des § 29 Abs. 3 Nr. 1 BtMG unter Verdoppelung der Mindeststrafe[46]. Bei der Abgabe von Betäubungsmitteln gemäß § 29 a Abs. 1 Nr. 1 a BtMG handelt es sich um eine altruistische Form der Verabreichung von Betäubungsmitteln an Minderjährige, die nur dann gewerbsmäßig sein kann, wenn auf diese Weise später zahlende Konsumenten entstehen. Ohne dieses Tatbestandsmerkmals könnte man nur durch Klassifikation der Veräußerung als eine Unterart der Abgabe eine Strafbarkeit gemäß § 30 Abs. 1 Nr. 2 in Verbindung mit § 29 Abs. 1 Nr. 1 a BtMG bewirken. Nur der Tatbestand des § 29 Abs. 1 Nr. 1 b BtMG kann gewerbsmäßig durchgeführt werden, da hier eine Verwendung der Jugendlichen zum Vertrieb der Betäubungsmittel beabsichtigt ist. Nach dem Bericht der Bundesregierung wurden in den Jahren 1985 - 1987 nur 4 Verurteilungen aufgrund dieses Paragraphen vorgenommen[47].

---

45 Vgl. BT-Drs. 11/4329, 14.

46 Vgl. Körner, 1994, § 30 Rdn. 32.

47 Vgl. BT-Drs. 11/4329, 14.

1.6.3 Leichtfertige Todesverursachung, § 30 Abs. 1 Nr. 3 BtMG

§ 30 Abs. 1 Nr. 3 BtMG stellt einen besonders qualifizierten Fall der fahrlässigen Tötung dar. Das geschützte Rechtsgut ist hier neben der Volksgesundheit die Gesundheit des Drogenabnehmers. Dieser Verbrechenstatbestand war als Instrument gegen die alarmierend "hohe" Zahl von Drogentodesfällen gedacht. Da die Ursache dieser Todesfälle aber die gewollte Selbstgefährdung war, war dieser Straftatbestand ein untaugliches Mittel. Es kam in den Jahren 1985 - 1987 nur zu 2 Verurteilungen. Es wird hier nicht die bloße Förderung einer eigenverantwortlichen Selbstgefährdung unter Strafe gestellt, sondern es liegt eine Strafbarkeit immer nur dann vor, wenn der Mitwirkende an einer Selbstgefährdung bzw. Selbstschädigung die Gefährlichkeit des Betäubungsmittels besser einschätzen kann als der Konsument, oder wenn der Konsument nicht eigenverantwortlich handelt[48]. Der Täter muß den Dritten einem von diesem nicht gewollten tödlichen Risiko aussetzen.

1.6.4 Einfuhr von nicht geringen Mengen, § 30 Abs. 1 Nr. 4 BtMG

Der Gesetzgeber hat mit § 30 Abs. 1 Nr. 4 BtMG den früheren besonders schweren Fall des § 29 Abs. 3 BtMG für die Einfuhr von nicht geringen Mengen als eigenen Verbrechenstatbestand eingeführt. Damit wurde die "nicht geringe Menge" ein Tatbestandsmerkmal und der Ermessenspielraum des Gerichts, der bei einem Merkmal einer Strafzumessungsregelung vorhanden ist, verringert. Durch die Ausdehnung des minder schweren Falles des Absatzes 2 durch die BGH-Rechtsprechung wurde der vorherige Zustand wieder hergestellt, so daß jetzt im allgemeinen ein minder schwerer Fall angenommen wird und nur in Ausnahmefällen ein solcher Fall verneint wird. Schon der Umstand, daß die weit überwiegende Menge eines eingeführten Betäubungsmittels zum Eigenverbrauch

48 Vgl. BGH U vom 14.2.1984-1 StR 808/83 = MDR 1984, 503; BGH U vom 27.6.1984 - 3 StR 144/84 = NStZ 1984, 452.

und nicht zum Handeltreiben bestimmt ist, nötigt zur Prüfung eines minderschweren Falles[49]. Dieser Verbrechenstatbestand soll subsidiär zum Einsatz kommen, wenn man die bandenmäßige Organisation nicht beweisen kann, dafür aber eine nicht geringe Menge von Betäubungsmitteln sichergestellt wurde.

1.7 Verbrechenstatbestand des § 30 a BtMG

Mitglieder von Banden, die nicht geringe Mengen von Betäubungsmitteln anbauen, herstellen, mit ihnen Handel treiben, sie ein- oder ausführen, werden mit einer Mindeststrafe von 5 Jahren bedroht. Hiermit hat der Gesetzgeber den Straftatbestand des § 30 Abs. 1 Nr. 1 BtMG unter Erweiterung auf die Ein- und Ausfuhr von nicht geringen Mengen mit einer höheren Mindeststrafe ausgerüstet. Diese Erhöhung wurde durch die besondere Gefährlichkeit der Bandenkriminalität begründet. Die erwartete Erhöhung der Abschreckungswirkung ist zu bezweifeln, da diese eher durch die Polizeidichte und die Entdeckungsgefahr bestimmt wird. Da es sich bei der Mindeststrafe um eine erhebliche Strafandrohung handelt, wurde im Absatz 2 die Möglichkeit eines minder schweren Falles eröffnet. Auf diese Weise können Bandenmitglieder in untergeordneten Positionen milder bestraft werden.

1.8 Anwendung des § 129 StGB im Bereich von Betäubungsmitteldelikten

§ 30 b BtMG ist kein eigener Straftatbestand, sondern eröffnet die Möglichkeit der Anwendung des § 129 StGB bei Betäubungsmitteldelikten auch dann, wenn die kriminelle Vereinigung nicht oder nicht nur im Inland besteht. Diese Erweiterung gebot sich aufgrund des im § 6 Nr. 5 StGB bestehenden Weltrechtsprinzips für den Betäubungsmittelhandel und den Verpflichtungen aus internationalen Abkommen. Bisher bestand eine Strafbarkeitslücke bei Inlandstätigkeit eines inter-

---

49 Vgl. BGH B vom 12.6.1985 - 2 StR 271/85 = StrafV 1986, 20; BGH B vom 10.4.1990 - 4 StR 148/90 = NStZ 1990, 384.

nationalen Rauschgiftringes, wenn sich diese noch im Vorstadium von Betäubungsmitteldelikten bewegte, und sich keinerlei Organisationseinheiten im Inland befanden. In diesem Fall konnte man noch von keiner kriminellen Vereinigung sprechen. § 30 b BtMG ermöglicht die Bestrafung der Bildung krimineller Vereinigungen gemäß § 129 StGB auch dann, wenn sich keine Teilorganisation im Inland befindet. Nach Einführung des § 30 b BtMG sind auch Ermittlungsverfahren möglich, wenn sich ein Mitglied eines internationalen Drogenkartells nur zur Anknüpfung von Kontakten im Inland aufhält[50]. Schutzzweck dieser Norm ist die Bekämpfung des Betäubungsmittelhandels schon im Stadium der Vorbereitung.
"Unter einer kriminellen Vereinigung i.S.v. § 129 StGB ist eine auf eine gewisse Dauer berechnete organisatorische Vereinigung von mindestens 3 Personen im Geltungsbereich des Grundgesetzes zu verstehen, die bei Unterordnung des Willens des Einzelnen unter den Willen der Gesamtheit gemeinsame kriminelle Zwecke verfolgen oder gemeinsame kriminelle Tätigkeiten entfalten und unter sich derart in Beziehung stehen, daß sie sich untereinander als einheitlicher Verband fühlen"[51].

1.9 Vermögensstrafe, § 30 c BtMG

§ 30 c BtMG handelt es sich um eine Verweisungsvorschrift, die die Vermögensstrafe des § 43 a StGB für das BtMG für anwendbar erklärt. Es war erkannt worden, daß es sich beim illegalen Drogenhandel um ein sehr lukratives Geschäft handelt. Die Abschöpfung der Straftatgewinne gemäß §§ 73 ff. StGB war in der Praxis als unbefriedigend empfunden worden. Deshalb versuchte man, mit Hilfe der Vermögensstrafe auch die Vermögensgegenstände zu erfassen, deren Herkunft aus den illegalen Geschäften zwar naheliegt, die sich aber nicht der konkret angeklagten Straftat zuordnen lassen. Eine Vermögensstrafe darf nur bei § 29 Abs. 1 Nr.1, 4, 5, 6 und 10 BtMG ver-

50 Vgl. BT-Drs. 12/989 vom 25.07.1991, 31.

51 Zitat von Körner, 1994, § 30 b Rdn. 4; BGH U vom 1.10.1991 - 5 StR 390/91.

hängt werden. Dies gilt nicht, wenn der Täter Betäubungsmittel, ohne mit ihnen Handel zu treiben, veräußert, abgibt, erwirbt oder sich in sonstiger Weise verschafft, da der Gesetzgeber nur den Händler treffen wollte. In den Fällen der §§ 29a, 30, 30a und 30b BtMG ist die Vermögensstrafe stets anzuwenden. Für die Verhängung einer Vermögensstrafe muß eine Freiheitsstrafe von mehr als 2 Jahren verhängt werden (§ 43a StGB). Die Höhe der Vermögensstrafe wird nur durch den Wert des Tätervermögens begrenzt. Das Gericht hat das Recht, das Vermögen zu schätzen. Die Vermögensstrafe soll auf die gravierenden und gewinnorientierten Betäubungsmitteldelikte beschränkt werden. Aber da die 2 Jahre Freiheitsstrafe auch schnell durch Versorgungsdelikte erreicht werden können, besteht die Gefahr, daß die Drogenkonsumenten vermögenslos gestellt werden. Laut BGH hat die Vermögensstrafe einen erheblichen Einfluß auf die Höhe der Freiheitsstrafe[52]. Deshalb besteht die Gefahr, daß ein vermögender Dealer mit dem Gericht einen "Kuhhandel" abschließen kann, indem er sich mit einer Vermögensstrafe einverstanden erklärt. Die Gelder für die Bezahlung der Vermögensstrafe könnten von einem unbekannten Nummerkonto kommen.

1.10 Geldwäsche gemäß § 261 StGB

Der Geldwäschetatbestand ist durch das Wiener Übereinkommen der Vereinten Nationen gegen den unerlaubten Verkehr mit Suchtstoffen und psychotropen Stoffen vom 20.12.1988, das die Verpflichtung enthielt, die Geldwäsche strafrechtlich zu verfolgen, entstanden. Die Konvention wurde von Deutschland am 22.7.1993 ratifiziert. Die Strafvorschrift soll verhindern, daß der wahre Ursprung von Vermögensgegenständen verschleiert werden kann und dadurch Gewinne aus illegalen Geschäften wieder in den Wirtschaftskreislauf eingebracht werden. Das geschützte Rechtsgut ist die innere Sicherheit und der Schutz der Gesellschaft vor einer Unterwanderung der freiheitlich demokratischen Grundordnung des liberalen Rechts- und Sozialstaates durch die organisierte Kriminalität.

52 Vgl. BGH NJW 1985, 1719 = Wistra 1985, 148.

Als Geldwaschen wird in den Gesetzesunterlagen die Einschleusung von Vermögensgegenständen aus organisierter Kriminalität in den legalen Finanz- und Wirtschaftskreislauf zum Zwecke der Tarnung definiert[53]. Im Straftatbestand sind dagegen die einzelnen möglichen Begehungsweisen aufgezählt. Jeder Gewerbetreibende kann Täter dieses Deliktes sein, er braucht nicht der organisierten Kriminalität anzugehören. Die Tat kann auch in fahrlässiger Weise begangen werden, da in Absatz 5 bestimmt wird, daß sich auch derjenige, der aus Leichtfertigkeit nicht erkennt, daß es sich hier um Vermögensgegenstände aus Straftaten handelt, strafbar macht. Gemäß Absatz 1 müssen die Vermögensgegenstände entweder aus einem Verbrechen, Vergehen nach § 29 Abs. 1 Nr. 1 BtMG, § 29 Abs. 1 Nr. 1 GÜG oder aus § 129 StGB stammen. Der Strafrahmen geht bis zu 5 Jahren Freiheitsentzug, bei besonders schweren Fällen, wie z.B. bandenmäßiger Begehung, bis zu 10 Jahren (§ 261 Abs. 4 StGB). Dieser Straftatbestand enthält auch eine Kronzeugenregelung. Bei freiwilliger Offenbarung des Wissens des Angeklagten, die zur Aufklärung der Tat über seine eigene Tat hinaus führt, kann das Gericht von Strafe absehen.

1.11 Abgabendelikte durch Betäubungsmitteleinfuhr

Bei einer illegalen Einfuhr von Betäubungsmitteln entsteht weder eine Zollschuld noch eine Einfuhrumsatzsteuerschuld[54], da die gemeinsamen europäischen Zolltarife es den Mitgliedsländern untersagen, eigene Zölle zu erheben. Strafrechtliche Ahndung können jedoch von den Mitgliedstaaten vorgenommen werden. Da keine Steuerschuld entsteht, ist eine Bestrafung wegen Steuerhehlerei oder Steuerhinterziehung nicht mehr möglich. Zwar sollen die Straftatbestände des Bannbruchs gemäß § 370 ff. AO seit den 1.1.1989 gemäß der VO (EG VO Nr. 2144/87) vom 13.7.1987 durch den Einfuhrschmuggel von Betäubungsmitteln wieder erfüllt sein, aber er tritt

---

[53] Vgl. BT-Drs. 12/989, 26.

[54] Vgl. EUGH U vom 26.10.1982-221/81; EUGH U vom 26.10.1982-240/81 = NStZ 1983, 79; EUGH U vom 28.02.1984-294/82.

hinter den spezialgesetzlichen Bestimmungen des Betäubungsmittelgesetzes zurück. Der BGH[55] verneint zwar die Tateinheit zwischen Betäubungsmitteleinfuhr und Bannbruch, aber er gibt dem BtMG den Vorrang. Bei bewaffnetem BtM-Schmuggel kann unter Umständen das Vorliegen der Voraussetzungen des § 373 Abs. 2 Nr. 3 AO zu einer Strafverschärfung der Strafe nach § 29 Abs. 1 BtMG führen.
Insgesamt kann festgestellt werden, daß die § 370 ff. AO bei der Bestrafung von Betäubungsmitteldelikten keine große Rolle spielen.

1.12 Kronzeugenregelung, § 31 BtMG

Mit § 31 BtMG wurde im deutschen Strafrecht erstmalig, begrenzt auf das Betäubungsmittelstrafrecht, eine Kronzeugenregelung eingeführt. Das Gericht kann die Strafe gemäß § 49 Abs. 2 StGB mildern oder bei Bestrafung nach § 29 Abs. 1 Nr. 1, 2, 4 oder 6 BtMG gänzlich von Strafe absehen, wenn der Täter durch freiwillige Offenbarung seines Wissens über die Tat über seinen eigenen Tatbeitrag hinaus zur Aufdeckung von Straftaten beigetragen hat. Eine andere Möglichkeit besteht darin, daß der Täter den Dienststellen sein Wissen so rechtzeitig offenbarte, daß Straftaten nach § 29 Abs. 3, § 29a Abs. 1, § 30a Abs. 1 BtMG, von deren Planung er wußte, noch verhindert werden konnten. Der Gesetzgeber hatte erkannt, daß es nur auf diese Weise gelingen konnte, Mitglieder von Rauschgiftringen dazu zu bestimmen, sich von diesen zu trennen und zur Aufklärung beizutragen. Die Kronzeugenregelung ist stark umstritten, da sie den Prämissen des deutschen Strafrechts widerspricht und dazu führen könnte, daß die Strafverfolgungsbehörden mit dem Beschuldigten einen Handel abschließen können. Wegen der Gefahr, daß Beschuldigte Unbeteiligte in Verdacht bringen, um Strafnachlaß zu bekommen, wurde von der Literatur eine enge Auslegung des Anwendungs-

55 Vgl. BGH U vom 11.8.1977 - 4 StR 224/77.

bereiches verlangt[56]. Durch die Rechtsprechung des BGH wurde aber der Anwendungsbereich stark ausgedehnt[57]. Bisher gab es im deutschen Strafrecht nur bei Bagatelldelikten und in Ausnahmesituationen die Möglichkeit, von Strafe abzusehen. Dagegen geht es bei der Kronzeugenregelung um die Effizienz der Strafverfolgungsbehörden. Man darf aber nicht übersehen, daß schon immer Geständnisse bei der Bestimmung der Strafe eine erhebliche Rolle gespielt haben. Laut Bericht der Bundesregierung wurde in den Jahren 1985-87 § 31 BtMG in 2317 Fälle angewendet. Dabei wurde aber nur in 45 Fällen von Strafe gänzlich abgesehen[58]. An diesen Zahlen ist erkennbar, daß die Gerichte in den weitaus meisten Fällen nur eine Strafmilderung vornehmen.

2. Betäubungsmittelstrafrecht in Frankreich

Seit dem Inkrafttreten des neuen Strafgesetzbuches am 1. März 1994 ist das Betäubungsmittelstrafrecht in Frankreich aufgeteilt auf das Gesundheitsgesetz und das Strafgesetzbuch. Man hatte zunächst die Strafvorschriften im Gesundheitsgesetz aufgenommen, da es hauptsächlich um den Schutz der Gesundheit ging. Erst die spätere Entwicklung mit dem immer schärferen Gesetzen gegen den Drogenhandel führte zu einer anderen Wahrnehmung. Da es sich zwischenzeitlich um eine Bekämpfung einer herausragenden Kriminalität handelt, erschien es dem Gesetzgeber logischer, diese Strafvorschriften in das allgemeine Strafgesetzbuch aufzunehmen. Der französische Gesetzgeber hat nun drei Kategorien von Straftatbeständen geschaffen.

Die erste Kategorie beschäftigt sich mit der Pönalisierung des Konsumenten und befindet sich weiterhin im Gesundheitsgesetz. Die zweite Kategorie enthält die Straftatbestände gegen

---

56 Vgl. Buttel, Diss 1987, S. 264; Eberth-Müller § 31 RZ 2; Körner NJW 1982, 676; Slotty NStZ 1981, 326; Weider NStZ 1984, 392 u NStZ 1981.

57 Vgl. BGH B vom 5.11.1992 - 4 StR 517/92; BGH B vom 3,2,1993 - 5 StR 20/93 = MDR 1993, 571 = NJW 1993, 1086 = NStZ 1993, 242; BGH B vom 21.9.1993 - 1 StR 558/93.

58 Vgl. BT-Drs. 11/4329, 19.

den Drogenhändler und befindet sich als eigenes Kapitel im neuen Strafgesetzbuch. Die dritte Kategorie behandelt den Schutz der Minderjährigen und enthält deshalb spezielle Straftatbestände gegen Drogenhändler, die sich an Minderjährige wenden. Diese Straftatbestände befinden sich im Kapitel 227 des neuen Strafgesetzbuches, Schutz der Minderjährigen. Im Gesundheitsgesetz befindet sich nur noch die Verordnungsermächtigung für die Regelungen für den legalen Betäubungsmittelverkehr sowie für die Klassifikation der illegalen Betäubungsmittel, der Straftatbestand bei Verstoß gegen diese Regelungen und die Strafbestimmungen mit Nebenbestimmungen für den Konsumenten. Im Strafgesetzbuch dagegen befinden sich nun die Strafbestimmungen für den illegalen Betäubungsmittelhandel.

2.1 Klassifikation der Betäubungsmittel

Die Festlegung einer Substanz als Betäubungsmittel wird durch den Gesundheitsminister vorgenommen. Aufgrund des L. 627 C.S.P.[59] in Verbindung mit R[60] 5178 des Verordnungsteils des C.S.P. ergeht eine einfache Verwaltungsverordnung des Gesundministers. Der Gesundheitsminister kann jede Substanz, die in den internationalen Verträgen als Betäubungsmittel aufgeführt ist, ohne weitere Zustimmung des Parlamentes dem Betäubungsmittelstrafrecht unterstellen. Hierbei ist der Grundsatz zu beachten, daß im französischen Recht die internationalen Abkommen nach ihrer Ratifizierung über den nationalen Recht stehen[61]. Trotzdem soll es nach der Auslegung des Verfassungsgerichtshofs dem Gesetzgeber erlaubt sein, widersprechende Gesetze zu erlassen. Diese dürfen dann aber wegen Art. 55 der Verfassung nicht von den Rich-

---

59 Code de la santé publique = Gesundheitsgesetz

60 Es handelt sich hier um Paragraphen einer Verordnung, die zusammen mit den Paragraphen des Gesundheitsgesetzes abgedruckt werden.

61 Vgl. Artikel 55 der französischen Verfassung.

tern angewendet werden[62]. Deshalb entspricht die französische Aufteilung der Substanzen auch derjenigen der internationalen Abkommen. In einer zwischenzeitlich überholten Verordnung war Cannabis anders definiert worden als in den internationalen Abkommen, deshalb gab es eine Entscheidung des französischen Kassationsgerichtshofes für Strafsachen[63], nach der die Bestimmung von Cannabis nicht nach dieser abweichenden Definition der Verordnung geschehen darf. Die Verordnung wurde in dem Sinne abgeändert, daß der Gesundheitsminister nur noch Substanzen, die in die internationalen Abkommen aufgenommen sind, durch Verwaltungsverordnung aus dem Verkehr ziehen darf[64]. Diese Rechtsprechung wurde in einem neuen Urteil des Kassationsgerichts[65] nunmehr teilweise aufgegeben. In diesem Urteil wurde unter anderen die Klassifikation der Betäubungsmittel durch den Gesundheitsminister aufgrund einer Verordnung im Zusammenwirken mit den internationalen Abkommen angegriffen. Das Gericht hat anerkannt, daß nur die Regierung die Klassifikation von Betäubungsmitteln gemäß L. 626 und L. 627 C.S.P. vornehmen darf.

Nach Caballero[66] bedeutet das die Abkehr vom Prinzip der Übergeordnetheit der internationalen Abkommen gegenüber den nationalen Gesetzen, welches im Bereich des Strafrechts auch gegen Art. 111-2 C.P. verstößt, da nur ein nationales Gesetz einen Straftatbestand definieren darf. Nur wenn der Gesetzgeber ausdrücklich die Definition eines Straftatbestandes an das internationale Abkommen delegiert hat, wäre eine direkte Wirkung der internationalen Abkommen möglich. Der Gesetzgeber hat aber eine solche Delegation auf dem Gebiet des Betäubungsmittelrechts nicht vorgenommen.

---

62 Vgl. Olivier Duhamel et Yves Mény: Dictionnaire constitutionnel puf 1. Ed. 1992, S. 1043.

63 Vgl. Crim. 12.12.1984, B., Crim., N. 402, S. 1077; Francis Caballero, Droit de la drogue, S. 429.

64 Vgl. Code de la santé, deuxième partie. - Décrets en Conseil d'État, V Buch, Pharmacie, R.5179.

65 Vgl. Französischer Kassationsgerichtshof vom 13.03.1995, Nr. G 94-81.343 PP, Präsident M. Le Gunehec, Paris, chambre criminelle, S. 10.

66 Vgl. Interview mit Prof. Caballero vom 22.06.1995.

R. 5182 des Verordnungsteils des C.S.P. sieht die Möglichkeit einer Verordnung des Gesundheitsministers nach Einholung einer Stellungnahme der Kommission für Betäubungsmittel für Substanzen, die zwar keine Betäubungsmittel sind, aber es während ihrer Produktion zeitweilig waren, oder die aus Betäubungsmittel hergestellt werden, vor. Laut Caballero erscheint es fragwürdig, daß der Verordnungsgeber seine Verordnungskompetenz auf dem Gebiet des Strafrechts durch eine Verordnung wie R. 5182 auf den Gesundheitsminister weiter übertragen hat. Die Straftatbestände dürfen nur durch den Gesetzgeber definiert werden, da auf diesem Gebiet die stärksten Eingriffe in die Rechte der Bürger entstehen. Dem Verordnungsgeber dürfen nur in sehr begrenzten und definierten Umfange Kompetenzen zugeordnet werden. Deshalb widerspricht es den strafrechtlichen Prinzipien, wenn der Verordnungsgeber, zumindest ohne ausdrückliche gesetzliche Ermächtigung, seine Kompetenz weitergibt. Straftatbestände müssen klar definiert werden, dies ist bei einer unbegrenzten Möglichkeit der Weitergabe der Verordnungskompetenz nicht mehr gewährleistet.
Artikel 222-41 C.P.[67] verweist für die Klassifikation der Substanzen als Betäubungsmittel für die Händlerdelikte in den Artikeln 222-34 ff. C.P. auf die Verordnungsermächtigung im L. 627 C.S.P. Alle nach diesem Gesetz auf dem Verordnungswege als Betäubungsmittel definierten Substanzen können Objekte der Strafverfolgung in den vorherigen Artikeln sein.

2.2 Strafbarkeit des Konsumenten, L. 628 C.S.P., L. 626 C.S.P.

Gemäß L.628 code de la santé publique verwirkt jeder eine Freiheitsstrafe bis zu 1 Jahr und/oder eine Geldstrafe von bis zu 25.000 FF[68], wenn er auf illegale Weise Betäubungsmittel konsumiert. Begründung und Zweck dieser Regelung ist der Schutz der Volksgesundheit. Zwar ist der Besitz des Konsumenten im L. 628 C.S.P. nicht unter Strafe gestellt, wohl aber

67 Code Pénal = französisches Strafgesetzbuch
68 100 FF entsprechen ungefähr 29 DM am 01.03.1995

im Art. 222-37 code pénal. Der Art. 222-37 C.P. soll zwar nur den Händler treffen, aber es besteht die Gefahr, daß auch der einfache Konsument betroffen ist. Dies folgt aus der Tatsache, daß Konsum ohne Besitz fast unmöglich ist. In einem Rundschreiben[69] des Garde des Seaux[70] (Justizminister) vom 30.03.1973 an die Richter wird festgestellt, daß der Besitz von Betäubungsmitteln für den Eigenkonsum in strafrechtlicher Hinsicht dem reinen Konsum gleichgestellt werden soll. Der Richter soll in dem Moment, in dem er festgestellt hat, daß die eingeführten, ausgeführten oder gekauften Mengen für den Eigenkonsum bestimmt sind, den Straftäter wie einen reinen Konsumenten behandeln. Man darf aber nicht übersehen, daß die Rundschreiben keine Rechtsquellen für das französische Recht sind und damit keine Bindungswirkung für den Richter haben[71]. Die Rundschreiben stellen nur die Auslegungsmeinung des Ministeriums dar und man kann sie als nachgereichte Gesetzesunterlagen betrachten.

Ein anderes Rundschreiben Peyrefitte des Justizministeriums vom 17.5.1978[72] empfahl der Staatsanwaltschaft bei Konsumenten von indischem Hanf nur eine Verwarnung auszusprechen, da es sich um eine Entspannungsdroge handele. Zusätzlich sollte sich der Konsument von indischem Hanf an einen Mediziner wenden, aber das Befolgen dieser Aufforderung wurde vom Gericht nicht nachgeprüft. Auf Grund des in Frankreich geltenden Opportunitätsprinzips ist ein solches Verfahren durch die Staatsanwaltschaft möglich. Dies war aus der Einsicht entstanden, daß ein normales Gerichtsverfahren hier unangebracht sei. Hinzu kam, daß für den Haschischkonsumenten, da er nicht physisch abhängig war, die Therapie als

---

69 Das Rundschreiben präzisiert, daß es unangemessen erscheint, Personen, die mit vernachlässigbaren Mengen von Betäubungsmitteln wie z.B. mit 2 Milligramm bis zu 1 Gramm Haschisch, in ihrem Besitz angetroffen werden, wegen Besitz zu verfolgen. Solche Verirrungen dürften in der Zukunft nicht mehr geschehen.

70 Wörtlich übersetzt heißt "Garde des Seaux": Hüter der Siegel; aus traditionellen Gründen wird dieser Ausdruck als Synonym für den Justizminister benutzt.

71 Vgl. Larguier, Jean, droit pénal général, 1993, S. 17.

72 Vgl. Rundschreiben vom 17.04.1978, Gortais und Perez-Diaz,

Alternative zum Strafvollzug nicht zur Verfügung stand. Da es sich hier wiederum lediglich um ein Rundschreiben ohne Gesetzeskraft handelte, bleibt seine juristische Wirkung fragwürdig. Von einigen Gerichten in der Provinz werden weiterhin Konsumenten von indischem Hanf verfolgt[73].
Nach diesem Rundschreiben des Justizministers folgten noch zwei für den Konsumenten bedeutsame Rundschreiben. Im Rundschreiben Badinter[74] vom 17.09.1984 wird zum erstenmal in Frankreich die Unterscheidung zwischen dem Händler-Konsumenten und dem Konsumenten Beachtung geschenkt. Zunächst präzisiert dieses Rundschreiben, daß immer noch Freiheitsstrafen wegen des Konsums von illegalen Drogen verhängt werden und werden können. Aber es wird den Richtern empfohlen den Abhängigen eher in eine Therapie einzuweisen, als ins Gefängnis. Zwar wird im Rundschreiben nicht explizit zwischen weichen und harten Drogen unterschieden, aber man könnte eine solche Unterscheidung hinein interpretieren. Auch die Kommission Henrion geht von einer solchen Interpretation aus, da sie ausdrücklich schreibt, daß mit diesem Rundschreiben den Konsum von Cannabis quasi legalisiert wurde[75]. Dabei wurde das Rundschreiben Chalandon vom 12.05.1987 übersehen, das ausdrücklich die beiden vorherigen Rundschreiben "außer Kraft" setzt, da unter anderen festgestellt wurde, daß in Frankreich keine einheitliche Politik von den verschiedenen Staatsanwaltschaften verfolgt wurde. Mit diesem Rundschreiben wird ein neuer Begriff eingeführt, der "Gelegenheitskonsument" und der "Gewohnheitskonsument". Beim zweiteren wird empfohlen das Verfahren nicht mit einer einfachen Verwarnung einzustellen. Beim Gelegenheitskonsumenten sollte nur eine Verwarnung ausgesprochen werden, wenn er sozial gut eingebunden ist. Es ist nicht ganz klar, ob sich diese Unterscheidungskriterien auf Cannabis und die anderen illegalen Drogen gleichermaßen beziehen. Aber auch Caballero geht davon aus, daß mit diesen Rundschreiben die Quasi-Depönalisierung von Cannabis

---

73 Vgl. Crim., 4.5.1984, Lexis.

74 Vgl. Es handelt sich hier um den Namen des jeweiligen Justizministers.

75 Vgl. Gutachten der Kommission Henrion, 1995, S. 78.

der vorherigen Rundschreiben aufgehoben wurde[76]. Im letzten Rundschreiben vom 28.04.1995, das noch unter Balladur erlassen wurde, wird zur Vereinheitlichung der Anwendung der Zwangstherapie folgendes ausgesagt: Bei jedem Konsum von illegalen Drogen sei die Polizei verpflichtet eine Vernehmung durchzuführen und die Staatsanwaltschaft muß unterrichtet werden. Diese hat dann zwei Möglichkeiten, entweder spricht sie eine Verwarnung aus, oder sie meldet den Betreffenden der DDASS[77]. Es wird im Rundschreiben präzisiert, daß alle Dauerkonsumenten von Heroin und Kokain, sowie bei massiven Cannabiskonsum oder in Verbindung mit Alkohol sollten einer Therapie unterzogen werden. Ebenfalls wird festgestellt, daß bei erstmaligem Konsum oder zufälligem Konsum eine Einstellung des Verfahrens erfolgen kann.
Es darf aber nicht aus den Augen verloren werden, daß alle diese Rundschreiben keinerlei Gesetzeskraft haben. Auch in Frankreich sind die Staatsanwaltschaften dem Justizminister weisungsgebunden, daß heißt es besteht theoretisch die Möglichkeit diese auf Grund einer Weisung zu einem bestimmten Einstellungsverhalten zu zwingen. Die Rundschreiben aber enthalten keine solchen bindenden Weisungen. Somit sind die Staatsanwaltschaften frei, eigene Richtlinien zu erarbeiten. Dies ist in Frankreich auch geschehen und führt zu sehr unterschiedlichen Verfolgungspraxen. Nach der herrschenden Interpretation dieses Weisungsrechts des Justizministers ist diesem nur erlaubt, die Verfolgung von bestimmten Taten anzuordnen, aber nicht die Einstellung von Verfahren. Diese erstaunliche Auslegung der Gesetzeslage wird mit dem Argument untermauert, daß sonst die Gefahr bestünde, daß politische Straftaten aufgrund einer solchen Weisung nicht verfolgt werden dürften. Zudem ist man der Ansicht, daß der Justizminister die Möglichkeit einer Gesetzesinitiative hat um eine von ihm gewünschte Änderung der Gesetzeslage herbeizufüh-

---

76 Vgl. Caballero, 1993, "Drogues et droits de l´homme en France" im Première journée internationale du cannabis, S. 67, Paris: Ed. Lézard /CIRC.

77 Vgl. Direction Départementale des Affaires Sanitaires et Sociales = Gesundheitsamt, zuständig für die Durchführung einer Therapie.

ren[78]. Diese Problematik ist nur in Frankreich relevant, da dort das reine Opportunitätsprinzip vorherrscht.
In einer Fernsehschau vom 7/8.11.1994 haben der Direktor von OCTRIS, Gilles Leclair, und der Richter Valery Turcey behauptet, daß Cannabiskonsum praktisch nicht mehr verfolgt werde. Dagegen hat Bernard Pages, Staatsanwalt und verantwortlich für die erste Strafkammer des Landgerichts von Paris, festgestellt, daß nur beim ersten und zweiten Mal das Verfahren eingestellt werde. Beim dritten Mal wird eine Geldstrafe fällig. Des weiteren hat er die Grenze zwischen Konsum und Handel bei 30 Gramm Cannabis festgelegt[79]. Diese Aussage steht im krassen Widerspruch zu einem Urteil[80] des Landgerichts Paris vom April 1995, in dem der Besitz von 23 Gramm Cannabis als Besitz im Sinne des Art. 222-37 C.P. (Händlerdelikt) definiert wurde.
Dagegen ist die Politik vom Staatsanwalt Olivier Guérin in Lille sehr viel liberaler. Nach seiner Aussage wird der reine Konsum von Cannabis nicht verfolgt. Gleichzeitig setzt auch er die Grenze zwischen der Annahme eines Handelsdeliktes und eines reinen Konsumdeliktes bei 30 Gramm Cannabis an. Bei der zuständigen Staatsanwaltschaft für den Grenzübergang aus der Richtung der Niederlande nach Frankreich hat man die Schwelle für das Einleiten eines Verfahrens wegen Cannabis auf 75 Gramm Haschisch und 100 Gramm Marihuana[81].
Im Süden von Frankreich und in den ländlichen Gebieten weit ab von den französischen Metropolen wird weiterhin schon bei sehr viel geringeren Mengen von Cannabis ein Verfahren eingeleitet. Die verantwortlichen Staatsanwaltschaften rechtfertigen sich mit der öffentlichen Meinung, die sie zu einem solchen Verhalten zwänge.

---

78 Vgl. Interview vom 28.11.1995 mit Magistrat Jean-Paul-Jean, Inspecteur des Services Judiciares.

79 Vgl. Gutachten von T. Boekhout van Solinge, La situation en ce qui concerne Le Cannabis en France, Paris, Juli 1995, S. 26.

80 Vgl. Urteil vom Landgericht Paris vom 03.04.1995, 14. Senat, Affaire Nr. P 94 321 8100 4 Jugement Correctionnel Nr. 3.

81 Vgl. Aussage vom Staatsanwalt Guérin, im Gutachten von Boekhout van Solinge 1995, S. 27.

Der reine Konsument kann sich auch strafbar machen durch Zuwiderhandlung gegen L.626 C.S.P., der Verstöße gegen die durch Rechtsverordnung aufgestellten Regelungen für die Kontrolle der Produktion, des Importes, des Besitzes, der Veräußerung, des Erwerbes und der Verwendung von Betäubungsmitteln unter Strafe stellt. Die maßgeblichen Verordnungen befinden sich in der Rechtsverordnung Nr. 92-963 vom 7. Sept. 1992, R. 5179, 5180, 5181, 5182 des Verordnungsteils vom C.S.P. Die Strafandrohung des L.626 C.S.P. beträgt 2 Jahre und/oder eine Geldstrafe von bis zu 25.000 FF. Einerseits soll der Konsument gemäß L.628 ff. C.S.P. wie ein Kranker behandelt werden, andererseits besteht eine doppelt so hohe Strafandrohung im L.626 C.S.P., die der Konsument bei Konsum von Betäubungsmittel automatisch mitverwirken muß. Bei der Unterscheidung, ob ein Drogenbesitzer ein Händler oder ein Konsument sei, wird von den französischen Gerichten hauptsächlich von der Quantität der in Besitz befindlichen Drogen ausgegangen. Die Gerichte stellen eine Gesamtbetrachtung der Vorgeschichte des Angeklagten und der konkreten Tatumstände an. Nach dieser Gesamtbetrachtung wird entschieden, ob es sich um einen Händler oder Konsumenten handelt. Je nachdem werden die oben aufgeführten Gesetze angewandt.
Apaire[82] hat vor zur besseren Unterscheidung des Händlers vom Konsumenten einen Gesetzesvorschlag vorzubereiten, der den Besitz in L. 628 und Art. 222-37 C.P. besser definieren soll. Der Besitz soll folgendermaßen definiert werden "Besitz für den Eigenkonsum".

2.3 Der Verbrechenstatbestand des Bandendeliktes, Art. 222-34 C.P.

Artikel 222-34 C.P.[83] bedroht denjenigen mit lebenslanger Freiheitsstrafe und einer Geldstrafe von 50.000.000 FF, der

---

82 Vgl. Interview mit M. Apaire, Chargé de mission, DGLDT, Sozial- und Gesundheitsministerium.

83 die ersten drei Zahlen der Artikel des neuen Strafgesetzbuches geben das Buch, den Titel und das Kapitel an. Auf diese Weise kann man

eine Bande organisiert, die die Produktion, den In- oder Export, die Abgabe, Handel oder die Anwendung von Betäubungsmitteln zum Ziel hat. Da es sich um einen Verbrechenstatbestand mit lebenslanger Freiheitsstrafe handelt, bestimmt Artikel 132-18 C.P. das Minimum der Freiheitsstrafe auf 2 Jahre. Dieser Straftatbestand trat am 01.03.1994 in Kraft. Er wurde vom Gesetzgeber aus der Erkenntnis heraus geschaffen, daß die entscheidenden Straftäter die Hintermänner der internationale Rauschgiftringe sind, die persönlich nie direkt im Drogenhandel involviert sind. Laut Rundschreiben vom 14.05.1993 soll dieser Verbrechenstatbestand nur bei mafiamäßigen Organisationsstrukturen und nur bei außergewöhnlichen Fällen von den Gerichten angewendet werden. Sie darf nicht verwechselt werden mit einem Zusammenschluß von Kriminellen, die nur den illegalen Betäubungsmittelhandel vorbereiten.

2.4 Herstellungsdelikt, Art. 222-35 C.P.

Artikel 222-35 C.P. bedroht die Herstellung von illegalen Betäubungsmitteln mit 20 Jahren Freiheitsstrafe und einer Geldstrafe von bis zu 50.000.000 FF[84]. Bei einem Verbrechenstatbestand mit Freiheitsstrafe ist das Minimum mit 1 Jahr gemäß Artikel 132-18 Abs. 2 C.P. festgelegt. Im Absatz 2 dieses Artikels wird als Qualifizierungstatbestand die bandenmäßige Begehungsweise definiert, und mit dreißig Jahren Freiheitsstrafe und einer Geldstrafe von bis zu 50.000.000 FF bestraft. Bis zur Einführung des neuen französischen Strafgesetzbuches am 1. März 1994 war dieses Delikt im L. 627 C.S.P. unter Strafe gestellt worden. Die bandenmäßige Begehungsweise ist in Art. 132-71 C.P. legal definiert.

---

sofort erkennen, in welchen Teilen des Gesetzbuches sich dieser Artikel befindet (Computerisierung).

84 Laut des Rundschreibens vom 14.05.1993 werden nach diesem Artikel weniger als 10 Verurteilungen pro Jahr vorgenommen.

2.5 Im- und Export, Art. 222-36 C.P.

Der Im- und Export von Betäubungsmitteln wird in Artikel 222-36 C.P. mit 10 Jahren Freiheitsstrafe und einer Geldstrafe von bis zu 50.000.000 FF bedroht, es sei denn, diese Delikte werden in Rahmen einer Bande begangen. Dann beträgt die Freiheitsstrafe 30 Jahre. Der Gesetzgeber bestrafte den einfachen Im- oder Export nur als Vergehen, da er ihn als weniger schwerwiegend eingestuft hatte, als die Herstellung von Betäubungsmitteln. Hinzu kam eine Praktikabilitätsüberlegung: Bei einem Verbrechenstatbestand wäre das französische Schwurgericht zuständig. Da es sich um mehr als 2.000 Verfahren pro Jahr[85] handelt, wäre dieses überlastet. Für den Qualifikationstatbestand beträgt das Mindestmaß 1 Jahr, da es sich um einen Verbrechenstatbestand handelt. Im Gegensatz hierzu kann bei einer Vergehensstrafe, wie im Absatz 1 dieses Artikels, gemäß Artikel 132-19 C.P. die Maximalstrafe ohne Beschränkungen unterschritten werden. Gemäß Artikel 132-71 C.P. benötigt man für die Annahme der bandenmäßigen Begehungsweise nicht die Identität der anderen Bandenmitglieder. Die bloße Tatsache, daß die Tat zu mehreren begangen wurde, reicht jedoch nicht aus. Es muß eine Organisation bestehen, die die wiederholte Begehung solcher Delikte als Ziel hat. Diese Aufspaltung des früheren Straftatbestandes entspricht auch der bisherigen Rechtsprechungspraxis, da bisher nur ein Dutzend Personen pro Jahr, bei denen ein organisierter illegaler Handel vorlag, zu Freiheitsstrafen von mehr als 10 Jahren verurteilt wurden.

2.6 Handeltreiben, Art. 222-37 C.P.

Der Transport, der Besitz, das Angebot, die Veräußerung, der Kauf oder die Verwendung von Betäubungsmitteln wird gemäß Artikel 222-37 C.P. mit 10 Jahren Freiheitsstrafe als Vergehenstatbestand und einer Geldstrafe von bis zu 50.000.000 FF bestraft. Als Vergehensstrafe besteht gemäß Artikel 132-19 C.P. keine untere Strafrahmenbeschränkung. Im Artikel

85 Vgl. das Rundschreiben vom 14.05.1993, § 3 I B.

222-37 Abs. 2 C.P. verwirkt derjenige dieselbe Strafe, der einem anderen den Konsum von Betäubungsmitteln erleichtert. Gleiches geschieht bei der Beschaffung von Betäubungsmitteln aufgrund fiktiver oder Gefälligkeitsrezepte oder bei der Lieferung von Betäubungsmitteln aufgrund solcher Rezepte, wenn man die Umstände ihrer Entstehung kennt.

2.7 Geldwäschestraftatbestand, Art. 222-38 C.P.

Artikel 222-38 C.P. als Vergehenstatbestand bestraft jede Art von Hilfestellung für die Plazierung oder Verschleierung von Geldern oder sonstigen Vermögen aus Delikten gegen die Artikel 222-34 bis 222-37 C.P. mit einer Freiheitsstrafe von 10 Jahren und einer Geldstrafe von 1.000.000 FF.

2.8 Angebot und Veräußerung durch den Kleindealer, Art. 222-39 C.P.

Das illegale Angebot und die illegale Veräußerung von Betäubungsmitteln an einen Konsumenten für dessen persönlichen Konsum wird gemäß Artikel 222-39 C.P. als Vergehenstatbestand mit 5 Jahren Freiheitstrafe und einer Geldstrafe von bis zu 500.000 FF bestraft. Die Strafandrohung erhöht sich auf 10 Jahre Freiheitsstrafe laut Absatz 2, wenn die Betäubungsmittel an einen Minderjährigen oder innerhalb einer Ausbildungsanstalt, Erziehungsanstalt oder eines Verwaltungsgebäudes abgegeben werden.

2.9 Versuch, Art. 222-40 C.P.

Gemäß Artikel 222-40 C.P. ist der Versuch aller in den Artikeln 222-34 bis 222-39 C.P. aufgeführten Straftaten strafbar.

2.10 Strafbarkeit der juristischen Personen, Art. 222-42 C.P.

Gemäß Artikel 222-42 C.P. in Verbindung mit 121-2 C.P. machen sich alle juristische Personen, ausgenommen der Staat, strafbar, wenn ihre Organe oder Repräsentanten Delikte gemäß Artikel 222-34 bis 222-39 C.P. begehen. Artikel 222-42 C.P. in Verbindung mit 131-38 C.P. setzt die maximale Geldstrafe auf das fünffache der Geldstrafe für die natürliche Person fest. Artikel 131-39 C.P. bestimmt weiterhin, daß der juristischen Person die Aktivitäten verboten werden können, die im Zusammenhang mit den begangenen Delikten stehen. Sie kann aufgelöst werden oder für eine bestimmte Zeit geschlossen werden.

2.11 Kronzeugenregelung, Art. 222-43 C.P.

Die verwirkten Strafen der Artikel 222-34 bis Artikel 222-40 C.P. werden gemäß Artikel 222-43 C.P. um die Hälfte reduziert, wenn die Aussagen der Straftäter gegenüber den Strafverfolgungsbehörden zur Beendigung der kriminellen Tätigkeiten geführt haben, und die anderen Täter identifiziert wurden.

2.12 Verleitung von Minderjährigen, Art. 227-18 C.P.

Provoziert jemand einen Minderjährigen zum illegalen Konsum von Betäubungsmitteln, wird er gemäß Artikel 227-18 C.P. mit einer Freiheitsstrafe von 5 Jahren und einer Geldstrafe von 700 000 FF bestraft. Die Strafandrohung erhöht sich, wenn der Minderjährige unter 15 Jahren alt ist, auf eine Freiheitsstrafe von 7 Jahren und einer Geldstrafe von 1.000.000 FF.

2.13 Verleitung zu Drogendelikten, L. 630 C.S.P.

Die Provokation einer Person zum illegalen Drogenkonsum oder zu den Delikten der Artikel 222-34 bis Artikel 222-39

C.P. wird laut L. 630 C.S.P. mit 5 Jahren Freiheitsstrafe und einer Geldstrafe von bis zu 500.000 FF bestraft. Es handelt sich hier um eine besondere Teilnahmebedingung, die neben den allgemeinen Regelungen der Teilnahme an einem Delikt des Artikels 121-7 C.P. steht. Für die Vollendung dieses Vergehens kommt es nicht darauf an, daß die Provokation zum Erfolg geführt hat. Somit wurde hier schon die versuchte Anstiftung miterfaßt. Es reicht schon die Schilderung der eigenen Vergehen als besonders nachahmungswert aus. So wurde der verantwortliche Redakteur einer Zeitung bestraft, der den Leserbrief eines Konsumenten abgedruckt hatte, welcher die positiven Seiten des Drogenkonsums herausstellte[86]. Auch die Provokation zum Konsum von Substanzen, die nur angeblich den Effekt von Betäubungsmitteln haben, genügt für die Erfüllung dieses Straftatbestandes. Wird das Delikt als Pressedelikt mit Hilfe von Bildern, Schriften oder Filmen begangen, dann wird auch der Herausgeber, Redakteur und subsidiär der Drucker belangt.

2.14 Strafrahmen bei Wiederholungstätern, Strafmaßbestimmung, Art. 132-8 C.P.

In Artikel 132-8 C.P. wird bestimmt, daß sich bei Tätern, die schon rechtskräftig zu einer Freiheitsstrafe von mindestens 10 Jahren verurteilt wurden, und die ein Verbrechen mit einer maximalen Strafandrohung von 20 oder 30 Jahren begehen, dieser Strafrahmen auf lebenslängliche Freiheitsstrafe erhöht. Bei einem Verbrechenstatbestand mit einer maximalen Freiheitsstrafe von 15 Jahren erhöht sich bei Wiederholungstätern der Strafrahmen auf 30 Jahre. Nach Verurteilung wegen eines Vergehens, das mit einer Maximalstrafe von 10 Jahren bedroht ist, wird bei erneuter Begehung eines Straftatbestandes mit gleich hoher Strafandrohung innerhalb von 10 Jahren nach Ablauf der Verjährungsfrist oder der ersten verwirkten Strafe eine Verdoppelung des Strafrahmens gemäß Artikel 132-9 C.P. vorgenommen.

---

86 Vgl. Cour de cassation, chambre criminelle, 20.04.1982, Gazette du Palais 1982 II, jurisprudence, 538.

Weiterhin werden alle Strafen von Vergehenstatbeständen verdoppelt, wenn der Wiederholungstäter innerhalb von 5 Jahren nach Verjährung oder Ablauf der ersten Strafe ein weiteres Vergehen begeht (Artikel 132-10 C.P.). Es darf in diesem Kontext nicht übersehen werden, daß der Richter gemäß Artikel 132-24 C.P. bei der Bestimmung des individuellen Strafmaßes alle Umstände der Tat mit einbeziehen kann, das heißt auch Umstände, die nach der Tat eingetreten sind[87]. Er braucht in dieser Hinsicht nicht einmal seine Motive nennen, es sei denn, er würde eine härtere Strafe, als vom Gesetz für den Normalfall vorgesehen, verhängen wollen.

2.15 Nebenstrafen, Art. 222-44 C.P. bis Art. 222-48 C.P.

Das französische Strafrecht sieht in seiner Sektion Fünf einige Nebenstrafen für die Straftäter, die sich obige Taten zuschulden haben kommen lassen, vor. Nach Artikel 222-44 C.P. kann die weitere Berufsausübung, das Tragen von Waffen, der Führerschein für Privatfahrten für maximal 5 Jahre und die Beschlagnahmung vom PKW verboten, beziehungsweise vorgenommen werden. Im Rahmen des Artikels 222-45 in Verbindung mit Artikel 131-26 C.P. können die Bürgerrechte bei Verbrechen für maximal 10 und bei Vergehen für maximal 5 Jahre entzogen werden. Die Bügerrechte bestehen aus dem aktiven und passiven Wahlrecht, dem Zeugenrecht vor einem Gericht und der Möglichkeit, Vormund zu werden. Artikel 222-47 in Verbindung mit Artikel 131-31 C.P. sieht für Drogenstraftäter noch die Möglichkeit vor, diesen den Zutritt zu bestimmten Orten und Gebieten zu verbieten. Es besteht auch die Möglichkeit, ihnen das Verlassen der französischen Republik zu untersagen. Für Ausländer sieht Artikel 222-48 C.P. vor, daß diese entweder endgültig oder für eine Dauer von maximal 10 Jahren ausgewiesen werden können. Laut Artikel 131-30 C.P. besteht diese Möglichkeit nicht, wenn der Ausländer sich seit seinem 10. Lebensjahr im Inland befindet, schon

87 Vgl. Larguier, 1993, S. 113.

15 Jahre in Frankreich lebt oder ein minderjähriges Kind, für das er sorgt, im Inland hat.

2.16 Vermögensstrafe, Art. 222-49 Abs. 2 C.P.

In Artikel 222-49 Abs. 2 C.P. wird für die Straftaten nach den Artikeln 222-34, 222-35, 222-36, und 222-38 C.P. eine Vermögensstrafe vorgesehen, die sich auf alle Vermögensgegenstände des Verurteilten, ob Immobilien oder sonstige Vermögensgegenstände, bezieht.

2.17 Strafbestimmungen des Zollrechtes

In Frankreich besteht ein selbständiges Zollstrafrecht neben dem allgemeinen Strafrecht. Die Zollbeamten haben eigene Rechte für die Durchführung einer Untersuchung. Diese weichen in einigen Teilen von den allgemeinen Bestimmungen ab. Die Straftatbestände lassen sich in 3 Kategorien aufgliedern: Der Schmuggel mit seinen gleichgesetzten Delikten in den Artikeln 417, 418 und 419 Code des douanes (Zollgesetz) stellt eine Kategorie dar. Der Im- oder Export von Waren ohne die notwendigen Erlaubnisse, strafbar nach Artikel 423, 424, 426, 427 und 428 Code des douanes, bildet die 2. Gruppe von Delikten. Die 3. Kategorie betrifft denjenigen, der eine Gewinnbeteiligung an den oben genannten Straftaten hat, und ist gemäß Artikel 399 Code des douanes strafbar. Bei Begehung von mehreren Straftatbeständen des Zollstrafrechts durch dieselbe Handlung wird gemäß Artikel 439 Zollrecht nur die höchste Einzelstrafe verhängt. Dies ist eine bemerkenswerte Ausnahme des sonst im französischen Zollstrafrechtes herrschenden Grundsatzes der Kumulierung von Strafen. Die verwirkten Bußgelder nach dem Zollstrafrecht stehen neben den allgemeinen Strafen des Strafgesetzbuches. Damit wird der Grundsatz "non bis in idem" beim Zollstrafrecht nicht beachtet[88]. Artikel 414 Zollrecht sieht eine maximale Freiheitsstrafe von 3 Jahren vor. Diese Freiheitsstrafe ist jedoch nicht von

[88] Vgl. Caballero, 1989, S. 620.

besonderer Bedeutung, da sie meistens von längeren Freiheitsstrafen des allgemeinen Strafrechts bei Betäubungsmittelstraftaten absorbiert wird. Zwar herrscht laut Artikel 132-2 ff. C.P. grundsätzlich das Prinzip der Nichtkumulierung[89] von verwirkten Straftaten vor, aber dieses Prinzip wird durch viele Ausnahmen verwässert. Eine dieser Ausnahmen ist das zollrechtliche Bußgeld. Gemäß Artikel 414 Zollrecht kann das Bußgeld ohne Begrenzung bis zum doppelten Wert der Ware verhängt werden. Bei Betäubungsmittelschmuggel gehen die Gerichte von Schwarzmarktpreisen aus, so daß hier empfindliche Bußgelder entstehen. Die Kumulierung dieser Bußgelder mit den nach dem allgemeinen Strafrecht verhängten Geldstrafen wird von der französischen Jurisprudenz mit dem Hybridcharakter dieser Bußgelder begründet. Die zollrechtlichen Bußgelder sollen zum einen den Staat entschädigen und zum anderen den Täter bestrafen. Damit haben sie einen anderen Charakter als die Geldstrafen nach dem allgemeinen Strafrecht und können deshalb kumuliert werden[90].
Der europäische Gerichtshof in Luxembourg hat diese Handhabung des französischen Zollstrafrechtes in der Sache Horvath[91] als nicht vereinbar mit der Installierung eines allgemeinen europäischen Zollrechtes erklärt. Deutsche Drogenschmuggler waren von französischen Gerichten wegen der Einschmuggelung von Betäubungsmitteln zu empfindlichen Geldbußen nach dem französischen Zollstrafrecht verurteilt worden. Der europäische Zolltarif läßt nach Auffassung des europäischen Gerichtshofes den einzelnen Nationalstaaten keinen Raum für eigene Regelungen auf diesem Gebiet. Da es sich bei den eingeschmuggelten Betäubungsmitteln um Waren handelt, die außerhalb des legalen Warenstroms stehen, können diese nicht zur Anwendung des Zollrechtes führen. Den Nationalstaaten bleibt nur die Möglichkeit des allgemeinen Strafrechtes übrig. In der Sache Wolf[92] hat der europäische Ge-

89 Vgl. Larguier, 1993, S. 120.

90 Vgl. Caballero, 1989, S. 630; Crim. 14. Dezember 1960, B., Crim., Nr. 588, S. 1154.

91 Vgl. C.J.C.E., Aff. Nr. 50-81 vom 5. Feb. 1981, Rec. S. 385; R.S.C., 1982, 535, Obs. Bouloc.

92 Vgl. C.J.C.E., Aff. 221/81 und 240/81 vom 26 Okt.1982, Rec. S. 3681.

richtshof in Luxembourg noch einmal präzisiert, daß die Nichtanwendung des nationalen Zollrechts nicht in der sofortigen Vernichtung der beschlagnahmten Betäubungsmitteln begründet liegt, sondern an ihrer Eigenschaft als Ware, die nicht zum legalen Handel gehört. Diese Rechtsprechung führte nicht zu einer Nichtanwendung des französischen Zollstrafrechtes durch die französischen Gerichte, sondern der französische Revisionsgerichtshof[93] begründet die Anwendung mit der Tatsache, daß die Verstecke für die Betäubungsmittel ein Produkt des Schmuggels seien, und aus diesem Grunde das Zollstrafrecht anwendbar sei.
Mit Art. 2 Abs. 2 der EG VO Nr. 2144/87 vom 13.7.1987 soll ab 1.1.1989 der Einfuhrschmuggel von Betäubungsmitteln wieder einen Verstoß gegen Zollbestimmungen darstellen. Mit dieser Verordnung erledigt sich der oben dargestellte Streit in Frankreich, da damit wieder, auch nach Ansicht der EU, eine Geldstrafe aufgrund von Zollbestimmungen möglich ist.

Somit werden in Frankreich Betäubungsmittelstraftäter mit Geldstrafen für dieselbe Tat einmal nach dem allgemeinen Strafrecht und ein zweites Mal nach dem Zollstrafrecht bestraft.

2.17.1 Import oder Export ohne Deklaration

Die Artikel 423 bis 429 Zollrecht stellen den Im- und Export ohne die notwendige Deklaration unter Strafe. Der Im- und Export wird definiert als jegliche Passage von Betäubungsmitteln in oder aus dem Geltungsbereich des französischen Zollrechtes ohne die notwendige Deklaration. Dieser Tatbestand wird durch die folgenden Artikel auf jegliche mögliche Art von Im- und Export erweitert.

---

[93] Vgl. Crim. 30 Juni 1981, B., Crim., Nr. 225, S. 605.

2.17.2 Schmuggel und gleichgestellte Delikte, Art. 417 Zollrecht

Artikel 417 Zollrecht stellt die Nichteinhaltung der Im- oder Exportverbote unter Strafe. Dabei handelt es sich um sanitäre und zollrechtliche Regelungen. In L. 627 und R. 5171 C.S.P. wird jeglicher Import oder Export von Betäubungsmitteln verboten. Artikel 417 wird durch 418 Zollrecht ergänzt, der das Antreffen von verbotener Ware auf französischen Territorium unter Strafe stellt. Durch eine Beweisumkehr ist der Beschuldigte verpflichtet, zu beweisen, daß es sich hier nicht um illegal eingeführte Betäubungsmittel handelt. Dies ist nur durch den Beweis der Produktion der Betäubungsmittel im Inland möglich. Die Strafverfolgungsbehörde muß nicht beweisen, daß der Transporteur wußte, daß er Betäubungsmittel schmuggelte. Für die Annahme von Schmuggel reicht das Antreffen mit der verbotenen Ware im Bereich des Zollrechts aus. Nur durch den Beweis eines unabwendbaren Ereignisses, wie zum Beispiel der Umstand, daß ihm der Wagen mit den illegalen Drogen untergeschoben wurde, kann sich der Beschuldigte entlasten. Artikel 419 Zollrecht ergänzt die vorstehenden Straftatbestände durch den Tatbestand des Besitzes und des Transportes von Betäubungsmitteln ohne die notwendigen Erlaubnisse[94].

Es bleibt zu bemerken, daß die Geldbußen nach dem Zollstrafrecht neben den Geldstrafen nach dem allgemeinen Strafrecht stehen und deshalb auch den Konsumenten treffen können, der wegen einer durchgeführten Desintoxikation von Strafe nach dem allgemeinen Strafrecht freigestellt wurde. Dabei ist zu beachten, daß es sich hier unter Umständen um empfindliche Strafen handeln kann.

3. Rechtsvergleich der Straftatbestände

Beide Rechtssysteme haben für die Bestimmung der illegalen Drogen das Verordnungssystem angewendet. In beiden Geset-

---

94 Vgl. Caballero, 1989, S. 626.

zen wurde eine Verordnungsermächtigung für die Exekutive aufgenommen. In Frankreich und in Deutschland hat man den Gesundheitsministern erlaubt, im Rahmen der internationalen Abkommen Verordnungen zu erlassen. In Frankreich hat der Gesundheitsminister dieses Recht deshalb, weil nach alter Auffassung die internationalen Abkommen über den nationalen Gesetzen stehen und deshalb eine Abweichung von der internationalen Substanzliste nicht zulässig ist. Diese hier geschilderte Rechtssprechung über die Wirkung der internationalen Abkommen und die vorhandenen Verordnungen sind durch ein neues Urteil vom französischen Kassationagerichtshof vom 13.03.1995 in Frage gestellt worden[95]. In Folge dieses Urteils erscheint die Unterordnung der nationalen französischen Gesetze unter die internationalen Abkommen fragwürdig. Der französische Kassationsgerichtshof hat in diesem Urteil festgestellt, daß nur die Regierung die Klassifizierung von Substanzen als Betäubungsmittel vornehmen darf. Dies impliziert, daß die internationalen Abkommen keinen Vorrang mehr haben. Dagegen kann der deutsche Gesundheitsminister in dringenden Fällen allein oder mit Zustimmung des Bundesrates auch andere Substanzen dem Betäubungsmittelgesetz unterwerfen ohne Berücksichtigung der internationalen Abkommen[96]. Die Entscheidung des deutschen Gesundheitsministers ohne Zustimmung des Bundesrates tritt nach einem Jahr außer Kraft. Somit kann festgestellt werden, daß die deutsche Gesetzgebung auf diesem Gebiet flexibler ist als die französische Gesetzgebung.

3.1 Straftatbestände des Konsumenten

In Frankreich wird der Konsum direkt unter Strafe gestellt. Die Strafandrohung beträgt hierbei nur ein Jahr. Dagegen ist in Deutschland der reine Konsum straffrei. Dabei muß aber beachtet werden, daß ein Konsum ohne Gewahrsam nur in Ausnahmefällen möglich ist. Die Strafandrohung für den Besitz

---

95 Vgl. oben unter Unterpunkt 2. Französische Gesetzgebung 2.1 Klassifikation.

96 Vgl. § 1 Abs. 2-4 BtMG.

von Betäubungsmitteln beträgt in Deutschland 5 Jahre. Das Gericht hat in Deutschland die Möglichkeit, von Strafe abzusehen, wenn es sich bei Besitz, Ausfuhr, Einfuhr, Anbau, Herstellung oder Erwerb des auf sonstige Weise verschafften Betäubungsmittels um geringe Mengen für den Eigenkonsum handelt. Diese Möglichkeit wurde den Gerichten in Frankreich nicht eröffnet. Es besteht nur die Möglichkeit, von Strafe abzusehen, wenn sich der Drogenabhängige freiwillig einer Entziehungskur unterwirft. Dies soll noch im Rahmen der Untersuchung der Strafverfolgung in Kapitel 4 genauer betrachtet werden. Weiterhin besteht in Frankreich die Gefahr, daß der Konsument wegen Besitzes und damit als Händler belangt wird, da im Gesetzestext für die Abgrenzung zwischen dem Besitz als Konsument und dem als Händler keinerlei Unterscheidungskriterien vorgesehen sind. Wie schon erwähnt, hatte zwar das französische Justizministerium empfohlen, daß der Besitz dem Konsum gleichzustellen sei, wenn festgestellt wird, daß nur für den Eigenkonsum besessen wurde. Aber dieses liberale Rundschreiben wurde von restriktiveren Rundschreiben "außer Kraft" gesetzt. Nunmehr sind die Gerichte wieder angewiesen, mehr das Instrument der Therapieeinweisung auch bei Cannabisdauerkonsumenten anzuwenden. Diese Gesetzeslage hat zu höchst unterschiedlichen Praktiken bei der Verfahrenseinstellung in Frankreich geführt. Für die selbe Tat wird man je nach Gericht und Region sehr unterschiedlich behandelt. An der Grenze zu den Niederlanden, wird noch bei 75 Gramm Haschisch das Verfahren eingestellt und derjenige bekommt nur eine Geldbuße auf Grund Zollstrafrecht. Dagegen kann man in ländlichen Gebieten schon wegen eines Joints eine Geldstrafe von 5.000 Francs bekommen[97]. Alle diese Empfehlung im Rundschreiben haben keinerlei Gesetzeskraft. Zwar sind dem Justizminister, wie in Deutschland, die Staatsanwaltschaften unterstellt und weisungsgebunden, da die Einstellung von Verfahren nicht mitumfaßt ist, kann auf diese Weise dieser Mißstand nicht abgeholfen werden. Diese extreme Rechtsunsicherheit ist nach

97 So geschehen einer 20jährigen Studenten in Aurillac (Département du Cantal), ohne Vorstrafen im April 1995; im Gutachten von Boekhout van Soling 1995, S. 28.

Meinung des Verfassers nicht tolerierbar und schon deshalb müßte eine Gesetzesänderung in Frankreich vorgenommen werden. Weiterhin kann sich der Konsument in Frankreich eines Vergehens nach L.626 C.S.P. strafbar machen, da er die Regelungen für den Besitz von Betäubungsmitteln automatisch durch den Konsum brechen muß. Hierbei erhöht sich die Strafandrohung auf zwei Jahre Freiheitsstrafe.
Die französischen Gerichte versuchen, durch eine Gesamtbetrachtung der Tatumstände festzustellen, ob es sich um einen Händler oder um einen Konsumenten handelt. Aber aus den französischen Gesetzestexten ist für dieses Prozedere keinerlei Verpflichtung zu entnehmen. Der Konsument kann doppelt bestraft werden, da das französische Zollstrafrecht ihm die Beweislast bezüglich des Besitzes auferlegt und eine Kumulation mit den Geldstrafen des allgemeinen Strafrechts erlaubt.

Der reine Konsument von Betäubungsmitteln soll nach dem Willen des französischen Gesetzgebers nicht hart bestraft werden, sondern mehr als Kranker behandelt werden. Aber auf Grund der teilweise mißglückten Gesetzestechnik bei der Abgrenzung Besitz als Konsument oder Händler besteht die Gefahr, daß der Konsument härter als der Strafrahmen des L. 628 C.S.P. es vorsieht, bestraft wird.
In Deutschland ist die Gesetzestechnik beim Konsumenten eindeutiger, da der Konsum nur indirekt über den Besitz bestraft wird und die Möglichkeit besteht, ganz von Strafe abzusehen. In Deutschland besteht für den Kleinhändler und den Konsumenten, die beide durch das Tatbestandsmerkmal "Besitz" erfaßt werden, derselbe Strafrahmen von 5 Jahren. Zwar liegt der Strafrahmen mit 5 Jahren in Deutschland deutlich über den Strafrahmen für den Konsumenten in Frankreich, aber bei Besitz von illegalen Drogen für den Eigenkonsum kann der deutsche Strafrichter von Strafe absehen.

3.2 Straftatbestände für den Händler

In beiden Ländern hat sich der Gesetzgeber bemüht, eine möglichst komplette Erfassung aller möglichen Handlungsweisen, die im Zusammenhang mit dem Drogenhandel stehen, zu kodifizieren. In Deutschland wird dies durch eine lange Aufzählung von Begehungsweisen in § 29 Abs. 1 BtMG bewerkstelligt. In § 29 BtMG wird mit verschiedenen Auffangtatbeständen gearbeitet, die dazu führen, daß auch der Raub und die Erpressung zur Erlangung von Betäubungsmitteln mit erfaßt werden, die bisher nur von dem Tatbstandsmerkmal "illegalen Besitz" als Auffangtatbestand erfaßt wurden. Dieser Umstand führt dazu, daß auch die in § 29 BtMG aufgeführten Qualifikationstatbestände zur Anwendung kommen können. Die französischen Straftatbestände enthalten nicht annähernd so viele Begehungsweisen und als einzigen Auffangtatbestand den Besitz. Da aber mit dem Besitz nicht der reine Konsument bestraft werden soll, sondern der Händler, ist auch der Strafrahmen entsprechend höher. Somit entsteht nicht das Problem der fehlenden Qualifikationen wie in Deutschland. Der französische Gesetzgeber beschränkt sich vielmehr auf die wichtigsten Formen der Begehungsweisen. In beiden Ländern wird die Bandenkriminalität durch besondere Qualifikationen einer härteren Bestrafung unterworfen. In Frankreich wird zwischen der Herstellung und der Einfuhr im Strafrahmen unterschieden, da man anscheinend die Herstellung als gefährlicher einstuft als den Im- und Export. Bei Herstellung ist der Strafrahmen mit 20 Jahren doppelt so hoch wie beim Im- und Export. Dies läßt sich auch damit begründen, daß es sich bei der Einfuhr um Konsumenten handeln kann, die selten für den eigenen Bedarf zur Herstellung von Drogen greifen würden. Es erscheint fragwürdig, ob der alleinige Umstand, daß die illegalen Drogen im Inland hergestellt wurden, zu einer Verdoppelung des Strafrahmens berechtigen soll. Am Fall einer Hanfkultur auf dem Balkon und die damit einhergehende Fremdgefährdung, läßt eine solch exorbitante Straferhöhung äußerst fragwürdig erscheinen. In Deutschland werden beide Begehungsweisen in gleicher Weise bestraft. In Frankreich wird der Händler, der Betäubungsmittel einem Konsumenten für dessen eigenen Konsum abgibt, milder bestraft als der Zwischenhändler, der die Betäubungsmittel einem weiteren Händler gibt (Artikel 222-39 C.P.). Diese Unterscheidung erscheint dem Verfasser im französischen Recht als konsequent, da hier tatsächlich eine größere Fremdgefährdung vorliegt. Die Strafe erhöht sich wieder, wenn es sich bei dem Konsumenten

um einen Minderjährigen handelt oder die Abgabe in einer Erziehungsanstalt stattfindet.
In beiden Ländern wurden spezielle Vorschriften erlassen, um Minderjährige vor Betäubungsmitteln zu schützen. In Frankreich ist im Artikel 227-18 C.P. und L. 630 C.S.P. die Werbung und die Provozierung zum Konsum von Betäubungsmitteln unter Strafe gestellt. Mit dieser Strafvorschrift wurde in Frankreich eine Vorbereitungshandlung, die nach deutschen Richt noch nicht den strafbaren Versuchsbereich erfüllen würde, unter Strafe gestellt.
Es erscheint dem Verfasser als bedenklich, daß schon die Äußerung über die Vorteile des Konsums von illegalen Drogen zur Verwirkung einer Strafe führen kann. Hierdurch wird die allgemeine Meinungsäußerung und die wissenschaftliche Diskussion stark eingeengt, da von diesem Straftatbestand unter anderen auch Redakteure von Medien miterfaßt werden. Die Strafe erhöht sich noch einmal um 2 Jahre, wenn der Minderjährige jünger als 15 Jahre ist.
Dagegen wird in Deutschland nur die Abgabe von Betäubungsmitteln an Minderjährige mit einem besonderen Verbrechenstatbestand in § 29 a BtMG erfaßt. Dabei wurde aber auch die Verwendung von Kindern als Kleindealern besonders unter Strafe gestellt.

3.3 Strafrahmen für die Händlerstraftatbestände

In beiden Ländern wurden spezielle Straftatbestände als Verbrechenstatbestände für den Händler eingerichtet. In Frankreich hat man in dem Artikel 222-34 C.P. sogar zur Höchststrafe gegriffen, indem man den Bandenchef mit lebenslanger Freiheitsstrafe bedroht. Auch alle anderen Maximalstrafen in Frankreich liegen erheblich über dem deutschen Maximum für zeitliche Freiheitsstrafen von 15 Jahren. Hierbei müssen aber die geringen Mindeststrafen von 1 oder 2 Jahren in Frankreich berücksichtigt werden, die unter den deutschen Mindeststrafen bei vergleichbaren Straftatbestand liegen. Dies ist nur aus der von der deutschen abweichenden Gesetzestechnik der Franzosen zu verstehen, die dem Richter bei dem Bemessen des individuellen Strafmaßes sehr viel mehr Spielraum gibt.

Dies führt in Frankreich zu stark unterschiedlichen Strafmaßen für die gleiche Tat.
Das Problem der Bewertung einer Tat besteht im Strafrecht immer, besonders im Betäubungsmittelstrafrecht erscheint dem Verfasser die französische Gesetzestechnik als bedenklich, da hier enorme Unterschiede in den Ansichten bestehen. Eine stärkere Differenzierung der französischen Strafrahmen erscheint daher als wünschenswert. Zumal dann, wenn man bedenkt, daß bei Wiederholungstätern der Strafrahmen sich von 20 Jahren auf lebenslängliche Freiheitsentziehung erhöht. Der Täter ist in Frankreich dem Richter in einem sehr viel größeren Maße ausgeliefert als in Deutschland, da bei einem Wiederholungstäter, der zum zweiten Mal wegen dem Besitz von Cannabis verurteilt wird, die Strafe von einem bis zu zwanzig Jahren gehen kann. Der Besitz muß als Händlerbesitz qualifiziert worden sein, hierfür können schon fünf Gramm Haschisch ausreichen.

In Deutschland werden in § 30 a BtMG die gesamten Formen des illegalen Handels mit Betäubungsmittel bei nicht geringen Mengen und bei Begehung in Rahmen einer Bande mit 5 bis zu 15 Jahren als Verbrechen bestraft. Dagegen wird in Frankreich der Im- und Export bei Begehung im Rahmen einer Bande mit 1 bis zu 30 Jahren als Verbrechens-tatbestand bestraft (Art. 222-35 und 222-36 C.P.), ansonsten mit zehn Jahren Freiheitsentziehung. Dagegen wird der eigentliche Handel mit illegalen Drogen in Frankreich in dem Artikel 222-37 C.P. nur mit 10 Jahren als Vergehenstatbestand bedroht. Hierbei werden der Besitz, der Transport, das Angebot, der Erwerb und die Verwendung von Betäubungsmitteln als Begehungsweisen aufgezählt. Auch fehlt bei diesem Artikel ein Qualifikationstatbestand für die bandenmäßige Begehungsweise. Nur die Herstellung von illegalen Drogen wird auch schon im Grundtatbestand mit 20 Jahren Freiheitsstrafe bedroht.
Es kann also festgestellt werden, daß der französische Gesetzgeber sein Augenmerk auf die Bereitstellung durch Herstellung von Betäubungsmitteln gelegt hat. Dies wäre konsequent, wenn man annehmen müßte, daß nur größere Banden die Herstellung oder die Fabrikation von illegalen Drogen bewerkstelligen. Aber man kann am folgenden Beispiel die Problematik

dieses Grundtatbestandes erkennen: Ein Hanfanbau auf dem eigenen Balkon, würde dann mit bis zu 20 Jahren Freiheitsstrafe bestraft.
Deshalb erscheint es dem Verfasser als überzogen, diesen Tatbestand mit der doppelten Freiheitsstrafe zu bestrafen als die übrigen Händlertatbestände. Hinzu kommt, daß die bandenmäßige Begehungsweise als Qualifikation noch einmal mit einem höheren Strafrahmen bedacht wurde.

3.4 Grundstoffe

In Deutschland ist der Handel mit Grundstoffen unter Strafe gestellt worden, da erkannt worden ist, daß die durch die Pharmaunternehmen legal hergestellten Grundstoffe zur illegalen Produktion von Betäubungsmitteln benutzt wurden. Es besteht für Frankreich keine Verpflichtung aus europäischem Recht eine Strafvorschrift auf diesem Gebiet einzuführen, da die EWG-VO Nr. 3677/90 durch die EWG-ÄndVO Nr.900/92 und durch die EWG-DurchfVO geändert worden ist. Diese sind am 01.01.1993 in Kraft getreten. Sie regeln das Überwachungs- und Genehmigungsverfahren für den Handel mit Grundstoffen, enthalten aber keine Verbots- und Strafvorschriften. Frankreich ist aus dem internationalen Wiener Suchtstoff-Übereinkommen von 1988[98] gemäß Artikel 3 Abs.1 a (iv) und c (ii) dieses internationalen Abkommen verpflichtet, den illegalen Handel von Grundstoffen unter Strafe zu stellen. Bestimmte Grundstoffe wie Ergomintatrat in Tableau A, Section II (Produits Toxiques) und Essigsäure in Tableau C, Section II (Produits Dangereux) sind schon in den Verordnungen gemäß L. 626 C.S.P. enthalten. Sie können deshalb auch bei Verstoß nach L. 626 C.S.P. strafrechtlich verfolgt werden.
Die anderen Grundstoffe, die entweder in den EG-Verordnungen oder in dem Wiener Suchtstoff-Übereinkommen enthalten sind, gelten nach der bisherigen Rechtsprechung aufgrund der Vorrangigkeit der internationalen Abkommen auch als Grundstoffe im Sinne der obigen Verordnungen und können

98 Vgl. BT-Drs. 12/3533 vom 22.10.1992.

deshalb in Frankreich verfolgt werden. Da der illegale Grundstoffhandel wesentlich zur Herstellung der Drogen beiträgt, erscheint es wünschenswert, wenn dieser auch in Frankreich konsequenter verfolgt würde. Zwar kann nach der momentanen Gesetzeslage ein illegaler Grundstoffhandel bestraft werden, aber ohne ein entsprechendes Verwaltungsrecht, das den Herstellern Meldepflichten auferlegt, ist mit einer Erfassung des illegalen Grundstoffhandels nicht zu rechnen.

3.5 Abgabe von Betäubungsmitteln durch Apotheker

In beiden Ländern wird die Abgabe von Betäubungsmitteln durch Apotheker aufgrund von falschen oder Gefälligkeitsrezepten unter Strafe gestellt. In Frankreich beträgt der Strafrahmen mit 10 Jahren (Artikel 222-37 Abs. 2 C.P.) das Doppelte des deutschen Strafrahmens (§ 29 Abs.1 BtMG). In beiden Fällen muß der Apotheker von der Nichtberechtigung Kenntnis haben.

3.6 Kronzeugenregelung

In beiden Ländern existiert im Rahmen des Betäubungsmittelstrafrechts eine Kronzeugenregelung, die zwar unter den gleichen Voraussetzungen greift, aber mit unterschiedlicher Auswirkung. In Frankreich wird die verwirkte Strafe lediglich halbiert. Dagegen kann in Deutschland von jeglicher Strafe abgesehen werden. In diesem Zusammenhang ist zu erwähnen, daß die deutschen Gerichte von dieser Möglichkeit nur sehr sparsam Gebrauch machen.
Es erscheint dem Verfasser als äußerst fragwürdig, ob die französische Regelung mit der Halbierung der Strafe den gewünschten Effekt erzielt, da ein Bandenmitglied bei Kooperation mit den Strafverfolgungsbehörden ein erhebliches Risiko eingeht und trotzdem nicht straffrei ausgeht. Nach Meinung des Verfassers müßte man den Bandenmitgliedern nicht nur Straffreiheit zubilligen, sondern auch ein Zeugenschutzprogramm nach amerikanischen Vorbild entwickeln. Es sei denn,

man ist der zynischen Auffassung, daß der Zeuge im Gefängnis am sichersten sei.

3.7 Die Bereitstellung von Geldern

Nur in Deutschland ist im § 29 Abs. 1 Nr. 13 BtMG die Bereitstellung von Geldern oder anderen Vermögensgegenständen für die Straftaten aus § 29 Abs. 1 Nr. 1, 5, 6, 7, 10, 11 oder 12 BtMG strafbar. In Frankreich existiert kein vergleichbarer Straftatbestand.

3.8 Geldwäschestraftatbestand

Beide Länder haben nach der Ratifizierung des Wiener Suchtstoffabkommens von 1988 einen Straftatbestand bezüglich der Geldwäsche eingeführt. Sie unterscheiden sich nur bezüglich ihres Strafrahmens, da der deutsche Gesetzgeber 5 Jahre Freiheitsentziehung grundsätzlich für ausreichend empfindet. Dagegen wurde in Frankreich der Strafrahmen auf 10 Jahre festgesetzt. In Deutschland gibt es noch die Möglichkeit des besonders schweren Falles, der mit 10 Jahren Freiheitsentziehung bestraft wird.

3.9 Strafbarkeit der juristischen Person

Nur in Frankreich kann die juristische Person bestraft werden, wenn ihre Organe eines der Betäubungsmitteldelikte begangen haben. Bei den Strafen handelt es sich in der Hauptsache um empfindliche Geldstrafen und Schließungsanordnungen. Diese Art des Strafrechts gibt es im deutschen BtMG nicht.

3.10 Zusammenfassung

In beiden Ländern wird der Konsument strafrechtlich verfolgt. Die Gesetzgeber machen im Strafmaß einen erheblich Unterschied zwischen einem Händler und einem Konsumenten. In

beiden Ländern soll der Konsument mehr als Kranker behandelt werden. Dagegen gibt es bei dem Strafmaß für den Händler erhebliche Unterschiede. In Frankreich besteht die Möglichkeit, bei Wiederholungstätern die zeitliche Freiheitsstrafe von 20 Jahren in "Lebenslänglich" umzuwandeln. Sogar bei Ersttätern ist die lebenslängliche Freiheitsstrafe möglich. Die deutschen Gesetze sind bis auf ihre höheren Mindeststrafen auf diesem Gebiet sehr viel milder, da die maximale Freiheitsstrafe fünfzehn Jahre beträgt. Auch mit Hilfe der Kronzeugenregelung kann sich der französische Händler im Gegensatz zum deutschen Händler nicht gänzlich vor Strafe bewahren. Auch die möglichen Geldstrafen sind in Frankreich für den Händler sehr viel höher als in Deutschland. Der Unterschied wird an folgenden Fall sichtbar: Ein Heroinabhängiger wird mit mehreren Tagesrationen Heroin festgenommen. In Frankreich würde er damit unter Umständen als Händler angesehen werden und der Strafrahmen beliefe sich folglich auf 10 Jahre Freiheitsentzug. Dagegen wäre in Deutschland nur eine maximale Freiheitsstrafe von fünf Jahren möglich. Bei wiederholter Aburteilung des gleichen Deliktes in Frankreich würde sich der Strafrahmen auf 20 Jahre erweitern.
Die deutsche Gesetzestechnik ist sehr viel feinmaschiger als die französische Gesetzestechnik, die sich nur auf die groben Züge der möglichen Begehungsweisen konzentriert. Dies verbunden mit dem größeren Spielraum des französischen Richters bei Bemessung des individuellen Strafmaßes führt zu einer erheblichen Rechtsunsicherheit in Frankreich.

4. Kapitel: Strafverfolgung

In diesem Kapitel sollen die verschiedenen prozessualen Vorschriften, die sich speziell mit der Drogenkriminalität beschäftigen, vorgestellt werden. In Frankreich hat der Gesetzgeber für das Verfahren wegen Drogendelikten spezielle Vorschriften erlassen. Im Ergebnis ist festzustellen, daß die Angst vor der Drogensucht in Frankreich dazu geführt hat, daß die Rechte des Beschuldigten stark eingeschränkt wurden.
Auch in Deutschland hat dieselbe Grundhaltung dazu geführt, daß im Bereich der Ermittlung von Straftaten der organisierten Kriminalität die Möglichkeiten der Ermittlungsbehörden ausgeweitet wurden. Die Angst vor der Drogensucht war die entscheidende Triebfeder, da man unter der organisierten Kriminalität schwerpunktmäßig den illegalen Drogenhandel verstehen muß.
Der zweite Abschnitt dieses Kapitels beschäftigt sich mit der Möglichkeit der Therapie statt Strafe bei Drogenkonsumenten. Der französische und der deutsche Gesetzgeber haben erkannt, daß es sich bei den Drogenkonsumenten um Kranke handelt, die mit Strafe nicht von ihrer Sucht geheilt werden können.
Im dritten Abschnitt werden die verschiedenen Behörden und Strafverfolgungsorgane vorgestellt, die sich mit der Drogenkriminalität beschäftigen.
Im letzten Abschnitt soll an Hand von Statistiken die Auswirkung der heutigen Rechtssprechung auf dieses Gebiet dargestellt werden.

1. Verfahrensvorschriften

In Frankreich gibt es im Gegensatz zu Deutschland Verfahrensvorschriften, die sich ausschließlich auf die Drogenkriminalität beziehen. Der nachfolgende Vergleich der Vorschriften soll nach inhaltlichen Kriterien erfolgen.

1.1 Deutsche Verfahrensvorschriften

In Deutschland gibt es keine speziellen Verfahrensvorschriften, die ausschließlich auf die Drogenkriminalität anwendbar sind. Im folgenden werden nun die Verfahrensvorschriften dargestellt, die vergleichbar mit den in Frankreich geltenden speziellen Vorschriften sind. Des weiteren sollen die Vorschriften erläutert werden, die auf Grund der gestiegenen Drogenkriminalität in das Verfahrensrecht aufgenommen wurden.

1.1.1 Besetzung des zuständigen Gerichts, § 25 Abs. 1 Nr. 1 und 2 GVG

In Deutschland wird die Zuständigkeit der Gerichte nach der Höhe der zu erwartenden Strafe bestimmt[1]. Deshalb können Delikte im Bereich des illegalen Drogenhandels sowohl vor dem Amtsgericht als auch vor dem Landgericht verhandelt werden.
Beim Amtsgericht gibt es die Möglichkeit gemäß § 25 Abs. 1 Nr. 1 und 2 GVG, daß der Einzelrichter oder das Schöffengericht, bestehend aus einem Vorsitzenden und zwei Schöffenrichtern, zuständig ist. Schöffenrichter sind Laienrichter, die für die Dauer von einem Jahr aus der Bevölkerung berufen werden. Das Landgericht ist gemäß § 74 GVG für alle anderen Straftaten zuständig, die nicht in den Zuständigkeitsbereich des Amtsgerichtes fallen. In der ersten Instanz ist die große Strafkammer zuständig, bestehend aus drei hauptamtlichen Richtern und zwei Laienrichtern. In der zweiten Instanz ist die kleine Strafkammer, besetzt mit einem hauptamtlichen und vorsitzenden Richter und zwei Schöffenrichtern als Laienrichter, zur Entscheidung aufgerufen.

1.1.2 Nächtliche Durchsuchungen, § 104 StPO

In Deutschland sind nächtliche Durchsuchungen von Wohnungen, Geschäfträumen und befriedetem Besitztum gemäß §

---

1 Vgl. § 24 Abs. 2 GVG.

104 StPO nur unter bestimmten Voraussetzungen möglich: Bei Verfolgung eines Täters auf frischer Tat, Gefahr im Verzug oder bei Wiederergreifung eines Gefangenen. Diese Beschränkung gilt nicht für Räumlichkeiten, die der Öffentlichkeit offenstehen oder Herbergen beziehungsweise Versammlungsorte, die der Polizei als Drogenhandelsorte bekannt sind. Gemäß § 105 StPO muß die Anordnung zur Durchsuchung durch einen Richter erfolgen, bei Gefahr im Verzug kann sie auch durch den Staatsanwalt oder seine Hilfsbeamte angeordnet werden.

1.1.3 Polizeigewahrsam, § 127 StPO, § 128 StPO

Der § 127 StPO gibt jedermann das Recht, einen Täter, der auf frischer Tat gestellt wurde, festzunehmen. Die Staatsanwaltschaft und ihre Hilfsbeamte haben desweiteren das Recht, bei Vorliegen der Haftbefehlsvoraussetzungen auch einen mutmaßlichen Täter festzunehmen, ohne ihn auf frischer Tat entdeckt zu haben. § 128 StPO bestimmt, daß der Beschuldigte spätestens am Tag nach seiner Ergreifung dem Richter vorzuführen ist. Dieser entscheidet dann über die weitere Haft oder Freilassung. Somit kann in Deutschland der Polizeigewahrsam ohne Haftbefehl nur bis zu zwei Tage[2] dauern.

1.1.4 Sicherungsmaßnahmen für erwartete Geldstrafen oder Vermögensstrafen, § 111 c ff. StPO

Für erwartete Geldstrafen oder die Kosten des Verfahrens kann der Richter, bei Gefahr im Verzug auch die Staatsanwaltschaft, die Beschlagnahmung oder den dinglichen Arrest anordnen, gemäß §§ 111 c, 111 d, 111 e StPO. Der dingliche Arrest darf nicht für eine Geldstrafe angeordnet werden, die noch nicht durch ein Urteil bestimmt ist. Unter denselben Voraussetzungen kann der Richter oder die Staatsanwaltschaft wegen einer zu erwartenden Vermögensstrafe gemäß §

---

2 Es dürfen keine zwei Tage erreicht werden, sondern nur zwei Tage minus der juristischen Sekunde.

43a StGB einen dinglichen Arrest oder eine vorläufige Beschlagnahmung des Vermögens des Beschuldigten gemäß § 111 o, p StPO anordnen.

1.1.5 Verfolgungsverjährung, Vollstreckungsverjährung und Ersatzfreiheitsstrafe, § 78 Abs. 3 Nr. 2 StGB

Bei den Verbrechenstatbeständen des Betäubungsmittelrechts beträgt das Höchstmaß einheitlich 15 Jahre Freiheitsstrafe, da § 38 Abs. 2 StGB gilt. Die Verfolgungsverjährung beträgt damit gemäß § 78 Abs. 3 Nr. 2 StGB 20 Jahre. Der Vergehenstatbestand des § 29 BtMG hat als Höchstmaß 5 Jahre Freiheitsentzug; die Verfolgungsverjährung beträgt 3 Jahre (§ 78 Abs. 3 Nr. 5 StGB). Die Vollstreckungsverjährung variiert je nach der Höhe der verhängten Strafe zwischen 3 und 25 Jahren (§ 79 StGB).
Gemäß § 40 Abs. 1 StGB kann die Geldstrafe höchstens 360 Tagessätze betragen. Damit kann die Ersatzfreiheitsstrafe gemäß § 43 StGB nur höchstens 360 Tage erreichen. Bei Verhängung von Vermögensstrafen kann gemäß § 43a Abs. 3 StGB die Ersatzfreiheitsstrafe 2 Jahre betragen.

1.1.6 Die polizeiliche Beobachtung, § 163 e StPO

§ 163 e StPO erlaubt die Ausschreibung von Personen zur Beobachtung anläßlich polizeilicher Kontrollen, die die Feststellung der Personalien zulassen, um Zusammenhänge und Querverbindungen innerhalb eines kriminellen Personenkreises zu erkennen. Die polizeiliche Beobachtung ermöglicht die unauffällige Ermittlung und Sammlung von Erkenntnissen zur Herstellung eines Bewegungsbildes der ausgeschriebenen Person. § 163 e StPO setzt den Anfangsverdacht einer Straftat von erheblicher Bedeutung voraus. Die Anordnung darf sich nur gegen einen Beschuldigten richten und muß eine Subsidiaritätsklausel erfüllen. Die Ausschreibung kann nicht nur eine Person, sondern auch ein bestimmtes Fahrzeug und bestimmte Begleiter erfassen (§ 163 e Abs. 2 und 3 StPO). Die

Anordnung erfolgt mit Ausnahme der Eilfallkompetenz für die Staatsanwaltschaft und dessen Hilfsbeamte durch den Richter[3].

1.1.7 Polizeiliche Tatprovokation

Die Einsetzung eines "agent provocateur" ist in Deutschland grundsätzlich erlaubt. Man begründet die Straflosigkeit des "agent provocateur" mit dem Umstand, daß dieser nur eine bereits vorhandene allgemeine Tatentschlossenheit konkretisiert[4]. Die Anstiftung von Seiten des "agent provocateur" wird mit der Begründung für straflos erklärt, daß der Angestiftete ein "omnimodo facturus" ist, und sich deshalb nicht mehr anstiften lassen kann[5]. In der Literatur wird die Strafbarkeit des "agent provocateur" wegen seines fehlenden Vorsatzes zur Vollendung der Tat verneint[6]. Überzeugender erscheint hingegen die Argumentation des BGH, wonach nur derjenige bestraft werden kann, der die Verletzung des geschützten Rechtsgutes wolle[7]. Vielmehr wird mit dem Einsatz des "agent provocateur" der Schutz der Volksgesundheit angestrebt.
Das Rauschgift soll dem Markt entzogen und die Zugriffsmöglichkeit der Polizei erleichtert werden[8]. Das BVerfG und der BGH haben im Gegensatz zum Reichsgerichtshof den Einsatz von "Lockspitzeln", um Rechtssicherheit zu schaffen, grundsätzlich für legal gehalten. Dabei sollen aber gewisse Grenzen nicht überschritten werden, das heißt, daß nur ein Bürger, gegen den schon gewisse Verdachtsmomente vorliegen, durch Provokation zu einer Straftat verführt werden darf. Ein unbescholtener Bürger darf nicht auf diese Weise angegangen werden. Eine Tatprovokation durch Weitergabe von Drogen ist

---

3 Vgl. Körner, 1994, § 31 Rdn. 95.

4 Vgl. BGH GA 1975, 333.

5 Vgl. Schönke-Schröder-Cramer, StGB, § 26 Rz 5.

6 Vgl. Dreher-Tröndle, StGB, § 26 Rz 8; Roxin, LK, § 26 Rz 17ff.

7 Vgl. BGH U vom 13.3.1973 - 1 StR 657/72 = MDR 1973, 554; BGH U vom 27.8.1974 -1 StR 300/74; BGH U vom 3.6.1981 - 2 StR 235/81 - StrafV 1981, 549.

8 Vgl. Körner, 1994, S. 911.

rechtswidrig und führt zu einer erheblichen Strafmilderung. Der Staat soll nicht die Widerstandsfähigkeit seiner Bürger gegenüber Straftaten testen. Die Unschuldsvermutung wird in ihr Gegenteil verkehrt, wenn der Staat unschuldige Bürger durch Tatprovokation in schuldige verwandelt.

1.1.8 Telephonüberwachung, § 100 a StPO

Die Telephonüberwachung ist gemäß § 100 a StPO für einen bestimmten Katalog von besonders schweren Straftaten erlaubt. Der Katalog enthält auch die Verbrechenstatbestände des BtMG und den schweren Fall des § 29 Abs. 3 BtMG. Die Telephonüberwachung unterliegt einer Subsidiaritätsklausel, da sie nur angewendet werden darf, wenn ein anderes, milderes Mittel zur Aufklärung nicht zur Verfügung steht. Der Verhältnismäßigkeitsgrundsatz erlaubt auch die Abhörung von Telephonzellen und Autotelephonen. Die gewonnenen Erkenntnisse können nur gegen Dritte verwandt werden, die sich eine Katalogtat zuschulden haben kommen lassen[9]. Ist eine Überwachung des Fernmeldeverkehrs gegen einen RG-Händler angeordnet worden, so können die aus der Telephonüberwachung gewonnenen Erkenntnisse nicht schon deswegen gegen einen Dritten verwendet werden, weil er von dem Händler Betäubungsmittel erworben hat[10]. Die Telephonüberwachung kann gemäß § 100 b Abs. 1 StPO nur durch den Richter oder bei Gefahr im Verzug durch den Staatsanwalt angeordnet werden.

1.1.9 Allgemeine Identitätskontrolle, § 111 StPO

§ 111 StPO eröffnet den Strafverfolgungsbehörden die Möglichkeit der Identitätskontrolle unter der Voraussetzung, daß ein Raub, eine räuberische Erpressung oder eine terroristische Straftat vorliegt, indem sie auf öffentlichen Verkehrsflächen Kontrollstellen einrichten, an denen sich jeder ausweisen

---

9 Vgl. BGHSt 26, 298; BHGSt 28, 122: BGH NJW 1979, 1370.

10 Vgl. BayObLG U vom 6.4.1982 - RReg 4 St 24/82 = StrafV 1982, 411

muß. Außerdem ist jedermann verpflichtet, die mitgeführten Sachen durchsuchen zu lassen. Es braucht kein Verdacht vorzuliegen, daß der Kontrollierte eine Straftat begangen hat. Die Anordnung trifft der Richter, in Eilfällen der Staatsanwalt oder seine Hilfsbeamten[11]. Für die Ermittlung nach Straftaten des BtMG kann keine Kontrollstelle eingerichtet werden.

1.1.10 Razzia, Art. 13 Abs. 1 Nr. 3 Bay PAG

Die Razzia ist eine größere Polizeiaktion zur Identitätskontrolle von Personen, die sich an einen bestimmten Ort befinden, ohne daß gegen die speziell Kontrollierten ein Verdacht auf eine Straftat vorliegt[12]. Diese Art der Personenkontrolle ist der polizeilichen Gefahrenabwehr zuzuordnen und wird daher in Deutschland in den landesrechtlichen Polizeigesetzen geregelt. Im Art. 13 Abs. 1 Nr. 3 Bay PAG ist die Möglichkeit vorgesehen, zur Gefahrenabwehr Personen an einem Ort zu überprüfen, andem Straftäter sich aufhalten oder andem möglicherweise Straftaten begangen oder verabredet werden. Die Identität kann auch an einer Kontrollstelle gemäß Art. 13 Abs. 1 Nr. 4 Bay PAG in Verbindung mit §100 a StPO überprüft werden, wenn es sich um eine dort aufgeführte Katalogtat handelt. Die Verbrechenstatbestände und der besonders schwere Fall des § 29 Abs. 3 BtMG werden dort genannt. Somit ist in Bayern auf Grund der landesrechtlichen Vorschriften auch eine Identitätskontrolle bei BtMG-Delikten an Kontrollstellen oder während einer Razzia möglich. Ähnliche Regelungen befinden sich in den Polizeigesetzen der anderen Länder.

1.1.11 Schließung von Einrichtungen

In Deutschland können Einrichtungen[13] nur von den Sicherheitsbehörden geschlossen werden, wenn nicht auf andere

---

11 Vgl. Kleinknecht/Mayer, StPO Kommentar, 40. Auflage, § 111 Rz 1-5.

12 Vgl. Baldarelli KR, 1987, 377; Riegel, Polizeiliche Personenkontrolle, S. 28; Sigrist JR 1976, 397; KG Berlin NJW 1975.

13 Hierbei handelt es sich um Hotels, Restaurants und Bordelle etc.

Weise eine Gefahr für die öffentliche Sicherheit oder Ordnung abgewehrt werden kann[14]. Sicherheitsbehörden sind in Bayern die Gemeinden, Landratsämter, Regierungen und Staatsministerien. Da es hier um die Vermeidung von zukünftigen Straftaten geht, befinden sich diese Befugnisse nicht in der StPO, sondern in den einschlägigen Sicherheitsgesetzen wie zum Beispiel dem bayerischen Landesstraf- und Verordnungsgesetz.

1.1.12 Verdeckte Ermittler und V-Leute, § 110 a ff. StPO

Der verdeckte Ermittler ist ein speziell ausgebildeter Polizeibeamter, der mit einer Legende ausgestattet ist und unter Kontrolle seiner Dienststelle in kriminelle Kreise eingeschleust wird. Das OrgKG hat durch die Einführung der §§ 110 a ff. StPO die Befugnisse des verdeckten Ermittlers geregelt[15]. Das BVerfG hatte den Einsatz des verdeckten Ermittlers und des V-Mannes bei der Aufdeckung von besonders schwerwiegenden Straftaten, zu denen auch der Rauschgifthandel zählt, nicht nur für verfassungsgemäß sondern für geboten erklärt[16]. Der verdeckte Ermittler arbeitet unter der Kontrolle des Richters und seine Identität kann auch nach Abschluß seines Auftrages geheim gehalten werden. Der Einsatz ist nur erlaubt, wenn keine andere Möglichkeit besteht, die Ermittlungen erfolgreich zu führen. Ferner muß eine Wiederholungsgefahr bestehen. Der verdeckte Ermittler darf mit falschen Papieren ausgestattet werden. Es dürfen Scheinfirmen für ihn gegründet werden. Er darf mit der Einwilligung des Berechtigten und unter Zuhilfenahme seiner Legende Wohnungen betreten.

Der Gesetzgeber hat es unterlassen, eine gesetzliche Grundlage für die V-Leute zu schaffen[17]. Trotzdem geht das BVerfG da-

---

14 Vgl. Art. 6 und 7 Bay LStVG.

15 Vgl. Körner, 1994,§ 31 Rdn. 178.

16 Vgl. BVerfG B vom 10.03.1987 - 2 BvR 186/87 = NStZ 1987, 276.

17 Auf diesem Gebiet gibt es nur eine gemeinsame Richtlinie zur Inanspruchnahme von Informanten sowie über den Einsatz von V-

von aus, daß der Einsatz von V-Leuten bei der Schwerstkriminalität nicht nur rechtmäßig, sondern auch geboten ist[18].

1.1.13 Peilsender, § 100 c Abs. 1 Nr. 1 b StPO

Der Peilsender war bisher weder von der Literatur noch von der Rechtsprechung behandelt worden, obwohl er Verwendung bei der Strafverfolgung fand. Durch das OrgKG wurde nun eine gesetzliche Regelung im § 100 c Abs. 1 Nr. 1 b StPO geschaffen. Der Peilsender kann nur bei Straftaten von erheblicher Bedeutung zur Lokalisierung und Verfolgung des Straftäters eingesetzt werden, wenn ein anderes, gleich erfolgversprechendes Mittel nicht zur Verfügung steht[19].

1.1.14 Rasterfahndung, § 98 a und b StPO

Für die Rasterfahndung wurde im § 98 a und b StPO eine Rechtsgrundlage geschaffen, die alle Personen, die bestimmte Kriterien erfüllen, zunächst zu Verdächtigen erklärt, um sie dann anschließend wegen unzutreffender Kriterien wieder auszuscheiden. Für die Anordnung durch den Richter oder im Eilfall durch die Staatsanwaltschaft benötigt man den Anfangsverdacht einer Katalogtat.

1.2 Französische Verfahrensvorschriften

Im französischen Strafverfahrensrecht[20] gibt es einen 16. Titel, der sich speziell nur mit dem Ermittlungsverfahren im Bereich des illegalen Drogenhandels beschäftigt. Dieser Titel

---

Personen und verdeckten Ermittlern (= Anl D zu den RiStBV im Kommentar zum BtMG von Körner, Harald, 1994).

18 Vgl. BVerfG B vom 11.4.1991 - 2 BvR 196/91 = NStZ 1991, 445 = StrafV 1991, 449.

19 Vgl. Körner, 1994, § 31 Rdn. 132.

20 Code de Procédure Pénale, 13. Ausgabe, 1994-1995, Verlag Dalloz.

wurde durch das Gesetz vom 16. Dez. 1992 eingeführt[21]. Es handelt sich hier um die Artikel 706-26 bis 706-33 C.P.P..

1.2.1 Zusammensetzung des Schwurgerichts, Art. 706-27, 689-6 C.P.P.

Artikel 706-27 in Verbindung mit Artikel 689-6 C.P.P., bestimmt für die Schwurgerichte, die für die Aburteilung von Delikten im Bereich des illegalen Drogenhandels zuständig sind, daß diese sich aus 7 Berufsrichtern, einen Präsidenten und 6 Beisitzern zusammensetzen.
Normalerweise besteht das Schwurgericht in Frankreich aus 3 Richtern und 9 Geschworenen[22]. Dieses spezielle Schwurgericht gibt es außerdem in Frankreich bei Straftaten gegen die Staatssicherheit und bei terroristischen Straftaten. Entgegen der Regierungsvorlage hat das Parlament bestimmt, daß wegen der Komplexität und des Risikos der Pression auf die Geschworenen es vorzuziehen sei, daß das Gericht nur aus professionellen Richtern bestünde[23].
Es sei an dieser Stelle bemerkt, daß es sich hier nur um den Drogenhändler und seine Aburteilung handelt. Der illegale Konsum wird als Vergehenstatbestand vor einem Strafgericht, das nur für Vergehen zuständig ist, verhandelt[24]. Dieses besteht aus 3 hauptamtlichen Richtern.

1.2.2 Nächtliche Durchsuchungen, Art. 706-28 C.P.P.

Grundsätzlich sind in Frankreich nächtliche Durchsuchungen in der Zeit von 21.00 bis 6.00 Uhr verboten (Artikel 59 C.P.P.). Im Artikel 706-28 C.P.P. wird für die Drogendelikte im Bereich

21 Vgl. L. Nr. 92-1336 vom 16. Dez. 1992.

22 Das Gericht kann mit einer Mehrheit von 8, davon müssen mindestens 5 Geschworene sein, d.h. die Mehrheit der Geschworenen, über die Schuldfrage entscheiden.

23 Vgl. Rundschreiben vom 14. Mai 1993, S. 2089, C.P., Verlag Dalloz, 1995.

24 Vgl. Larguier, Jean, procédure pénale, 14. Auflage, 1994, S. 10.

des illegalen Handels eine Ausnahme kodifiziert. Für die im Artikel 706-26 C.P.P. aufgeführten Delikte kann eine nächtliche Durchsuchung außerhalb der sonst geltenden Zeiten durchgeführt werden, wenn es sich um eine Örtlichkeit handelt, an der illegale Drogen in Gesellschaft konsumiert, produziert, verarbeitet oder zwischengelagert werden.
Auf Anfrage des Staatsanwaltes kann der Präsident des französischen Großinstanzgerichtes[25] oder ein von ihm delegierter Richter bei Wohngebäuden die nächtliche Durchsuchung erlauben, wenn nicht schon der Ermittlungsrichter eine solche Erlaubnis ausgesprochen hat. Vor 1992 war die Möglichkeit für die nächtliche Durchsuchung von Wohngebäuden noch größer, da der Staatsanwalt die Durchsuchung allein beschließen durfte. Hier erkennt man, daß der Gesetzgeber versucht, die Rechte des Einzelnen nicht zu sehr einzuschränken oder zumindest gewisse Garantien zu gewährleisten. Als Begründung für die Einschränkung der Rechte des Einzelnen im Bereich der Drogenkriminalität wird die Ermöglichung der Gewinnung von Beweisen vorgebracht, da diese Kriminalität sich meistens in der Nacht abspielt und innerhalb von Gebäuden.
Diese Argumentation ist aber nicht allzu stichhaltig, da es etliche andere Delikte gibt, bei denen die Sachlage ähnlich ist, z.B. die Falschgeldproduktion und die Freiheitsberaubung von Personen, und bei denen diese Möglichkeit nicht besteht[26]. Daher ist die eigentliche Begründung dieser Einschränkung der individuellen Rechte eher moralischer Natur. Man erkennt aus den vorbereitenden Arbeiten für diese Gesetzesänderung, daß der Gesetzgeber wohl der Meinung ist, daß die betroffenen Individuen kein Recht auf Nachsicht haben[27].

---

25 Vgl. T.G.I. tribunal de grande instance (zumeist am Hauptverwaltungssitz des Departements), löste 1958 das "Erstinstanzgericht" ab und entspricht etwa dem Landgericht.

26 Vgl. Caballero, 1989, S. 582.

27 Vgl. JO, AN, Déb., 10. Dez. 1970, S. 6398.

1.2.3 Polizeigewahrsam, Art. 706-29 C.P.P.

Der Artikel 706-29 C.P.P. erlaubt die stufenweise Verlängerung des Polizeigewahrsams auf maximal 4 Tage. Im gewöhnlichen Prozeßrecht sieht der Artikel 63 C.P.P. vor, daß die vorläufige Festnahme nur 24 Stunden dauern kann und nur einmal durch schriftliche Anweisung des Staatsanwaltes um 24 Stunden verlängert werden darf. Nach dem obigen Artikel kann eine zweite Verlängerung[28] von 48 Stunden nach Vorführung durch den Präsidenten des Großinstanzgerichtes, durch einen von ihm delegierten Richters oder durch den Ermittlungsrichter erfolgen. In besonderen Fällen kann die Verlängerung auch schriftlich und ohne Vorführung geschehen. Zu Beginn der vorläufigen Festnahme wird vom Staatsanwalt oder vom Ermittlungsrichter ein Arzt bestimmt[29], der den Gefangenen täglich zu untersuchen hat. Begründet wird die Verlängerung des Polizeigewahrsams mit der Möglichkeit der Gegenüberstellung von Mitgliedern eines internationalen Rauschgiftringes[30]. Dieses Argument erscheint dem Verfasser nicht stichhaltig, da ein Großteil des internationalen Rauschgiftschmuggels durch Kleinsttransporteure geschieht, die keinerlei Kenntnis von der Organisation haben.
Grundsätzlich hat der Festgenommene gemäß Artikel 63-4 C.P.P. nach 20 Stunden das Recht einen Anwalt zu sprechen. Diese Zeitspanne erhöht sich auf 30 Stunden, wenn es sich um ein Bandendelikt oder Kuppelei handelt. Anlehnend an diese Gesetzgebung ist im Gespräch, auch für terroristische Taten und Drogendelikte diese verlängerte Zeitspanne festzuschreiben[31].

---

28 Vgl. Rundschreiben vom 14. Mai 1993, C.P.P. Verlag Dalloz, S. 2089.

29 Diese Garantien wurden vom französischen Verfassungsgericht bei einer Verlängerung der vorläufigen Festnahme im Bereich der terroristischen Straftaten verlangt, Entscheidung Nr. 86-213 vom 3. Sept.1966, Rec. S. 122.

30 Vgl. Caballero, 1989, S. 588.

31 Vgl. Strafverfahrensrecht, procédure pénale, Jean Larguier, 14. Ausgabe, 1994, S. 39.

1.2.4 Sicherungsmaßnahmen für erwartete Geldstrafen, Art. 706-30 C.P.P.

Artikel 706-30 C.P.P. gibt dem Präsidenten des Großinstanzgerichtes oder einem von ihm delegierten Richter nach Eröffnung des Ermittlungsverfahrens die Möglichkeit der vorläufigen und sichernden Beschlagnahmung des gesamten Vermögens des Beschuldigten, um eventuell erwartete Geld- oder Vermögensstrafen abzusichern[32].

1.2.5 Verfolgungsverjährung, Vollstreckungsverjährung und Ersatzfreiheitsstrafe, Art. 8 C.P.P.

Im gemeinen französischen Strafprozeßrecht bestimmt Art. 8 C.P.P., daß Vergehen eine Verfolgungsverjährung von 3 Jahren unterliegen. Dagegen legt Art. 706-31 C.P.P. die Verfolgungsverjährung von Vergehen und Verbrechen im Bereich des illegalen Drogenhandels einheitlich auf 10 Jahre fest. Die Vollstreckungsverjährung auf Grund von Drogendelikten beträgt 20 Jahre. Grundsätzlich schreibt Art. 133-2 C.P. vor, daß nur Strafen aus Verbrechensverurteilungen nach 20 Jahren verjähren, dagegen verjähren die Strafen bei Vergehen nach 5 Jahren gemäß Art. 133-3 C.P.. Im Art. 706-31 Abs. 2 C.P.P. wird weiterhin bestimmt, daß die Ersatzzwangshaft bei Geldstrafen aus dem allgemeinen Strafrecht oder dem Zollstrafrecht, wenn sie 500.000 FF übersteigen, bis zu 2 Jahre betragen kann. Dieser Artikel setzt den Artikel 750 C.P.P., der eine maximale Ersatzzwangshaft von vier Monaten vorsieht, außer Kraft.

1.2.6 Überwachung des Transportes von illegalen Drogen, Art. 706-32 C.P.P.

Im Artikel 706-32 C.P.P. wird der Polizei die Möglichkeit eröffnet, erkannte illegalen Drogentransporte zunächst nur zu beobachten, um die Hintermänner zu enttarnen. Bei einer sol-

---

32 Vgl. Caballero, 1989, S. 604.

chen Überwachung muß der Staatsanwalt informiert werden. Es steht der Polizei frei, durch Bereitstellung von Transport- und Kommunikationsmitteln den Drogenhandel zu fördern, wenn dies der Ermittlung von Straftätern dient. Von diesen Maßnahmen muß der Ermittlungsrichter das Gericht in Kenntnis setzen. Die Polizei kann auch im Rahmen solcher Ermittlungen illegale Drogen kaufen oder liefern. Im Absatz 3 dieses Artikels wird der Polizei auch erlaubt, die Grundstoffe und sonstigen notwendigen Materialien für die Produktion von illegalen Drogen zu liefern. Es handelt sich hier um die strafrechtliche Freistellung des verdeckten Ermittlers.

1.2.7 Peilsender und Rasterfahndung

Der Peilsender[33] findet wie in Deutschland seine Anwendung. Ebenso wie in der Bundesrepublik bestehen in Frankreich bisher keine diesbezüglichen gesetzlichen Regelungen. Dagegen ist eine Rasterfahndung gegen einen größeren Kreis von Personen nicht möglich, da für einen Datenabgleich ein konkretes Verdachtsmoment gegen eine bestimmte Person vorliegen muß.

1.2.8 Die polizeiliche Tatprovokation

In Frankreich hat das Revisionsgericht die polizeiliche Tatprovokation im Form des Kaufes von illegalen Drogen als legal deklariert. Die Drogenhändler können diese Tatsache nicht als Milderungsgrund geltend machen. Das Revisionsgericht argumentierte, daß dieses Verhalten der Polizei nur dazu führe, schon geschehene Delikte festzustellen[34]. Diese Rechtsprechung wurde auch ausgeweitet auf Fälle, in denen ein Informant oder ein amerikanischer Polizist die Tatprovokation vorgenommen hatten[35]. Zwar handelt es sich wohl um eine be-

33 Interview mit Etienne Apaire, DGLDT, Chargé de Mission, Sozial- und Gesundheitsministerium.

34 Vgl. Crim., 2. März 1971, B., Crim., Nr. 71, S. 183.

35 Vgl. Crim., 2. Okt. 1979, B., Crim., Nr. 266, S. 722.

denkliche Ausweitung der legalen Möglichkeiten der Polizei, aber zumindest geht die französische Polizei nicht so weit, wie die amerikanische Polizei, die mit dem Prinzip "sell and bust" in ihrem Lehrbuch des Narcotic Bureau noch einen Schritt weiter gegangen ist[36]. Aber trotzdem häufen sich die Fälle in Frankreich, bei denen französische Polizisten in zweifelhaften Situationen mit illegalen Drogen angetroffen wurden[37].
An der Häufigkeit dieser zweifelhaften Fälle erkennt man, daß sich die Strafverfolgungsbehörden auf einem schmalen Weg befinden, der leicht verlassen werden könnte. Der verdeckte Ermittler kann in Frankreich nur ein Polizeibeamter sein[38].

1.2.9 Telephonüberwachung

In Frankreich ist die Telephonüberwachung für alle Delikte möglich, die mit einer Freiheitsstrafe von mindestens 2 Jahren bedroht sind. Sie wird schriftlich vom Ermittlungsrichter angeordnet und unter seiner Kontrolle durchgeführt. Dabei muß die Verhältnismäßigkeit gewahrt bleiben. Das heißt, die Überwachung darf nur angeordnet werden, wenn kein anderes Mittel zur Verfügung steht und die allgemeine Sicherheit in ernster Gefahr ist. Dabei können alle Korrespondenzen, die mit Hilfe von elekronischen Übermittlungsgeräten vorgenommen werden, überwacht werden[39]. Dieses Rundschreiben stützt sich auf ein Urteil des Kassationsgerichtshofs[40], welches die Telephonüberwachung durch den Ermittlungsrichter immer dann erlaubt, wenn auf diese Weise die Verteidigerrechte nicht beeinträchtigt werden. Die Argumentation stützt sich auf Art. 81 C.P.P., der dem Untersuchungsrichter aufgibt, alles

---

36 Vgl. Lehrbuch vom Drogenbüro, tome 2, Ermittlungstechniken und Spezialoperationen, Barrault, 1987.

37 Vgl. Le Monde 24. Nov. 1988, S. 12; Le Monde, 7-8 Juli 1985, S. 8; Le Monde, 8. März 1988, S. 14; Le Monde, 29. Juni 1987, S. 14.

38 Interview mit M. Etienne Apaire, DGLDT, chargé de Mission, Sozial- und Gesundheitsministerium.

39 Vgl. Rundschreiben vom 26. September 1991, C. 100.

40 Vgl. Cour de cassation, chambre criminelle, 9.10.1980, La Semaine juridique (J.C.P.) 1981, jurisprudence, 19578

notwendige zu unternehmen, um die Wahrheitsfindung zu ermöglichen. Hierbei ist nicht die Überwachung von Telephonanschlüssen gemeint, bei denen der Angerufene zustimmt, wenn die Überwachung der Identifizierung des Anrufers dient.

1.2.10 Präventive Identitätskontrolle, Art. 78-2 Abs. 3 C.P.P.

Artikel 78-2 Abs. 3 C.P.P.[41] ermöglicht der Polizei die präventive Identitätskontrolle. Das heißt, alle Personen, die sich in einem bestimmten Gebiet befinden, können auch ohne den Verdacht einer Straftat angehalten und nach ihrer Identität befragt werden. Es bedarf lediglich einer allgemeinen Gefahr für die öffentliche Sicherheit und Ordnung. Trotz dieser schweren Einschränkung der individuellen Rechte hat das französische Verfassungsgericht[42] dieses Gesetz für verfassungsmäßig erklärt, da in besonderen Fällen eine solche Identitätskontrolle notwendig ist, um die öffentliche Sicherheit und Ordnung aufrechtzuerhalten. Aber es hat präzisiert, daß nur unter besonderen Umständen eine generalisierte Kontrolle angeordnet werden darf. Die Einhaltung dieser Einschränkung durch die Strafverfolgungsbehörden soll durch die Gerichte kontrolliert werden.

1.2.11 Schließung von Einrichtungen, Art. 706-33 C.P.P.

Art. 706-33 C.P.P. sieht die Möglichkeit vor, daß der Ermittlungsrichter Hotels, Restaurants, Pensionen, Tanzlokale oder andere Örtlichkeiten schließen kann, in denen Drogendelikte begangen wurden. Die Schließung kann 6 Monate dauern und kann bei der Berufungskammer des französischen Appelationsgerichts angefochten werden. Gemäß L. 629-1 C.S.P. ist Art.

---

41 Vgl. Loi Nr. 93-992 vom 10. August 1993.

42 Vgl. Entscheidung Nr. 93-323 DC du Conseil constitutionnel vom 5. August 1993.

706-33 C.P.P. auch für den Straftatbestand des reinen Konsums von Betäubungsmitteln (L. 628 C.S.P.) anwendbar.

1.3 Rechtsvergleich

In Frankreich hat man für alle Delikte im Bereich des Rauschgifthandels ein spezielles Schwurgericht für zuständig erklärt, das aus hauptamtlichen Richtern besteht. Dagegen sind in Deutschland mehrere Gerichte für die Aburteilung dieser Straftaten je nach ihrem Gewicht zuständig. Der Unterschied liegt hauptsächlich in der Anzahl der Richter und darin, daß in Frankreich wegen der Komplexität der Materie keine Laienrichter vorgesehen sind. Es ist bezeichnend für die gesamte französische Drogenstrafgesetzgebung, daß von einem Extrem in ein anderes gefallen wird. Zunächst war das zuständige Gericht in der Mehrzahl von Laienrichtern besetzt, nun sind nur noch hauptamtliche Richter vertreten.

Der Schutz der individuellen Rechte bei nächtlichen Wohnungsdurchsuchungen geht in Frankreich weiter als in Deutschland, da in Frankreich die nächtlichen Durchsuchungen grundsätzlich verboten sind. Dagegen kann in Deutschland bei Gefahr im Verzug und bei der Ergreifung von entflohenen Gefangenen auch während der Nacht eine Wohnung durchsucht werden. Aber Frankreich hat auf dem Gebiet der Rauschgifthandelskriminalität eine Ausnahme statuiert. Bei diesen Delikten können auch nächtliche Durchsuchungen vorgenommen werden. Somit nähern sich beide Gesetzgebungen auf diesem Gebiet an. Aber in Frankreich benötigt man bei Wohngebäuden noch eine spezielle Erlaubnis des Richters, und es gibt keine Klausel für Gefahr im Verzug. Bemerkenswert an der französischen Regelung ist, daß man vom generellen Verbot auf die ausnahmslose Erlaubnis beim Rauschgifthandel übergegangen ist. Eine mögliche Feinabstimmung, die nur bei Gefahr im Verzuge die nächtliche Durchsuchung erlaubt, wurde nicht vorgenommen.

Der Polizeigewahrsam ist in Deutschland nur halb so lang wie in Frankreich. Zwar muß grundsätzlich auch in Frankreich nach Ablauf des zweiten Tages die Vorführung vor dem Richter erfolgen, aber für die Verlängerung des Polizeigewahrsams sind keine Haftgründe notwendig. Interessant ist, daß diese Verlängerung nur für den illegalen Rauschgifthandel gilt. Der Beschuldigte bleibt damit in Frankreich 4 Tage im Gewahrsam der Polizei, ohne daß ein Anwalt hinzugezogen werden kann. Auch in Deutschland haben Anwälte kein Anwesenheitsrecht bei den polizeilichen Vernehmungen.

Bei den Sicherungsmaßnahmen für die erwarteten Geld- und Vermögensstrafen besteht zwischen Deutschland und Frankreich nur insofern ein Unterschied, als in Frankreich auch vor der Verurteilung, zur Sicherung der Geldstrafen, das Vermögen beschlagnahmt werden kann. In Deutschland ist dies nicht möglich.

Die Verfolgungsverjährung für Verbrechen mit der maximal möglichen Freiheitsstrafe dauert in Deutschland 20, in Frankreich dagegen 10 Jahre. In Frankreich hat man die Verfolgungsverjährung für Drogendelikte extra stark erhöht und es verjähren Vergehen und Verbrechen gleich schnell. Auch hier wurde in Frankreich, im Bemühen einer möglichst effektiven Bekämpfung der Drogenkriminalität, auf sich anbietende Differenzierungen verzichtet. Der Verfasser fragt sich, ob es sachgerecht sei, daß Verbrechen und Vergehen in Frankreich gleich schnell verjähren.

In beiden Ländern hat das jeweilige Verfassungsgericht den Einsatz des "agent provocateur" bei Scheinkäufen für rechtsmäßig erklärt. Dagegen wurde in beiden Ländern die Verwendung von Scheinverkäufern abgelehnt. In beiden Ländern ist der Einsatz von Polizeibeamten als verdeckte Ermittler möglich. Nur die gesetzlichen Grundlagen sind unterschiedlich. In Frankreich hat man im Verfahrensrecht die strafrechtliche Freistellung des verdeckten Ermittlers geregelt. Dagegen wurde der Umfang der Befugnisse für seine Handlungen nur indirekt festgeschrieben. In Deutschland unterliegt der verdeckte Ermittler einer strengeren Kontrolle durch die Strafverfolgungsbehörden. Seine Befugnisse sind im Bereich der strafrechtlich relevanten Handlungen sehr eingeschränkt. In beiden Ländern wurde bisher eine Regelung bezüglich des V-Mannes abgelehnt.

In Frankreich gibt es im Gegensatz zur Bundesrepublik Deutschland keine gesetzliche Regelung für den Einsatz von Peilsendern, aber sie werden in beiden Ländern gleichermaßen eingesetzt. Eine Rasterfahndung wie in Deutschland ist in Frankreich nicht möglich, da ein unmittelbarer Tatverdacht gegen den konkret Untersuchten vorliegen muß.

Bei der allgemeinen Identitätskontrolle wird in Deutschland im Gegensatz zu Frankreich zwischen der präventiven Maßnahme und der repressiven Maßnahme unterschieden. Auch wurde in Frankreich die Anwendung dieser Maßnahme durch die Polizei von Gesetzgeber nicht an eine bestimmte Katalogtat, wie in Deutschland, angekoppelt. Das französische Verfassungsgericht hat jedoch präzisiert, daß nur bei besonders schwerwiegenden Taten und Gefahren für die öffentliche Sicherheit und Ordnung eine solche Aktion möglich sei. Die französische und die deutsche Regelung laufen im Endeffekt auf das Gleiche hinaus, nur die französische Regelung ist sehr viel unpräziser und mußte deshalb restriktiv vom französischen Verfassungsgericht interpretiert werden.

Zusammengefaßt kann festgestellt werden, daß die Franzosen im Bereich des Drogenrechts eine restriktivere Politik betreiben, als dies in Deutschland der Fall ist. In Frankreich wurden für die Drogenbekämpfung einige sonst geltende Rechte stark eingeschränkt. Auch die allgemeine Identitätskontrolle wurde in Frankreich als Reaktion auf die Rauschgiftwelle eingeführt. Insgesamt sind die Regelungen in Frankreich nicht so präzise wie in Deutschland. Auch besteht keine gesetzestechnische Trennung zwischen präventiven und repressiven Befugnissen der Polizei.

2. Therapie statt Strafe

In Deutschland und Frankreich hat der Gesetzgeber eingesehen, daß ein Süchtiger mit Gefängnisstrafen nicht von seiner

Sucht befreit werden kann. Daher wurden in beiden Ländern unterschiedliche Systeme eingeführt, die Zwangstherapien und freiwillige Therapien vorsehen. In beiden Ländern kann die Strafe erlassen werden, wenn das Therapieangebot von dem Süchtigen angenommen wird.

2.1 Deutschland

Der 7. Abschnitt des Betäubungsmittelgesetzes beschäftigt sich mit der Möglichkeit, Betäubungsmittelstraftäter einer Therapie zuzuführen. Der Gesetzgeber hat festgestellt, daß eine erfolgreiche Therapie in den Strafvollzugsanstalten fast unmöglich ist und die Drogenszene in den Vollzugsanstalten nicht zu unterdrücken ist. Weiterhin war erkannt worden, daß die Resozialisierung das wirksamste Mittel der Drogenkriminalitätsprophylaxe ist. Es ist das Ziel dieser Regelungen, möglichst viele Drogenabhängige zum Eintritt in Therapieeinrichtungen zu bewegen. Dabei sollte die Strafe als Initialzwang fungieren. Dies ist aber fragwürdig, da die freiwillige Mitwirkung des Betroffenen für den Erfolg der Therapie entscheidend ist[43]. Diese Ansicht wird nicht von allen Spezialisten auf diesem Gebiet geteilt. Die Gegenmeinung geht davon aus, daß der Drogenabhängige in seiner Steuerungsfähigkeit so beeinträchtigt ist, daß er ohne Druck der Justiz nicht für ein Therapieprogramm gewonnen werden kann[44].

2.1.1 Zurückstellung der Strafvollstreckung § 35 BtMG

Eine Zurückstellung der Strafvollstreckung bis längstens 2 Jahre kann nur bei einer Tat auf Grund einer Betäubungsmittelabhängigkeit, die mit nicht mehr als 2 Jahren Freiheitsstrafe bestraft wird, vorgenommen werden.
Als Straftaten zählen alle, die auf Grund der Betäubungsmittelabhängigkeit begangen wurden, wie zum Beispiel Straftaten der indirekten und direkten Beschaffungskriminalität. Der Tä-

---

43 Vgl. Böllinger, 1983, S. 145 ff.

44 Vgl. Egg u.a. Drogentherapie und Strafe, Wiesbaden 1988

ter muß drogenabhängig sein und sich mit der Therapie einverstanden erklären. Die Staatsanwaltschaft kann nur mit Zustimmung des Gerichtes die Zurückstellung der Strafvollstreckung anordnen. Die Justiz kann keinen Drogenabhängigen ohne Straftat nach § 35 BtMG in eine Therapieeinrichtung einweisen[45]. Eine staatliche Anerkennung der Einrichtung ist nicht erforderlich, erleichtert aber später die Anrechnung auf die noch zu vollstreckende Freiheitsstrafe. Die Therapiezeit in einer hierfür staatlich anerkannten Einrichtung wird voll auf die zu vollstreckende Strafe angerechnet. Die Justiz soll die Zurückstellung der Strafvollstreckung nur dann verneinen, wenn begründete Tatsachen bekannt sind, daß die in Anspruch genommene Einrichtung offenbar nicht zu einer nachhaltigen Suchthilfe geeignet ist. Allein der Umstand, daß der Staatsanwalt eine Langzeittherapie einer ambulanten Behandlung vorzieht, ist kein ausreichender Grund für die Nichtaussetzung der Vollstreckung. Bei einer versprochenen Selbstheilung durch den Drogenabhängigen ist an eine Anwendung des § 35 BtMG nur zu denken, wenn eine Sozialkontrolle durch Angehörige stattfindet.
Als weitere Voraussetzung ist die Meldepflicht des Betroffenen und in begrenztem Rahmen auch die des Therapeuten zu nennen. Die Meldungen müssen in zwei- bis dreimonatigen Abständen erfolgen. Wenn der Abhängige die Behandlung nicht begonnen oder nicht fortgeführt hat oder dies nicht nachgewiesen hat, wird gemäß § 35 Abs. 5 BtMG die Zurückstellung widerrufen. Die Widerrufsquote lag 1989 bei 52 %[46]. Unter den gleichen Bedingungen kann jederzeit eine erneute Zurückstellung vorgenommen werden. Es gibt keine Beschränkungen der Anzahl wiederholter Zurückstellungen.

2.1.2 Anrechnung und Strafaussetzung zur Bewährung, § 36 Abs. 1 BtMG

Gemäß § 36 Abs. 1 BtMG gibt es die obligatorische und die fakultative Anrechnung der Therapiezeit auf die Strafe. Der Ge-

---

45 Vgl. Körner, 1994, § 35 Rdn. 30.

46 Vgl. Körner, 1994, § 35 Rdn. 171. Bericht der Bundesregierung BT-Drs. 10/843, S.36.

setzgeber hat sich hier an den Anrechnungsmodus des Maßregelvollzuges gemäß § 67 Abs. 1 und 4 StGB gehalten. Durch die Anrechnung auf die Strafe soll ein Anreiz für den Drogenabhängigen gegeben werden, sich einer Therapie zu unterziehen und diese auch zu Ende zu führen[47]. Die Entscheidung über die Anrechenfähigkeit und die Anrechnung wird durch Beschluß des Gerichtes des ersten Rechtszuges und nicht von der Vollstreckungsbehörde getroffen[48].

2.1.2.1 Obligatorische Anrechnung nach § 36 Abs. 1 BtMG

Eine obligatorische Therapieanrechnung nach § 36 Abs. 1 S. 1 BtMG kann nur erfolgen, wenn die Zurückstellung der Strafvollstreckung nach § 35 BtMG erfolgte und eine Behandlung in einer staatlich anerkannten Übergangs- oder Therapieeinrichtung durchgeführt wurde. Bei der Anrechnung werden nicht Erfolgszeiten, sondern nur bloße Aufenthaltszeiten auf die Strafe angerechnet. Der Drogenabhängige muß nicht aktiv mitgewirkt haben und die Therapie muß auch weder erfolgreich noch abgeschlossen sein[49]. Es gibt auch staatlich anerkannte ambulante Therapieprogramme.
Durch das Gesetz zur Änderung des BtMG vom 9.9.1992 wurde das Erfordernis der Beschränkungen in der Lebensführung bei den staatlich anerkannten Einrichtungen gestrichen. Die Therapiezeit kann nur auf bis zu zwei Drittel der Strafe Anrechnung finden[50]. Die restliche Strafe soll für eine weitere Motivation sorgen, so daß der Abhängige nicht bei Ablauf des Strafrestes durch die Aufrechnung der Therapiezeit die Behandlung abbricht.

---

47 Vgl. BT-Drs. 8/4283, S. 8; Eberth-Müller, § 36 Rz. 21.

48 Vgl. LG Berlin, B vom 30.01.1989-522 Os 80/88 = StrafV 1989, 258 = NStZ 1989, 238ff.

49 Vgl. LG Hamburg, B vom 13.3.1989 - 84 Os 7/89 = StrafV 1989, 354.

50 Vgl. OLG Koblenz, B vom 21.1.1984 - 1 Ws 35/84 = MDR 1984, 691; G 1557 OLG Düsseldorf, StrafV 1987,209.

2.1.2.2 Fakultative Anrechnung, § 36 Abs. 3 BtMG

In allen Fällen, in denen die Voraussetzungen des § 36 Abs. 1 BtMG nicht vorliegen, ist § 36 Abs. 3 BtMG subsidiär zu prüfen. Es handelt sich hier um eine Härteregelung, die einen weiteren Anwendungsbereich hat als die Regelung des § 36 Abs. 1 BtMG. Auch hier muß der Täter wegen einer Tat auf Grund seiner Betäubungsmittelabhängigkeit rechtskräftig verurteilt worden sein, und es darf keine Strafe über 2 Jahre sein bzw. der noch zu verbüßende Rest darf nicht mehr als zwei Jahre betragen. Außerdem muß der Täter therapiebereit sein.
Mit dieser Regelung sollen die Fälle erfaßt werden, in denen sich der Abhängige schon vor rechtskräftiger Verurteilung in Therapie begeben hat. Es sollen auch solche Fälle erfaßt werden, in denen sich der Abhängige trotz Ablehnung oder aus anderen Gründen nicht erfolgter Zurückstellung oder Anrechnungserklärung in Therapie begeben hat. Die Therapie muß nicht in einer staatlich anerkannten Einrichtung stattgefunden haben. Dauer oder Erfolg der Therapie sind nicht ausschlaggebend.

2.1.2.3 Die Strafaussetzung der Reststrafe zur Bewährung, § 36 Abs. 1 S. 3 BtMG

Nach § 36 Abs. 1 S. 3 BtMG kann die Reststrafe sowohl bei Therapie in staatlich anerkannten Einrichtungen als auch gemäß § 36 Abs. 2 BtMG nach anderen Therapiebemühungen zur Bewährung ausgesetzt werden[51]. Im Jahre 1990 stiegen im Bundesgebiet die Strafaussetzungen nach § 36 BtMG auf 837 an[52]. Der Zeitpunkt der Entscheidung des Gerichtes über die Aussetzung zur Bewährung ist nicht festgelegt. Die Entscheidung kann entweder dann erfolgen, wenn die Reststrafe nur noch ein Drittel beträgt oder wenn die Therapie davor erfolgreich sein sollte, und eine weitere Behandlung nicht mehr erforderlich ist. Die Reststrafaussetzung nach § 36 Abs. 2 BtMG ist auch dann möglich, wenn die Voraussetzungen des Absatz

51 Vgl. Körner, 1994, § 36 Rdn. 32.
52 Vgl. Daten zur BtM-Kriminalität 1990 - GBA Berlin.

1 nicht vorliegen, aber eine günstige Sozialprognose besteht. Hierfür ist jegliche Art der Therapie ausreichend und es besteht auch kein fester Zeitpunkt für die Antragstellung sowie eine Mindestbehandlungsdauer[53].

2.1.3 Absehen von der Verfolgung, § 37 Abs. 1 BtMG

Gemäß § 37 Abs. 1 BtMG kann die Staatsanwaltschaft mit Zustimmung des Gerichtes von der Erhebung der Anklage absehen, wenn keine höhere Strafe als zwei Jahre zu erwarten ist, und der Beschuldigte bereit ist, sich einer Therapie zu unterziehen. Bei der benutzten Therapieanstalt muß es sich um eine staatlich anerkannte Einrichtung handeln. Diese Vorschrift kann bei allen Arten von Straftaten angewandt werden, sie ist nicht wie die §§ 153, 153a StPO auf Vergehenstatbestände beschränkt. Weiterhin muß der Verdacht einer Betäubungsmittelabhängigkeit bestehen, sowie eine Kausalität zwischen der Abhängigkeit und der Straftat.
Trotz des irreführenden Titels der Vorschrift muß für die Beurteilung der oben ausgeführten Voraussetzungen zunächst die Ermittlung des Tatbestandes erfolgen. Diese Vorschrift ist die einzige Möglichkeit zur Anwendung des Grundsatzes "Therapie statt Strafe" in Deutschland. Auf diese Weise soll die hohe Eigenmotivation des Betroffenen ausgenutzt werden[54]. Diese Vorschrift wurde entgegen den Erwartungen des Gesetzgebers in der Praxis zu wenig angenommen. Vom 1.1.1982 bis zum 30.06.83 wurde sie nur in 112 Fällen angewendet[55]. Nach einer Studie von Kreuzer[56] liegen die Gründe bei der sich nur schwer ändernden Praxis der Staatsanwaltschaft, an Beweismittelverlusten und an Mehraufwand wegen der Überwachung und der fehlenden Eintragung in das Bundeszentralregister, da keine Hauptverhandlung stattgefunden hat. Auch scheinen die Gerichte wegen der persönlichen Verfahrenserledigungsstatistiken diese Art der Erledigung abzulehnen.

---

53 Vgl. Baumgart, 1994, 97/98.

54 Vgl. BT-Drs. 8/4283, 9.

55 Vgl. BT-Drs. 10/5856; BT-Drs. 11/4329.

56 Vgl. Therapie und Strafe, NJW 1989, 1510.

Ist eine Anklageerhebung erfolgt, so kann das Gericht nunmehr nach § 37 Abs. 2 BtMG das Verfahren vorläufig einstellen und zwar unter den gleichen materiellen Voraussetzungen wie die Staatsanwaltschaft vor der Anklageerhebung. Bei Absatz 1 und 2 kann das Verfahren fortgesetzt werden, wenn der Betroffene die Therapie abbricht oder nicht die notwendigen Therapienachweise beibringt. Nach zweijähriger Überwachung der Therapie wird das Verfahren endgültig nach § 170 Abs. 2 StPO eingestellt. Früher war die Frist doppelt so lang und hat wegen des erhöhten Arbeitsaufwandes zu einer geringen Anwendung dieser Vorschrift geführt.

2.1.4 Absehen von der Verfolgung, § 31 a BtMG

§ 31 a Abs. 1 BtMG gibt der Staatsanwaltschaft die Möglichkeit auch ohne Zustimmung des Gerichtes von der Verfolgung abzusehen, wenn die Schuld des Täters als gering anzusehen wäre, kein öffentliches Interesse an der Strafverfolgung besteht und der Täter die Betäubungsmittel lediglich zum Eigenverbrauch in geringer Menge besitzt. Ist die Klage bereits erhoben, kann das Gericht gemäß § 31 a Abs. 1 BtMG in jeder Lage des Verfahrens mit Zustimmung der Beteiligten das Verfahren einstellen. Diese Vorschrift ist aus der Einsicht entstanden, daß die rein repressive Politik in den vergangenen Jahrzehnten nicht zu dem gewünschten Erfolg geführt hat. Es soll vielmehr der Grundsatz: "Hilfe statt Strafe"[57] verwirklicht werden. Auch soll diese Vorschrift zu einer Vereinheitlichung der Einstellungspraxis führen, da man der Staatsanwaltschaft im Gegensatz zu den Richtern Weisungen erteilen kann. Der Drogenkonsument soll nicht mehr verfolgt werden.

2.1.5 Jugendliche und Heranwachsende, § 38 BtMG

Im § 38 BtMG werden die Vorschriften des siebten Abschnittes explizit auch für Jugendliche und Heranwachsende als anwendbar erklärt. Bei Jugendlichen wird als weitere Vorausset-

---

57 Zitat aus Körner, 1994, § 31a Rdn. 2.

zung noch die Einwilligung der Erziehungsberechtigten aufgezählt. Der neue § 35 Abs. 2 BtMG ist auch für das Jugendstrafrecht anwendbar[58].

Abschließend ist zu diesem Abschnitt des BtMG noch anzumerken, daß nur bei vertrauensvoller Zusammenarbeit der Justiz mit den Therapeuten und Beratern diese Vorschriften Erfolg haben können. Bei mangelndem Verständnis zwischen Therapeuten und Justiz sind Fehlentscheidungen vorprogrammiert. Zwar ist anzuzweifeln, ob dem Staat überhaupt ein Anspruch auf Strafe zusteht, wenn der Abhängige wieder in seine Sucht zurückfällt, da hier dann indirekt der reine Konsum bestraft wird, der im deutschen Strafrecht eigentlich straffrei ist. Der Konsum von gefährlichen Substanzen ist eine Selbstgefährdung, die, wie der Selbstmord, straffrei sein soll, da kein anderer beeinträchtigt wird. Aber auf der anderen Seite ist nicht zu übersehen, daß man auf diese Weise zumindest die Abhängigen zunächst zu einem Therapieversuch zwingen kann. Es bleibt nur fraglich, ob die Justiz hier der richtige Entscheidungsträger ist, um den möglichen Erfolg einer Therapie zu begutachten. Nur der Therapeut kann wohl, wenn überhaupt, eine realistische Prognose abgeben. Da der Entzug normalerweise immer ein Wechsel zwischen Rückfall und neuem Versuch ist, ist der Therapeut leicht in der Gefahr, sich gänzlich auf die Seite des Süchtigen zu stellen und so den Richter oder die Staatsanwaltschaft in die Gegnerrolle zu drängen. Abschließend ist zu sagen, daß diese Vorschriften bestimmt ein Schritt in die richtige Richtung sind, da der Abhängige mehr als Kranker denn als Straftäter behandelt wird.

Dieser Widerspruch könnte nur durch eine Aufhebung des faktischen Konsumverbotes von Betäubungsmitteln behoben werden[59].

2.2 Frankreich

Die Originalität der seit 1970 in Frankreich geltenden Regelung liegt in der Möglichkeit der freiwilligen Therapie und der damit

---

58 Vgl. OLG München, B vom 16.4.1993 - 3 VAs 8/93 = NStZ 1993, 455.

59 Vgl. hierzu Kapitel 7.

verbundenen Straffreiheit, Kostenlosigkeit und Anonymität. In Frankreich gibt es eine freiwillige, eine akzeptierte und eine obligatorische Therapie. Zunächst werden die zwei verschiedenen freiwilligen Therapien vorgestellt.

2.2.1 Freiwillige Behandlung, L. 355-21 C.S.P.

L. 355-21 C.S.P.[60] ermöglicht nur solchen Drogenabhängigen diese Art der Therapie, die weder von der Justiz noch den Gesundheitsbehörden gemeldet wurden. Die Betroffenen müssen sich freiwillig melden. Damit soll auf süchtige Jugendliche abgezielt werden. Das Gesetz sieht die Straflosigkeit nur für diejenigen vor, die sich lediglich durch den Konsum von Drogen strafbar gemacht haben. Damit sind die Konsumenten, die auch Händler sind, ausgeschlossen.
Dies ist zu bedauern, da man festgestellt hat, daß der typische stark abhängige Heroinabhängige auch zugleich Händler ist, und eine spontane und ohne Einschaltung der Strafverfolgungsbehörden durchgeführte Kur die größten Erfolgschancen hätte[61]. L. 355-21 C.S.P. garantiert die Kostenlosigkeit, die Anonymität der Behandlung sowie die Straflosigkeit. Die Anonymität und die Straflosigkeit beziehen sich nur auf die reinen Konsumenten von illegalen Drogen. Die Straflosigkeit ist im L. 628-1 Abs. 4 C.S.P. kodifiziert. Das heißt, daß keine öffentliche Klage demjenigen gegenüber erhoben werden darf, der sich nach dem Ereignis, das ihm vorgeworfen wird, einer Entziehungskur unterworfen hat. Die Betroffenen können vom Arzt ein Zertifikat verlangen, in dem die Kur mit Dauer und Art angegeben ist. Die Rechtsprechung hierzu ist sehr liberal; auch Kuren im Ausland werden als ausreichend anerkannt[62].

---

60 C.S.P.= code de la santé publique, französisches Gesundheitsgesetz.

61 Vgl. Colin und andere, Le toxicomane malade de la Loi, Cahiers de la Corifet, Montpellier, 1988.

62 Vgl. entgegen früher Rechtssprechung, B. Crim. 16 Okt. 1975, B. Crim. Nr. 218, S. 581; Doll, JCP, 1976, II, 18291, N. CALEB.

2.2.2 Die akzeptierte Behandlung, L. 628-1 C.S.P. und L. 355-18 ff. C.S.P.

Die Zielgruppe dieser gesetzlichen Regelungen sind Süchtige, die den sozialen und medizinischen Einrichtungen bekannt sind und denen eine Kur von diesen Einrichtungen angeboten wird. Die Konditionen werden in den Artikeln L. 628-1 C.S.P. und L. 355-18 bis L. 355-20 C.S.P. geregelt. Zwar hat der Süchtige die Möglichkeit, dieses Angebot auszuschlagen, aber dies hat die Strafverfolgung zur Folge.
Jeder niedergelassene Arzt oder jede soziale Einrichtung hat die Möglichkeit, einen Süchtigen den Gesundheitsbehörden zu melden und so diese Option dem Süchtigen zu eröffnen. Es besteht nur eine moralische Pflicht[63] zur Meldung[64].
Im Gesetzgebungsverfahren war 1970 auch diskutiert worden, ob man auf die Gefahr hin, daß die Abhängigen die Ärzte nicht mehr konsultieren würden, eine Pflicht zur Meldung einrichten sollte. Dies hätte dazu geführt, daß eine Strafverfolgung jedoch auf Grund von Informationen, die unter die ärztliche Schweigepflicht fallen, ausgelöst werden würde[65]. In Frankreich ist die Verletzung der ärztlichen Schweigepflicht im Art. 226-13 C.P. mit der Ausnahme unter Strafe gestellt, daß keine gesetzliche Ermächtigung zur Brechung der ärztlichen Schweigepflicht vorliegt[66]. Es sollen hier hauptsächlich diejenigen abhängigen Jugendlichen erfaßt werden, die auf Grund von "overdose" eine stationäre Unterbringung benötigen. Rund 15% der in Frankreich sich in Therapie befindlichen Süchtigen sind auf diese Weise ihrer Therapie zugeführt worden[67].
Bevor die Gesundheitsbehörden einen Therapievorschlag machen können, müssen sie gemäß L. 355-18 C.S.P. eine me-

---

63 Vgl. Art. L. 355-18 C.S.P. (Gesetz vom 31. Dez. 1970), "kann". Vaille, Traitement des toxicomanes: responsabilité et rôle de la loi, Inf. Phram., 1978, Nr. 213, S. 961.

64 Vgl. Caballero, 1989, S. 512.

65 Vgl. Doll, Les médecins et la loi du 31. décembre 1970 sur la lutte contre la toxicomanie, La Presse Médicale, 1971, 29, S. 873.

66 Vgl. Art. 226-14 Abs. 1 c.p., seit dem 1. März 1994 in Kraft.

67 Vgl. Caballero, 1989, S. 513.

dizinische, soziale und berufliche Untersuchung machen. Je nach den Ergebnissen dieser Untersuchung haben die Gesundheitsbehörden zwei Möglichkeiten:
Im Falle, daß die Untersuchung zu dem Ergebnis geführt hat, daß keine Therapie notwendig sei, wird der Abhängige verpflichtet, sich unter ärztliche Kontrolle zu begeben. Er kann den Arzt seiner Wahl nehmen. Der Arzt muß nach Ablauf der medizinischen Überwachung ein Attest für die Gesundheitsbehörden ausstellen (L. 355-20 C.S.P.). Im anderen Falle müssen die Gesundheitsbehörden dem Süchtigen eine Therapie verschreiben. Der Betroffene kann aber die Entziehungsanstalt auswählen. Nur muß er am Ende sich ein Zertifikat ausstellen lassen, das die korrekte Ausführung der Kur bescheinigt. Die Überprüfung dieser Zertifikate hat die Strafkammer des französischen Kassationsgerichtshofes dem Tatrichter überlassen[68]. Es muß beachtet werden, daß die Nichtbefolgung der Therapieeinweisung der Gesundheitsbehörden keinerlei Sanktion nach sich zieht. Dieses Verfahren soll durch Überzeugung funktionieren. Aber nur der Hälfte der therapierten Abhängigen wurde auf diese Weise zur Therapie verholfen.

2.2.3 Die Pflichttherapie, L. 628-1 bis L. 628-6 C.S.P.

1970 wurde im französischen Recht in den L. 628-1 bis L. 628-6 C.S.P. die Möglichkeit der Zwangstherapie eingeführt und am 19. August 1971 durch eine Verordnung und mehrere Rundschreiben[69] vom Justizministerium präzisiert[70]. Diese Zwangstherapie war bei der Mehrheit des medizinischen Personals sehr umstritten, da man als wichtigste Voraussetzung einer erfolgreichen Therapie die Zustimmung des Süchtigen ansah[71]. Die Kritik richtete sich auch gegen den rein ju-

---

68 Vgl. Crim. 31 Okt. 1984.

69 Zur juristischen Relevanz eines Rundschreibens vergleiche Kapitel 3.

70 Vgl. JO 25. Aug. 1971, S. 8427, mod. par D. 20. Juli 1977; JO, 23. Juli S. 3892; D., 1977, 337.

71 Vgl. Curtet: L'incarcération des toxicomanes, La nouvelle presse médicale, 1978, Nr. 24, 2183.

ristischen Charakter dieser Regelung, da der Richter alle Befugnisse hat und über den Erfolg oder Mißerfolg der Kur entscheidet. Bei einem Mißerfolg wird die strafrechtliche Verfolgung wieder aufgenommen[72].
Nach einer Studie[73] von 2200 Fällen wurde festgestellt, daß die Resultate bei der freiwilligen und zwangsweisen Therapie vergleichbar waren[74]. Ein Rundschreiben des Justizministeriums vom 12.5.1987 versucht den Widerspruch zwischen den Ärzten und der Justiz zu lösen. Dabei hält es sich an die Praktik der Pariser Gerichte. Diese lassen Drogenkonsumenten, die keine Therapie benötigen, wieder frei. Das gilt auch bei Wiederholungstätern. Dagegen wird bei den Abhängigen, die einer Therapie bedürfen, in Zusammenarbeit mit der DASS[75] eine Untersuchung des sozialen Umfeldes durchgeführt. Lehnt der Abhängige die vorgeschlagene Therapie ab, wird sofort strafrechtlich verfolgt. Das Gesetz sieht fünf verschiedene Möglichkeiten der Anordnung einer Therapie vor, die im folgenden erläutert werden. In einem neuen Rundschreiben vom 15.02.1993 des Justizministeriums und des Gesundheitsministeriums wird die stärkere Anwendung der Pflichttherapie durch die Gerichte angemahnt, da bisher nur 4.000 Fälle pro Jahr gezählt wurden. Diese Zahl ist in Anbetracht der Zahl der Abhängigen gering. Dazu kommt, daß von diesen 4.000 Therapieeinweisungen 3.617 wegen Cannabis geschahen[76]. Heroinabhängige werden selten auf diese Weise in eine Therapie eingewiesen, da sie meistens gleichzeitig auch wegen anderer Delikte angeklagt sind.
Nur erscheint es dem Verfasser als verfehlt, Cannabiskonsumenten einzuweisen, da diese nicht physisch abhängig sind. So entsteht das paradoxe System, daß schwer abhängige Heroinkonsumenten ins Gefängnis eingewiesen werden, während

---

72 Vgl. Murard und Jaubert, Drogues passions muettes, Recherches, Paris 1979; Vaille: Difficultés d'application de la législation concernant les toxicomanies aux drogues, Inf. Pharm., 1983, Nr. 263, S. 339.

73 Vgl. Collin und Allison, Legal coercion and retention in drug abuse treatment, Hospital & Community Psychiatry, 1983, 34, 1145.

74 Vgl. Caballero, 1989, S. 515.

75 Vgl. Gesundheitsbehörde, die sich nur mit Drogenabhängigen beschäftigt.

76 Vgl. Gutachten von Boekhout van Soling, 1995, S. 26.

Can-nabiskonsumenten in gewisser Weise mit der Pflichttherapie für ihren Konsum bestraft werden. Diese Analyse wird auch durch Aussagen von Vertretern der Justiz unterstützt, die behaupten, daß Cannabiskonsum zwar noch verfolgt würde, es aber nicht unbedingt zu einer Verurteilung käme[77]. Es wird in diesem Rundschreiben noch einmal präzisiert, daß das Gesundheitsamt den Kontakt zwischen den Abhängigen und dem Arzt herstellen muß. Dagegen muß das Gericht entscheiden, ob die Therapielösung in diesem Fall angebracht ist. Der Arzt ist verpflichtet, das Gesundheitsamt über den Therapieverlauf zu informieren. Im Rundschreiben wird noch einmal besonders auf die Verpflichtung, die Staatsanwaltschaft über die Unterbrechungen der Therapie zu informieren, hingewiesen. Die Präfekten sollen über die gute Zusammenarbeit zwischen Justiz und Gesundheitsbehörde wachen. Die finanziellen Mittel für Therapieeinrichtungen wurden im Jahre 1993 um 2 Milliarden FF auf 14 Milliarden FF erhöht.

2.2.3.1 Anordnung durch den Staatsanwalt

Die Artikel L. 628-1 C.S.P. in Verbindung mit L. 355-15 bis L. 355-17 C.S.P. sehen für den Staatsanwalt die Möglichkeit der eigenständigen Anordnung einer Therapie vor. Es handelt sich hier um einfache Konsumenten und Konsumenten, die auch Drogen handeln und von der Polizei der Staatsanwaltschaft zur weiteren Verfolgung zugeführt worden sind. Die Staatsanwaltschaft hat dann aufgrund des in Frankreich herrschenden Opportunitätsprinzips gemäß Art. 131-4 C.P. die Wahl zwischen der Einstellung des Ermittlungsverfahrens ohne Auflagen, der Verwarnung bei Cannabis-Konsumenten, der Anordnung einer Therapie und der Aufnahme der strafrechtlichen Verfolgung. Laut der amtlichen Statistik wird für jeden vierten Konsumenten eine Therapie angeordnet[78]. Die Bedingungen der Therapie sind in den L. 355-15 bis L. 355-17 C.S.P., die liberale und restriktive Regelungen kombinieren, enthalten. Es bestehen keine Druckmittel um die Anordnung

---

77 Vgl. Gutachten von Boekhout van Soling, 1995, S. 26.

78 Vgl. Caballero, 1989, S. 517.

zur Therapie durchzusetzen. Auch wurde kein zeitliches Limit für die Meldung beim Gesundheitsamt festgeschrieben[79]. Das Gesundheitsamt muß eine Untersuchung durchführen und den Betroffenen danach in eine entsprechende Anstalt einweisen oder ihn unter ärztliche Kontrolle stellen.
Zwar ist die Verweigerung der verschriebenen Maßnahmen nicht direkt unter Strafe gestellt, aber sie löst die Wiederaufnahme der strafrechtlichen Verfolgung aus. Es kommt häufig vor, daß die Abhängigen diese Art der Therapie nicht befolgen bzw. nur mit Unterbrechungen. Das System ist deshalb offenbar auf zu scharfen Regelungen aufgebaut. Die Ärzte weigern sich, die Unterbrechungen der Justiz zu melden, da sie sich nicht zu Kollaborateuren der Repression, die den Mißerfolg der Therapie besiegeln würde, machen wollen. Anzumerken ist noch, daß diese Möglichkeit für jeden Abhängigen gemäß L. 628-1 Abs. 4 C.S.P. nur einmal vorhanden ist. Beim zweiten Mal reicht die Befolgung der verschriebenen Therapie für sich allein nicht aus, um die Staatsanwaltschaft zu veranlassen, von der Erhebung der Anklage abzusehen. Diese Regelung ist in Frankreich von den Spezialisten mit der Begründung am meisten kritisiert worden, daß sie die Natur der Abhängigkeit mit ihrer großen Rückfallgefahr verkennen würde.

2.2.3.2 Durch den Ermittlungsrichter angeordnete Therapie

Auch dem Richter wird im jeden Stadium des Verfahrens die Möglichkeit eingeräumt, eine Therapie anzuordnen. Artikel L. 628-2 bis L. 628-6 C.S.P. ermächtigt den Ermittlungsrichter, den Jugendrichter und den Tatrichter, denjenigen Personen, die wegen Konsum angeklagt sind, eine Therapie zu verordnen. Nachdem festgestellt wurde, daß die wegen Konsum angeklagte Person einer Therapie bedarf, kann der Ermittlungsrichter diese anordnen.
L. 628-5 C.S.P. präzisiert, daß die Kur entweder in einer spezialisierten Einrichtung oder unter medizinischer Aufsicht zu

---

79 Vgl. Vaille, Traitement des toxicomanes: responsabilité et rôle de la loi, Inf. Pharm., 1978, Nr. 213, S. 965.

erfolgen hat. Dabei bleibt der Verlauf der Kur aber unter juristischer Kontrolle, da die Justiz kontinuierlich über den Verlauf und die Ergebnisse informiert werden muß. Diese Kontrolle ist ziemlich scharf[80], da sich diese Regelung gegen besonders hartnäckige Süchtige richtet[81]. Artikel L. 628-2 C.S.P. erlaubt weiterhin, daß der Ermittlungsrichter nach der Kur eine Periode der sozialen und medizinischen Überwachung anordnet[82]. Es handelt sich hier um eine Art Bewährungszeit. Artikel L. 628-3 Abs. 2 C.S.P. bestimmt weiterhin, daß nach korrekter Befolgung der angeordneten Kur eine Strafverfolgung wegen Konsum nicht mehr möglich ist. Im anderen Fall können die vorgesehenen Strafen für Konsum verhängt werden.

2.2.3.3 Therapieanordnung im Urteil durch den Tatrichter

Artikel L. 628-3 C.S.P. sieht auch für den Tatrichter im Urteil die Möglichkeit der Therapieanordnung; entweder als Bestätigung der Anordnung des Ermittlungsrichters oder auch neben einer Freiheitsstrafe oder Geldstrafe vor. Dabei kann die schon angeordnete Therapie auch verlängert werden. Diese Maßnahme ist zur Sicherung sofort vollziehbar. Die Bedingungen der Kur sind die gleichen wie bei der Therapie, die der Ermittlungsrichter angeordnet hat.
Ein Rundschreiben vom 25. August 1971 des Justizministeriums empfiehlt die Vermeidung von jeglichen Freiheitsstrafen im geschlossenen Vollzug in Verbindung mit einer Therapieanordnung, es sei denn, es handele sich um Freiheitsstrafen von kurzer Dauer.

---

80 Vgl. Verordnung vom 19. Aug. 1971, Décr. Nr. 71-690.

81 Vgl. Caballero, 1989, S. 519.

82 Der Ermittlungsrichter kann aber nicht die Freilassung ohne bestimmte Gründe verweigern, wenn nachgewiesen wird, daß der Betroffene sich in eine spezialisierte Nachbehandlungseinrichtung begibt. B. Crim. 1. Okt. 1984, B. Crim., Nr. 276, S. 743.

2.2.3.4 Therapieanordnung durch den Jugendrichter

Der Jugendrichter kann die Therapie während des Ermittlungsverfahrens und im Urteil anordnen. Je nach Zeitpunkt der Anordnung sind die vorher dargestellten Regelungen für den Ermittlungsrichter (L. 628-2 C.S.P.) oder die für den Tatrichter (L. 628-3 C.S.P.) anwendbar. Es muß hierbei beachtet werden, daß in Frankreich der Minderjährige zunächst ein Minderjähriger und dann ein Drogenabhängiger ist. Dies folgt aus den Regelungen für Minderjährige, die durch die Rechtsverordnung vom 2. Februar 1945 festgelegt worden sind[83]. Aus diesen folgt, daß ein Minderjähriger unter dreizehn nicht verurteilt werden kann, sondern es können nur Sicherungsmaßnahmen getroffen werden. Ein Minderjähriger zwischen dreizehn und achtzehn kann nur durch den Jugendrichter abgeurteilt[84] werden, und es dürfen grundsätzlich nur Erziehungsmaßnahmen getroffen werden, es sei denn, es wird bewiesen, daß der Minderjährige voll verantwortlich ist[85].

2.3 Rechtsvergleich

Bevor man diese Vorschriften in Frankreich und in Deutschland einer vergleichenden Analyse unterziehen kann, muß man sich zwei entscheidende Unterschiede ins Gedächtnis rufen. Nur in Frankreich ist der Konsum von illegalen Drogen strafbar. Zusätzlich arbeitet die französische Staatsanwaltschaft nach dem reinen Opportunitätsprinzip. Sie kann deshalb jederzeit ein Verfahren einstellen, wenn sie der Meinung ist, daß eine strafbare Handlung wie der Konsum von illegalen Drogen nicht verfolgt werden sollte.

---

83 Vgl. Pradel: Droit pénal général, Nr. 470, S. 527.

84 Vgl. Auch bei Delikten gegen die Drogengesetzgebung ist der Jugendrichter zuständig. Crim. 13. Feb. 1980.

85 Vgl. Crim. 4. März 1980. In diesem Fall wurde ein Minderjähriger von weniger als sechszehn Jahren zu einer viermonatigen Freiheitsstrafe verurteilt, da festgestellt wurde, daß der Minderjährige sich des Heroinhandels hingab und die Delikte immer schwerer wurden, deren er sich schuldig machte.

Zwar wird in Frankreich der Grundsatz "Therapie statt Strafe" besser verwirklicht als in Deutschland. Da sich aber alle Bestimmungen nur auf den reinen Konsumenten beziehen, ist dies nicht unbedingt Ausdruck einer liberalen Politik. Die Möglichkeit in Frankreich, sich freiwillig in Therapie zu begeben, weil man illegale Drogen konsumiert hat, und dann anschließend nicht mehr strafbar zu sein, ist in Deutschland nicht vorgesehen. Dies ist auch nicht notwendig, da einem reinen Konsumenten nur bei Nachweis des Besitzes von illegalen Drogen Strafe droht. Nur der Umstand, daß der Betroffene drogenabhängig ist, reicht für den Nachweis des vorherigen Besitzes vor Gericht in Deutschland nicht aus.
In beiden Ländern wird versucht, den Drogenabhängigen unter Androhung einer Strafe zur Annahme einer Therapie zu bewegen. In Deutschland ist jedoch der Anwendungsbereich der Vorschriften sehr viel weiter, da auch Straftaten, die aufgrund einer Betäubungsmittelabhängigkeit begangen wurden, miteinbezogen werden. In Frankreich wird versucht, eine klare Abgrenzung zwischen Händler und Konsument zu schaffen. Dies ist eine fragwürdige Politik, da sich der abhängige Konsument aufgrund der hohen Preise durch Beschaffungsdelikte strafbar macht und sehr oft auch als Kleinhändler betätigt, da dies eine einfache Möglichkeit ist, sich Geld zu beschaffen. Bei den freiwilligen Therapien in Frankreich ist besonders bemerkenswert, daß die Einweisung des Abhängigen in eine Therapieanstalt sehr viel einfacher ist als in Deutschland, da die Straflosigkeit auch ohne vorherige Entscheidung des Gerichtes garantiert wird. Zusätzlich ist die Garantie der Anonymität in Frankreich ein weiterer Anreiz, sich in Therapie zu begeben. Es darf nicht übersehen werden, daß auch in Deutschland sehr viele "Nur-Konsumenten" wegen des Straftatbestandes des Besitzes straffällig werden. Bei Nachweis des Besitzes kann nur durch eine richterliche Entscheidung, die Möglichkeit einer Therapie eröffnet werden.

3. Drogenbekämpfungsbehörden

Im Folgendem sollen nun die Behörden und Einrichtungen in Deutschland und Frankreich dargestellt werden, die sich mit der Bekämpfung des Drogenproblems beschäftigen.

3.1 Deutschland

In der Regel liegt die sachliche Zuständigkeit bei den Landeskriminalämtern[86]. Das Bundeskriminalamt hat im Rahmen der Bekämpfung der Drogenkriminalität die sachliche Zuständigkeit für Fälle international organisierten Rauschgifthandels, bei denen eine Aufklärung im Ausland erforderlich ist sowie für die damit verbundenen Straftaten. Im anderen Fall kann das Bundeskriminalamt nur nach entsprechender Aufforderung oder Anordnung tätig werden[87]. § 5 Abs. 5 BKAG gibt dem Bundeskriminalamt ein Weisungsrecht gegenüber den Landeskriminalämtern, wenn es ersucht wird, die Ermittlung zu übernehmen oder der Bundesminister des Innern dies anordnet.

Für die Verhütung und Aufklärung des Drogenhandels ist die Zollverwaltung zuständig. Mit der Strafverfolgung entsprechender Vergehen sind die Zollfahndungsstellen und deren Zentrale, das Zollkriminalistische Institut in Köln, beauftragt. Zollfahnder können auch Aufklärung im Ausland betreiben.
Nach deutschem Recht sind kontrollierte Lieferungen derzeit nicht zulässig[88]. Da beim BtM-Schmuggel nicht nur Steuerstraftatbestände betroffen sind, ermittelt das HZA nicht selbständig entsprechend §§ 386 Abs. 2, 399, 400, 401 AO, sondern die Zollfahndungsbeamten als Hilfsbeamte der Staatsanwaltschaft mit gleichen Rechten und Pflichten wie die Polizeibeamten nach den Vorschriften der StPO[89].
§ 21 BtMG regelt die Zusammenarbeit mit den anderen Behörden. Z.B. kann der Bundesminister der Finanzen mit dem Einvernehmen des Bundesministers des Inneren den Grenzschutz zur Mitarbeit anweisen. In Bayern ist dies in Absprache mit dem Staatsminister des Inneren auch mit der bayerischen Grenzpolizei möglich.

---

86 Vgl. Ziegler-Tremel Nr. 580, Art. 7 III Nr. 2 POG für Bayern.

87 Vgl. § 5 Abs. 3 Nr. 1 bis Nr. 3 BKAG.

88 Vgl. Europäisches Parlament, Sitzungsprotokoll vom 23. April 1992, A3-0358/91, Berichterstatter: Patrick Cooney, S. 55.

89 Vgl. Erbs-Kohlhaas-Meyer, § 386 AO Anm.1.

Auf Bundesebene besteht eine Interministerielle Arbeitsgruppe zur Bekämpfung des Drogen- und Rauschmittelmißbrauchs. Daneben besteht ein ständiger Arbeitskreis der Drogenbeauftragten des Bundes und der Länder sowie mit den Verbänden als ständige Gäste. Auf Länderebene gibt es die Interministerielle Arbeitsgruppe zur Bekämpfung des Drogen- und Rauschmittelmißbrauchs[90].
Auf der Fachebene gibt es die Arbeitsgruppe Kripo, die sich aus den Leitern des Bundeskriminalamtes und der Landeskriminalämter zusammensetzt. Zu diesem Arbeitskreis gehört als Unterausschuß die Kommission Rauschgift, die aus den Leitern der Rauschgiftdienststellen des Bundeskriminalamtes und der Landeskriminalämter gebildet ist. Daneben bestehen noch folgende Arbeitsgruppen: AG Nord, AG Südost, AG Südwest, D-NL AG, D-F AG und die ständige Arbeitsgruppe Rauschgift (StAR).
Die Arbeitsgruppe Südost-Rauschgift vereinigt alle durch die Rauschgifthandelsroute, ausgehend von der Türkei, betroffenen Stellen und Länder. Unter dem Vorsitz des bayerischen Landeskriminalamtes treffen sich die Repräsentanten des Bundeskriminalamtes, des Landeskriminalamtes Baden-Württemberg, der Türkei, Italiens, Österreichs, Ungarns, Bulgariens, Tschechiens und der Slovakei.
Weiterhin existiert in Bayern eine interministerielle Arbeitsgruppe unter dem Vorsitz des Staatsministeriums für Arbeit, Soziales, Frauen und Gesundheit. In dieser Arbeitsgruppe sind alle Ministerien vertreten. Diese Arbeitsgruppe befaßt sich aber nicht nur mit der Bekämpfung der illegalen sondern auch der legalen Drogen[91].

3.2 Frankreich

Dem Innenministerium sind drei Sondereinheiten unterstellt. Das zentrale Rauschgiftamt (OCRTIS)[92], das zentrale Be-

---

90 Vgl. Körner, 1994, § 28 Rdn. 16.

91 Interview am 3.5.1995 mit Herrn Kriminaldirektor Weiß vom bayerischen Staatsministerium des Innern.

92 Office central pour la répression du trafic illicicite des stupéfiants = zentrales Büro für die Repression des illegalen Rauschgiftshandels.

trugsamt (OCRGD) und, für den Pariser Bereich, die Brigade für die Bekämpfung von Drogenhandel und Drogenmißbrauch (BRTIST). Das zentrale Rauschgiftamt (OCTRIS) soll die verschiedenen Behörden der Repression des illegalen Drogenhandels koordinieren. Auf internationaler Ebene ist es das französische Gegenstück zum OICP-Interpol. Es ist verpflichtet, jedes Jahr einen Bericht an die UN zu richten. Ferner sind die CRS, eine Art Bereitschaftspolizei, und die Grenzpolizei zu nennen. Die dem Verteidigungsministerium unterstellte Gendarmerie Nationale setzt sich aus 3.600 lokalen Brigaden mit 386 Sondereinheiten zusammen und deckt damit 80 % des französischen Territoriums ab.

Bis auf Paris ist es den einzelnen Polizeibehörden in der Praxis überlassen, was sie mit den festgenommenen Cannabiskonsumenten macht. In den meisten Städten wird bei den ersten Malen nur ein Bericht in die "main courante" (Polizeikladde) aufgenommen. Ab wieviel Fällen dann ein Verfahren eingeleitet wird, liegt in der Entscheidungskompetenz der jeweiligen Staatsanwaltschaft. Statt der normalen französischen Kriminalpolizei ist in Paris die BRTIST zuständig, die im Jahre 1990 von 8.200 festgenommenen Drogenkonsumenten bei 5.500 ein Protokoll aufgenommen hat und den Rest nach Eintragung in die Polizeikladde wieder auf freien Fuß gesetzt hat[93]. Hinzu kommt, daß ein großer Teil der von der Polizei an die BRTIST überwiesenden Cannabisbesitzer von dieser nicht als solche anerkannt werden, da es sich des öfteren nicht um Drogen handelt, sondern um arnaque. Der große Anteil von ca. 60 % dieser Fälle bei Verdacht auf Cannabis erklärt sich aber auch daraus, daß die BRTIST bei sehr kleinen Mengen von Cannabis eine Laboruntersuchung nicht durchführt[94], sondern einfach zugunsten des Festgenommenen annimmt, daß es sich nicht um eine illegale Drogen handelt. Die BRTIST läßt als Obergrenze für einen einfachen Eintrag in die Polizeikladde je nach Tatumstand bei Cannabis 5 bis 10 Gramm zu. In der Praxis geschieht es aber auch in Paris, daß Polizeibeamte einen erkann-

---

93 Vgl. Marialuisa Cesoni & Michel Schiray 1992, "La France" in Michel Schiray (red.), Penser la drogue, penser les drogues II - Les marchés interdits de la drogue, S. 154 Paris: Editions Descartes.

94 Vgl. Marie-Danièle Barré 1994, S. 55.

ten Cannabiskonsumenten nicht festnehmen. Dies hängt aber ausschließlich von dem betroffenden Polizeibeamten ab.
Die Arbeitsweise der Gendarmerie unterscheidet sich auf diesem Gebiet, da sie nicht mit einer Polizeikladde (Geschäftsbuch) arbeitet, muß sie laut ihren Anweisungen der Direction Générale de la Gendarmerie jedesmal ein Protokoll aufnehmen und die Staatsanwaltschaft informieren. Sie macht angeblich keinen Unterschied zwischen den einzelnen illegalen Drogen, da sie meint auf diese Weise ein Händlernetz von unten aufrollen zu können[95]. Dieses Verhalten ist kohärent mit dem Verhalten der Gerichte auf dem Land.
Man darf aber in diesem Zusammenhang nicht das letzte Rundschreiben vom April 1995 vergessen, das ausdrücklich die Polizei verpflichtet, bei jeder Festnahme wegen illegalen Drogenbesitz ein mündliches Vernehmungsprotokoll aufzunehmen sei. Dieses Rundschreiben wurde noch unter Balladur herausgegeben. Es wird aber anscheinend in der Praxis, zumindest in den Städten, nicht befolgt.
Die dem Wirtschafts- und Finanzministerium unterstellte Zollfahndungsdirektion (DNRED) ist vornehmlich für die Aufklärung von Drogenkriminalität und Geldwäsche auf nationaler und internationaler Ebene zuständig. Das Ministerium ist allgemein für die Bekämpfung von Drogenhandel und Handel mit Vorprodukten verantwortlich. Die TRACFIN, die ebenfalls dem Wirtschafts- und Finanzministerium untersteht, wurde zur Bekämpfung von Geldwäsche und illegalen Finanzkanälen eingerichtet. Die Zentrale Zollverwaltung ist für Zollangelegenheiten zuständig; überwacht aber auch den Handel mit Vorprodukten[96].

Wegen der Vielzahl von unterschiedlichen Behörden und Ministerien, die sich mit der Bekämpfung des illegalen Drogenhandels befassen, wurden in Frankreich schon frühzeitig interministerielle Behörden[97] zur Koordination eingerichtet. Die

---

95 Vgl. Gutachten von Boekhout van Soling 1995, S. 34.

96 Vgl. Europäisches Parlament, Sitzungsprotokoll vom 23. April 1992, A3-0358/91, Berichterstatter: Herr Patrick Cooney, S. 54.

97 Vgl. Caballero, 1989, S. 82.

Commission des stupéfiants et psychotropes[98] hieß früher Commission interministérielle des stupéfiants. Diese Kommission ist für den interministeriellen Austausch von Informationen, die sich mit der Bekämpfung des illegalen Drogenhandels beschäftigen, und für die Erstellung von Gutachten zuständig.
Le comité interministériel[99] ist ein Organ auf Regierungsebene, das die Politik in Sachen Bekämpfung des illegalen Drogenhandels definiert, initiiert und koordiniert. Unter dem Vorsitz des Premierministers und des Vizepräsidenten, Minister für soziale Angelegenheiten, vereinigt es ein Dutzend anderer Minister.
La Mission interministérielle de lutte contre la toxicomanie (MILT)[100] ist ein Koordinationsorgan, das 1985[101] die alte ständige Mission ersetzt hat. Sie untersteht dem Justizministerium und ihr Präsident ist Mitglied im comité interministériel. Diese Mission soll auf nationaler Ebene die Präventionsmaßnahmen koordinieren, Untersuchungen initiieren und Personal ausbilden. Auf der lokalen Ebene spielt sie die Rolle des Ratgebers für die Comités départementaux de lutte contre la toxicomanie (CDLT)[102]. Die CDLT vereinen unter dem Vorsitz des Präfekten die Repräsentanten aller involvierter Behörden.

Am 6. Dezember 1989 wurde die Délégation Générale à la Lutte contre la Drogue et la Toxicomanie (DGLDT)[103] gegründet. Sie steht unter der Autorität des Premierministers und leitet das Comité interministérielle. Sie soll die Sitzungen des Comité interministérielle vorbereiten und das Sekretariat dieses Komitees übernehmen[104].

---

98 Vgl. Kommssion der Drogen und psychotropen Substanzen.

99 Vgl. Interministerielles Komitee.

100 Interministerielle Mission für die Bekämpfung der Drogensucht.

101 Vgl. D. 85-191 vom 7. Feb. 1985, JO.

102 Komitee der Regierungsbezirke (département) für die Bekämpfung der Drogensucht.

103 Generaldelegation für die Bekämpfung der Drogen und der Drogensucht.

104 Vgl. Plan gouvernemental de lutte contre la drogue et la toxicomanie vom 21. September 1993, Herausgegeben von der DGLDT, 137 rue du Faubourg Saint-Honoré, 75380 Paris Cedex 08.

4. Statistik des Drogenproblems

In diesem Teil soll versucht werden, das Drogenproblem mit Hilfe einiger Statistiken transparenter zu machen und die eigentlichen Gefährdungspunkte herauszuarbeiten.

4.1 Anzahl der Drogenabhängigen

In Deutschland schätzt das Bundeskriminalamt die Anzahl der Konsumenten von harten Drogen auf mindestens 139.000 und höchstens 184.000 Personen. Diese Zahlen hat man durch Heranziehung der festgestellten Erstkonsumenten, Annahme einer Dunkelziffer von 55 % und Annahme einer durchschnittlichen Suchtdauer von etwa zehn Jahren errechnet[105]. Bei der Ermittlung der Konsumenten der weichen Drogen stößt man auf größere Probleme, da diese seltener bei der Polizei oder den Gesundheitsbehörden aktenkundig werden. Die Schätzungen der Zahl der "weichen Drogenkonsumenten" liegen zwischen 2 und 3 Millionen. Hierbei sind aber auch die Gelegenheitskonsumenten mit erfaßt. Ohne die Gelegenheitskonsumenten schätzt man die Zahl auf 200.000 bis 300.000[106].
In Frankreich schätzt das DGLDT die Anzahl an Konsumenten von harten Drogen auf 80.000 bis 150.000 Personen. Für die Anzahl der Konsumenten von weichen Drogen liegen in Frankreich nur sehr grobe Schätzungen vor. Man kann an Hand der Sicherstellungsmengen davon ausgehen, daß es zwischen 1 und 1,5 Millionen Konsumenten weicher Drogen gibt. Interessant in diesem Zusammenhang ist auch die Tatsache, daß die Franzosen nicht nur Spitzenreiter im Verbrauch von Alkohol sind, sondern auch im Verbrauch von Psychopharmaka und sonstigen Medikamenten. Auf diesem Gebiet verbrauchen sie fast doppelt so viel wie in Deutschland oder

---

105 Vgl. Rauschgift Jahresbericht 1993, BKA, S. 121.
106 Vgl. Körner, 1994, § 30 Rdn. 77.

den Vereinigten Staaten. Im Vergleich mit den Niederlande verbrauchen sie sogar das Dreifache[107].

4.2 Rauschgifttote

Man kann aus den folgenden Zahlen[108] keinen direkten Vergleich über die absolute Zahl der Rauschgifttoten beider Länder anstellen, da unterschiedliche Zählweisen zur Anwendung kommen.

Deutschland:

1985	1986	1987	1988	1989	1990	1991	1992	1993
324	348	442	670	991	1491	2125	2099	1738

Frankreich:

172	185	228	236	318	350	411	499	454

In beiden Ländern ist die Anzahl der Rauschgifttoten kontinuierlich bis 1992 angestiegen. In acht Jahren haben sich die Rauschgifttoten in Deutschland versiebenfacht und in Frankreich verdreifacht. In beiden Ländern hat das Jahr 1993 einen Rückgang der Rauschgifttoten gebracht. In Deutschland wird dieser Rückgang vom BKA mit der Verdrängung der Straßenszene, flankierenden Maßnahmen, zum Beispiel Druckräume und Spritzentauschprogramme, dem sehr niedrigen bzw. konstanten Reinheitsgrad des "Straßenheroins", quantitativem und qualitativem Ausbau der Entzugsbehandlungsplätze und verbesserter medizinischer Versorgung der Rauschgiftkonsumenten sowohl im Rahmen von Rettungsmaßnahmen bei Notfällen als auch durch Substitutionsprogramme erklärt[109]. Auch in Frankreich wird der Rückgang mit dem verbesserten

---

107 Vgl. "Médicaments psychotropes: une société sans ordonnance?" in: Patrick Mignon 1993, Les "toxicomanies" légales (Alcool, tabac, médicaments), Paris: La Documentation francaise.

108 Vgl. Rauschgift Jahresbericht 1993, BKA, Anhang Tabelle 28.

109 Vgl. Rauschgift Jahresbericht 1993, BKA, S. 131.

Therapieangebot und der sehr niedrigen bzw. konstanten Reinheit des Straßenheroins erklärt, da die Todesfälle zu 90 % auf Überdosierungen von Opiaten zurückzuführen sind.

Der Vergleich der Todesarten in Deutschland ergibt Folgendes: Man schätzt die Zahl der jährlich an den Folgen des Nikotinmißbrauchs sterbenden Menschen auf 70.000. Die Zahl der jährlich an den Folgen des Alkoholmißbrauchs sterbenden Menschen auf 40.000. Im Jahre 1991 beendeten 14.000 Menschen ihr Leben durch Freitod und es gab 7.995 Verkehrstote[110]. Es handelt sich hier um die Todesfälle in Westdeutschland. Beim Vergleich dieser Zahlen mit der Anzahl der Drogentoten in Deutschland, erscheint dem Verfasser die allgemeine Angst vor den Drogen als überzogen. Da man nur ca. 2.000 Drogentote in Deutschland zählt, kann nicht von einer Gefahr für die deutsche Gesellschaft gesprochen werden. Dabei darf nicht aus den Augen verloren werden, daß bei der Definition eines Drogentoten Schwierigkeiten bestehen. Sehr oft versterben Abhängige an Infektionskrankheiten, die nur mittelbar mit dem Drogenkonsum im Zusammenhang stehen. Auf der anderen Seite wird von manchen Hausärzten auf Rücksicht auf die Eltern eine andere Todesursache angegeben.

4.3 Tatverdächtige für Delikte gegen die Betäubungsmittelgesetzgebung

In Deutschland wurden in den Jahren 1991 bis 1993 jeweils 88.758, 93.038 und 95.190 Tatverdächtige ermittelt. Seit 1984 hat sich die Zahl der Tatverdächtigen von 50.398 fast verdoppelt. Aber diese Zahlen sind nur eingeschränkt vergleichbar, da sich ab 1991 die Berechnungsgrundlage der Statistik durch die Heranziehung der neuen Bundesländer verändert hat[111].

---

110 Vgl. Körner, 1994, § 30 Rdn. 77.

111 Vgl. Rauschgift Jahresbericht 1993, BKA, Anhang Tabelle 9.

In Frankreich wird die Anzahl der Tatverdächtigen für das Jahr 1992 mit 54.468 angegeben[112]. Davon waren 48.486 Tatverdächtige wegen des illegalen Konsums von Drogen der Justiz bekannt geworden. Im Jahre 1984 waren es nur 27.907 Tatverdächtige[113]. Auch hier waren 25.519 wegen Konsums als Tatverdächtige vernommen worden[114].

4.4 Erfaßte Delikte

Deutschland[115]:

1984	1985	1986	1987	1988	1989	1990
60.588	60.941	68.694	74.894	84.998	94.000	103.629

Frankreich[116]:

27.907	35.842	49.086	49.521	47.836	50.680	56.522

In beiden Ländern ist die Anzahl der Delikte gegen die Betäubungsmittelgesetzgebung in den letzten Jahren stetig angestiegen. In beiden Ländern ist zu beachten, daß sich zwischen 70 und 80 % der Delikte auf den Eigenkonsum beziehen und zwar in Deutschland auf den Besitz wegen Eigenkonsums und in Frankreich auf den Eigenkonsum direkt.

4.5 Rechtsprechung

Durch die folgende Gegenüberstellung von Statistiken der Verurteilungen wegen Verstößen gegen die Drogengesetzge-

112 Vgl. Bericht vom 21. Sept. 1993 der DGLDT.

113 Vgl. Annuaire Statistique Ministère de la Justice, 1989-1990, S. 101.

114 Vgl. Usage et trafic de drogues Statistiques 1993, Ministère de l'intérieur et de l'aménagement du territoire

115 Vgl. Rauschgift Jahresbericht, 1993, BKA, Anhang Tabelle 1, alle angeführten Zahlen beziehen sich auf Westdeutschland.

116 Vgl. Annuaire Statistique Ministère de la Justice 1989-1990, S. 101.

bung in Frankreich und Deutschland soll versucht werden, festzustellen, wie die beiden Länder mit ihren jeweiligen Straftatbeständen umgehen.

4.5.1 Verurteilungen in Deutschland[117]:

Jahre		1990	1991	1992
30 Abs1 Nr.1	Unerlaubtes Anbauen	47	57	34
30 Abs1 Nr.2	Gewb. Abg.v. Erw. a. Jugdl.	9	9	12
30 Abs1 Nr.3	Abg. v. BtM m.Todesfolge	14	9	9
30 Abs1 Nr.4	Einfuhr nicht geringer Mg.	1686	2168	2111
29 Abs3 Nr.1	Gewb. Straft. geg. BtMG	491	600	616
29 Abs3 Nr.2	Gefährdg der Gesundheit mehrerer Menschen	5	9	7
29 Abs3 Nr.3	Abg. BtM v. Erw. a. Jugdl.	47	56	60
29 Abs3 Nr.4	Handel, Besitz nicht geringer Mengen	2059	2870	2763
29 Abs1	Andere vors. Straft.g.BtMG	24639	27125	25201
29 Abs4	fahrl. Straft. geg.d. BtMG	11	11	13
BtMG-	Straftaten insgesamt	29008	32914	30826

117 Vgl. Statistisches Bundesamt Wiesbaden, Strafverfolgung 1990-1993, S. 32-35.

4.5.2 Verurteilungen in Frankreich[118]:

Jahr	1989	1990	1991	1992
Delikte geg. Drogengesetzgebung				
Konsum	6795	7485	6658	7374
Besitz, Kauf	7011	6641	6680	7563
Transport	1819	1791	1853	2182
Handel	1925	2108	1890	2196
Angebot und Abgabe	1565	1945	2134	2272
Hilfe zum Konsum	495	442	344	258
Sonstige	8	16	19	6
Gesamt	20.099	20.939	20.087	22.346

4.5.3 Arten der Strafen wegen Betäubungsmitteldelikten in Deutschland[119]:

Verurteilungen im Jahre 1992:

Freiheitsstrafe:	11.199
davon ohne Bewährung:	(4.316)
davon mit Bewährung:	(6.883)
Geldstrafen:	9.923
Gesamt:	21.122

Maßregeln der Besserung und Sicherung §§ 61 ff StGB:

648

118 Vgl. Annuaire Statistique Ministère de la Justice 1991-1992, S. 153.

119 Vgl. Statistisches Bundesamt Wiesbaden, Strafverfolgung 1992, S. 130.

4.5.4 Arten der Strafen wegen Betäubungsmitteldelikten in Frankreich[120]:

Die Verurteilungen im Jahre 1992:

Freiheitsstrafen:	18.242
davon ohne Bewährung:	(10.352)
davon mit Bewährung:	(7.890)
Geldstrafen:	2.617
Gesamt:	20.859
Ersatzmaßnahmen:	445
Erziehungsmaßnahmen:	353
Befreiung von Strafe:	194

Interessanterweise wurden in Frankreich im Jahre 1992 fast soviele Verurteilungen vorgenommen wie in Deutschland im Jahre 1992, obwohl man bei dem Vergleich der festgestellten Verstöße gegen die Drogengesetzgebung in Frankreich nur auf die Hälfte derjenigen in Deutsch-land kommt. Auch darf man nicht vergessen, daß Frankreich nur zwei Drittel der Bewohner Deutschlands hat.

Laut Barre[121] werden, mit dem Einverständnis der Staatsanwaltschaft auf Initiative der Polizei in Frankreich 72 % der wegen Konsums von illegalen Drogen Festgenommenen mit einer einfachen Verwarnung wieder auf freien Fuß gesetzt. Ihre Untersuchung ist aber nur bedingt verwertbar, da sie sich ausschließlich auf Paris und Umland beschränkt. Weiterhin ist anzunehmen, daß die Verwarnten in Frankreich nicht in der allgemeinen Statistik erscheinen. In Frankreich werden proportional zu seiner Bevölkerungszahl und der Tatverdächtigenanzahl sehr viel mehr Freiheitsstrafen auf Grund von Verstöße gegen die Betäubungsmittelgesetzgebung verhängt

---

120 Vgl. Annuaire Statistique Ministère de la Justice 1991-1992, S. 153.

121 Vgl. Barre, Marie-Daniele, Toxicomanie et délinquance, 1994, Nr. 70, CESDIP, Ministère de la justice, CNRS, S. 177.

als in Deutschland. Weiterhin stellt man bei dem Vergleich der Arten der Strafe fest, daß in Frankreich ein höherer Prozentsatz der Freiheitsstrafen ohne Bewährung verhängt wird als in Deutschland. Auch werden in Frankreich sig-nifikant weniger Geldstrafen verhängt. Betrachtet man in Frankreich die 11.500 Verurteilungen wegen Drogenkonsums im Jahre 1991, kommt man zu dem Ergebnis, daß in sechs von zehn Fällen der Drogenkonsument zugleich für andere Delikte verurteilt wurde. In 40% der Fälle, in denen der Drogenkonsument nur wegen Drogenkonsum verurteilt wurde, wurde eine Bewährungsstrafe ausgesprochen und in 25% der Fälle nur eine Geldstrafe. Bei den verurteilten Drogenkonsumenten in Frankreich, die wegen mehrerer Delikte verurteilt wurden, war in vier Fällen von zehn ein Drogenhandelsdelikt mit involviert. In diesen Fällen wurde zu 90% eine Freiheitsstrafe verhängt. Die Hälfte dieser Freiheitsstrafen bestand zu einem Teil aus Freiheitsentziehungen im geschlossenen Vollzug. Dabei darf nicht vergessen werden, daß in Frankreich ein Drogenhandelsdelikt unter Umständen schon bei dem Besitz von mehr als fünf Gramm Haschisch angenommen wird. Im Durchschnitt lagen diese Freiheitsstrafen bei Verkauf von illegalen Drogen bei elf Monaten, bei Transport oder internationalen Handel bei sechszehn Monaten. Bei Drogenhandelsdelikten wurde der Konsument von Drogen schwächer bestraft als der Nichtkonsument. Dagegen wurde beim Zusammentreffen von anderen Delikten mit Drogenkonsum schärfer bestraft. In dreien von zehn Fällen ist der Drogenkonsument auch in anderen Delikten, die keinen Verstoß gegen die Drogengesetzgebung darstellen, involviert. Bei 12% der Verurteilungen handelt es sich um einfachen Diebstahl, bei 7% der Fälle um Hehlerei und schweren Diebstahl und in 4,6% der Fälle um Verstöße gegen das Ausländerrecht[122]. Daraus folgt, daß die französische Justiz schärfer gegen die Drogenkriminalität vorgeht als die deutsche Justiz.

---

122 Vgl. INFOSTAT JUSTICE, Nummer 38, Juli-August 1994, Hrsg. Französisches Justizministerium, L'usage de stupéfiants dans les condamnations.

4.6 Anzahl der Strafgefangenen wegen Betäubungsmitteldelikten

In Deutschland befanden sich am 31. März 1991 insgesamt 37.468 Personen als Strafgefangene oder Sicherungsverwahrte in den Haftanstalten. Davon wiederum befanden sich im offenen Vollzug 7.784 Personen[123]. Laut Auskunft des Bundesjustizministeriums befanden sich zum gleichen Zeitpunkt 4.282 Personen in den alten Bundesländern auf Grund von Verstößen gegen das Betäubungsmittelgesetz in Haft.

In Frankreich befanden sich am 01. Januar 1990 insgesamt 137.757 Personen in den Haftanstalten. Dabei befanden sich 45.420 im geschlossenen Vollzug und 92.337 Personen im offenen Vollzug. Die 45.420 Personen im geschlossenen Vollzug setzen sich aus 20.789 Untersuchungshäftlingen und 24.631 Verurteilten zusammen. Von den Verurteilten im geschlossenen Vollzug sind 4.211 Personen wegen Verstößen gegen die Betäubungsmittelgesetzgebung verurteilt worden[124]. Am 1. Juli 1995 hatte die Anzahl der Strafgefangenen im geschlossenen Vollzug in Frankreich einen neuen Höchststand, vor der Wirkung der allgemeinen Amnestie vom neuen Präsidenten Chirac, mit 58.170 Strafgefangenen erreicht. Auf Grund dieser Amnestie wurden 3.500 Strafgefangene entlassen[125]. Die französischen Gefängnisse sind damit zu 110% überbelegt. Diese Überbelegung ist durch eine erhebliche Verlängerung der Strafen entstanden. Die durchschnittliche Freiheitsstrafe liegt bei 7,1 Monaten, dagegen lag sie 1975 bei 4,3 Monaten.

In Deutschland ist ein Siebtel der Häftlinge auf Grund von Betäubungsmitteldelikten im Gefängnis. Dagegen ist in Frankreich ein Fünftel der Häftlinge in Folge von Betäubungsmitteldelikten im Gefängnis. Vergleicht man die Anzahl der Strafgefangenen

---

123 Vgl. Statistisches Bundesamt Wiesbaden, Reihe 4.1 Strafvollzug-Demographische und kriminologische Merkmale der Strafgefangenen am 31.3.1991, S. 8.

124 Vgl. Annuaire Statistique Ministère de la Justice, 1989-1990, S. 177, 184.

125 Vgl. Le Monde vom 20.07.1995

in Frankreich im geschlossen Vollzug, die Betäubungsdelikten begangen haben, mit der Anzahl der Verurteilungen ohne Bewährung auf diesem Gebiet, so stellt man fest, daß ein großer Teil dieser Verurteilten im offenen Vollzug einsitzen müssen.

4.7 Sicherstellungsmengen

In der folgenden Tabelle sollen die Sicherstellungsmengen von illegalen Betäubungsmitteln in Frankreich und Deutschland gegenübergestellt werden[126].

Sicherstellungsmengen 1993 in Europa (Stand 02.05.1994) laut nationalen Statistiken, sofern bekannt oder RGVB (in kg):

Land	Heroin	Kokain	Cannabisharz Cannabiskra.	Amphetamin
Deutschland	1.095,266	1.051,306	11.352,835	108,613
Frankreich	385,000	1.713,000	45.803,000	43,000

Nimmt man die Sicherstellungsmengen als Indiz für den Verbrauch an Rauschgift in einem Land, stellt man fest, daß Frankreich nur ein Drittel soviel Heroinabhängige wie Deutschland haben müßte, aber dreimal soviel Cannabiskonsumenten. Beim Vergleich mit den geschätzten Zahlen der Abhängigen, kommt man aber zu ganz anderen Ergebnissen. Dabei darf nicht übersehen werden, daß Deutschland wahrscheinlich für Heroin und Frankreich für Cannabis ein Transitland ist. Geht man in Deutschland von 150.000 Konsumenten von harten Drogen aus, die 0,25 gr. Heroin am Tag konsumieren, dann würden nur 8 % der benötigten Menge sichergestellt.

126 Die Zahlen stammen aus dem Rauschgift Jahresbericht von 1993 des BKA.

5. Kapitel: Die sozialen und wirtschaftliche Folgen der Repression der illegalen Drogen.

In diesem Kapitel soll versucht werden, die Auswirkungen der Repression der illegalen Drogen darzustellen. Dabei wird die These untersucht, ob das Strafrecht das Drogenproblem eher verschärft als mindert. Es soll der Frage nachgegangen werden, ob das Drogenstrafrecht nicht das eigentliche Problem darstellt. Für dieses Problemfeld wird auch an dieser Stelle keine abschließende Klärung möglich sein.
Nach einer kurzen Aufzählung der direkten und indirekten Auswirkungen der Repression, folgt eine Beschreibung der Persönlichkeit der Abhängigen, der Beschaffungskriminalität und der Droge als Wirtschaftsobjekt.

1. Direkte und indirekte Auswirkungen der Repression

Zunächst sollen die wesentlichen negativen Auswirkungen der Repression aufgezählt werden. Hierbei ist als herausragendste die Kriminalisierung der Abhängigen zu nennen. In Frankreich geschieht dies durch die Strafbarkeit des Konsums und in Deutschland durch die Strafbarkeit des Besitzes von illegalen Drogen. Aufgrund der durch die Repression erhöhten Preise und den dadurch ausgelösten Finanzbedarf machen sich die Abhängigen auch über die Beschaffungskriminalität strafbar. Die Kontaktaufnahme und die Anbahnung von Therapiemaßnahmen werden durch die Kriminalisierung der Betroffenen erschwert. Für Jugendliche kann die strafrechtliche Verfolgung, als Reiz des Verbotenen, zusätzlich eher zum Konsum animieren als abschrecken. Durch die schwierige Versorgung mit Spritzen und die meistens fehlende medizinische Überwachung sind die Abhängigen vielen Infektionskrankheiten wehrlos ausgesetzt. AIDS und Hepatitis haben sich in dieser Personengruppe am schnellsten ausbreiten können. Auch besteht durch die schwankende Qualität des Schwarzmarkt-Heroins eine große Gefahr der Überdosierung. Die Repression hat

der Drogenmafia zu einem riesigen Geschäft verholfen, aus dem sie Milliarden an Gewinne erwirtschaftet. Dies folgt aus dem Umstand, daß der Nachfrage kein legales Angebot gegenübersteht. Zuletzt sind die enormen Kosten zu nennen, die der Gesellschaft durch die Aufwendungen für die Justiz und die Strafverfolgungsbehörden und auf Grund der Beschaffungskriminalität entstehen.
Alle diese Nachteile werden von den Befürwortern der Prohibition durch die Behauptung, daß nur auf diese Weise ein weiteres Umsichgreifen der angeblichen Rauschgiftwelle zu verhindern sei, gerechtfertigt. Die Verknappung des Angebotes und die höheren Preise sollen zu einem geringeren Konsum führen. Wegen der Möglichkeit der Strafe kann ein Abhängiger zu einer Therapie gezwungen werden. Bei diesem Argument wird aber übersehen, daß die Freiwilligkeit der Therapieaufnahme nach Ansicht der Fachleute eine wesentliche Voraussetzung für eine erfolgreiche Therapie ist.

2. Soziologische Merkmale und Lebenssituation der Süchtigen

In diesem Abschnitt wird untersucht, wer prädestiniert ist, illegale Drogen zu konsumieren.

2.1 Nach Studien in Deutschland:

2.1.1 Geschlechteraufteilung

Der Geschlechtsanteil bei jugendlichen Konsumenten von weichen Drogen hat sich nach einigen Untersuchungen ausgehend von einer männlichen Dominanz von 2,2 : 1 im Jahr 1970 einem Verhältnis von 1:1 angenähert[1]. Es ist daher erstaunlich, daß alle Untersuchungen auf dem Gebiet der harten Drogen weiterhin eine Dominanz der Männer signalisieren. Der

---

[1] Vgl. Welz R., Epidemiologie und Risikofaktoren jugendlichen Drogenkosums, in: Hellbrügge, T. (Hrsg.), Drogen im Kindes- und Jugendalter, Lübeck 1987, S. 18-25.

Anteil der Frauen liegt je nach Untersuchung zwischen 20% und 36%[2]. Zwar wurde auch hier von Skarabis/Patzak ein Anstieg der Frauenquote von 0,5% pro Jahr festgestellt[3], aber diese Entwicklung hat sich in den Achtziger-Jahren nicht weiter fortgesetzt. Auch nach dem Rauschgiftjahresbericht des Bundeskriminalamtes 1993 sind die männlichen Tatverdächtigen mit einem Anteil von 78,6% stark überrepräsentiert. Bei diesen Zahlen muß berücksichtigt werden, daß Männer eher der Polizei auffallen, da ihnen nicht die Möglichkeit der Prostitution oder der Dealer-Partner als Beschaffungsquelle für Rauschgift zur Verfügung steht. Auch werden Männer eher als polizeiliches Gegenüber von der Polizei angesehen. Auch bei der Anzahl der Drogentoten lag der Anteil der Frauen bei ungefähr 20%. Diese Zahl muß kein Beweis für den Anteil der Frauen in der Drogenszene sein, da Frauen eher zu risikoarmen Konsumformen neigen und sie wegen ihrer größeren sozialen Anpassung seltener als Drogenkonsumenten und damit als Drogentote registriert werden.

Zusammenfassend kann festgestellt werden, daß trotz aller unbekannten Variabeln der angeführten Statistiken zwar nicht auf den absoluten Anteil der Frauen an der Drogenszene geschlossen werden kann, aber zumindest kann festgestellt werden, daß die Männer die Drogenszene dominieren.

2.1.2 Altersstruktur

Bei der Altersstruktur ergeben sich nach neueren Untersuchungen ein Durchschnittsalter der Drogenpopulation von 27,8 Jahren für Männer und von 27,9 Jahren für Frauen[4]. Vergleicht man die Zahlen mit früheren Untersuchungen,

---

2 Vgl. Lange/Günther, Polizei und/oder helfenden Stellen bekannte Hamburger Drogenabhängige, 1983 und 1986. Alle bis zum 31.1.1990 als AIDS-erkrankt gemeldeten i. v. Drogenabhängigen, Daten des Bundesgesundheitsamtes, AIFO 90, S. 111.

3 Vgl. Skarabis, H.; Patzak, M., Die Berliner Heroinszene. Eine epidemiologische Untersuchung. Weinheim, Basel 1981.

4 Vgl. die Untersuchungen, die oben für die Berechnung des weiblichen Anteils an der Drogenszene aufgeführt wurden.

stellt sich heraus, daß die Drogenpopulation älter geworden ist. Dies läßt sich mit zwei Argumenten erklären. Zum einen werden die früher zur Drogenszene gekommenen Abhängigen älter und sterben nicht in jungen Jahren. Auf der anderen Seite kommen, entgegen den Behauptungen der Presse, nicht nur junge Leute an den Drogenkonsum[5]. Diese Tendenz läßt sich auch durch den Vergleich mit Studien[6] in den USA untermauern, die ein höheres Durchschnittsalter von 37,7 und 35,1 Jahren ermittelten, und dies läßt sich nicht nur durch die dort vorhandene ältere Drogenszene erklären.

2.1.3 Herkunftsfamilie

Es wurde in früheren Studien diskutiert, ob nicht seit dem Anfang der Drogenszeneetablierung eine Proletarisierung eingesetzt habe. Dies wäre durch den weltanschaulich geprägten Anfang der Drogenszene in Deutschland möglich, da diese ersten Gruppen sich sehr stark aus Studenten zusammensetzten. Aber nach den Studien von Berger[7], Projektgruppe TUdrop[8] und Arnold/Frietsch[9] konnte eine solche Proletarisierung nicht nachgewiesen werden. Auch nach Kreuzer[10] kommen die Drogenabhängigen aus allen sozialen Schichten. In den dort gemachten Stichproben befanden sich sowohl Kinder aus Kinderheimen als auch ein Sohn eines Universitätsprofessors. Nach der Untersuchung von Kreuzer kommen die Abhängigen zu 24% aus Haushalten, in denen der Vater selbständig ist, zu 9,6% aus Haushalten, in denen der Vater Beamter ist, zu 20,1% aus Haushalten, in denen der Vater Ange-

5 Vgl. Kreuzer, 1991, S. 73.

6 Vgl. Ball, J. C.; Lange, R. W.; Meyers, P. C.; Friedman, S. R., Reducing the risk of AIDS Through Methadone Maintenance Treatment, Journal of Health and Social Behavior, 29, 1988, S. 222.

7 Vgl. Berger H. u.a.,Wege in die Heroinabhängigkeit. Zur Entwicklung abweichender Karrieren. München 1980, S. 24 ff..

8 Vgl. Projektgruppe TUdrop, Heroinabhängiger unbetreuter Jugendlicher, Weinheim, Basel 1984, S. 221 ff..

9 Vgl. Arnold T. /Frietsch R., Modellprogramm Aufsuchende Sozialarbeit für Betäubungsmittelabhängige Straftäter (ASS), 1987, S. 53 ff..

10 Vgl. Kreuzer, 1991, S. 81.

stellter ist, und zu 44,3% aus Haushalten, in denen der Vater Arbeiter ist. Diese Aufteilung weicht wohl nicht wesentlich von der Aufteilung in der Normalpopulation[11] ab.

Bei der Analyse der familiären Störfaktoren fällt besonders auf, daß viele Abhängige aus unvollständigen Familien stammen. Nach Kreuzer[12] sind 13% der untersuchten Abhängigen von harten Drogen unehelich geboren. 29% der Abhängigen haben bis zu ihrem 16. Lebensjahr die Scheidung oder Trennung der Eltern miterleben müssen. In weiteren 12% der Fälle verstarb ein Elternteil vor dem 16. Lebensjahr des Betroffenen. Auch nach einer Studie von Kindermann[13] kommen 49% der Abhängigen aus gestörten Familien. Für den Vergleich mit der Normalbevölkerung kann nur auf eine Umfrage bei 1622 Jugendlichen im Alter von 12-21 Jahre zurückgegriffen werden. Hiernach gaben 82,7% der Jugendlichen an, daß ihre Eltern noch zusammen leben. Bei den Jugendlichen unter 16 Jahren lag der Prozentsatz mit 85% sogar noch etwas höher[14]. Diese Untersuchung unterstützt die These von Kindermann, da die Normalbevölkerung nicht aus einem so hohen Prozentsatz von gestörten Familien besteht. Somit ist davon auszugehen, daß die gestörte Familie ein Merkmal der Drogenabhängigen ist. 24,2% der untersuchten Personen war während ihrer Kindheit für eine gewisse Zeit in einem Erziehungsheim untergebracht. Ein vielleicht noch entscheidenderer Faktor für die spätere Aufnahme des Drogenkonsums ist nach Kreuzer der Wechsel der Bezugsperson, der mit 71,4% der Betroffenen extrem hoch liegt. Von dieser Gruppe haben 21,4% bis zur Aufnahme des Drogenkonsums drei verschiedenen Erzie-

---

11 Bei der Bestimmung der Normalbevölkerung wurde die männliche Bevölkerung zwischen 40 - 60 Jahren genommen. Die Daten sind aber nur schwer vergleichbar.

12 Vgl. Kreuzer, 1991, S. 84.

13 Vgl. Kindermann S., Risse im sozialen Netz: Wege zum Drogengebrauch, in: Kindermann, W. u.a. (Hrsg.), Drogenabhängig Lebenswelten zwischen Szene, Justiz, Therapie und Drogenfreiheit, Freiburg i. Br. 1989, S. 29 ff..

14 Vgl. Umfrage des Instituts für empirische Psychologie, Köln, im Auftrag der Illustrierten "Stern" im November 1989, Tabelle H "Familiäre Situation".

hungsstationen durchlaufen und 23,5% sogar vier und mehr unterschiedliche Erziehungspersonen erlebt. Über ein Drittel der in der Studie von Kreuzer Befragten gab an, daß die Eltern andauernd Alkoholmißbrauch betrieben.
Zwar kann die familiäre Situation des späteren Abhängigen nicht als alleinige Ursache für die spätere Drogenkarriere angesehen werden, da 85% der Geschwister nicht drogenabhänig geworden sind. Aber es stellt einen wesentlichen Faktor dar. Die Wahrscheinlichkeit, als ein Geschwister eines Drogenabhängigen auch drogenabhängig zu werden, ist 0,07. Dagegen liegt die Wahrscheinlichkeit in der allgemeinen Bevölkerung drogenabhängig zu werden, bei 0,001 bis 0.007. Auch Lindner[15] kommt in seiner Studie zum gleichen Ergebnis.

2.1.4 Schulbildung

Ein Großteil der Abhängigen hat erhebliche Schulschwierigkeiten aufzuweisen, die in der Mehrzahl nicht auf mangelnde Lernfähigkeit, sondern in dem Problem, sich dem Schulbetrieb unterzuordnen, wurzeln. Nach Kreuzer führte dies bei 46% der Betroffenen zu Klassenwiederholungen. Damit läßt sich auch erklären, daß je nach Untersuchung[16] nur ca. 8% das Abitur haben, 24% Realschulabschluß, ca 50% Hauptschulabschluß und 21% ohne Abschluß sind. Laut statistischem Bundesamt war die Aufteilung im Jahre 1985 folgendermaßen: 22,7% Abiturienten, 36,3% Realschulabschluß, 33,4% Hauptschulabschluß und 7,6% ohne Abschluß. Aus diesem Vergleich erkennt man, daß Abhängige einen erheblich schlechteren Bildungsstand haben als die Normalbevölkerung. Die weitergehende Berufsausbildung wird zwar bei ca 80% der Abhängigen in der Form einer Lehre angefangen, aber meistens wegen der sich verfestigenden Drogenkarriere wieder abgebrochen. Dies ergibt sich aus den nur rund 30% Abhängigen, die eine abge-

---

15 Vgl. Lindner, Peter, Sozialisationsstörungen als Suchtursache, S. 78.

16 Projektgruppe "Amsel" 1986, Über alle Institutionen und Lebensbereiche gestreute Stichprobe hessischer Drogenabhängiger. Arnold /Frietsch 1987 Drogenabhängige auf der öffentlichen Szene, in Wohn- und Arbeitsprojekten im Großraum Frankfurt.

schlossene Lehre aufzuweisen haben. Die Arbeit als Lebensform steht bei den Abhängigen von harten Drogen nicht hoch im Kurs. Dabei darf man aber nicht vergessen, daß es auch Personen gibt, die einer qualifizierter Arbeit trotz ihres Drogenkonsums nachgehen solange sie sich mit den benötigten Drogen versorgen können.

Insgesamt kann festgestellt werden, daß die Persönlichkeitsstruktur, Sozialisationsstörungen, die Herkunftsfamilie und der Einfluß von Gleichaltrigen je nach Person einen größeren oder geringeren Einfluß auf die Drogenkarriere haben.

2.1.5 Drogenkarriere

Die Drogenkarriere fängt bei den meisten Betroffenen mit den Konsum von legalen Drogen an. Im Alter von durchschnittlich 12,2 bzw. 12,5 Jahren wird mit dem Konsum von Nikotin und Alkohol begonnen. Nach der Untersuchung von Tudrop, der Projektgruppe Amsel und ISS hat sich das Einstiegsalter für harte Drogen von 17,5 Jahre auf 19,8 Jahren angehoben. Einstiegsalter bei illegalen Drogen (Rauschgift) liegt unverändert bei 17 Jahren, von einem Sinken kann keine Rede sein[17]. Entgegen dem in den Medien[18] gezeichneten Bild von dem durch den Drogendealer verführten Drogenabhängigen, verläuft der Einstieg meist über das Vorbild von Gleichaltrigen. Häufig ist die Voraussetzung für eine spätere Drogenabhängigkeit ein positives erstes Konsumerlebnis, sowie die Bildung eines Forums, in dem gefahrlos konsumiert werden kann[19]. Das Drogenerlebnis muß entweder positiv erlebt worden sein oder als etwas Positives definiert werden. Die meisten Opiatabhängigen in Deutschland konsumieren Heroin, da sich seit den Siebziger-Jahren ein Schwarzmarkt für Heroin in Deutschland installiert hat, der nur selten unter Engpässen leidet. Dabei darf aber nicht übersehen werden, daß die Opiatabhängigen zwi-

---

17 Vgl. Reuband, 1992, S. 66/67.

18 Vgl. "Bild" vom 19.12.1988; vom 28.9.1989; vom 29.9.1989; "TV Hören und Sehen" Nr. 6, 1989, S. 18; "Neue Revue" Nr. 25, 1989, S. 7.

19 Vgl. Kreuzer, 1991, S. 157.

schenzeitlich wegen Geldmangel, Versorgungsengpässen oder zur Verstärkung der Wirkung auch andere legale und illegale Drogen konsumieren[20]. Die Opiatabhängigen benutzen zu 30% täglich sogenannte "Downers", dies sind Schlaf-, Schmerz- oder Beruhigungsmittel. Auch wird zusätzlich zur Verstärkung der Wirkung des Heroins Alkohol genossen. Bei der Untersuchung von Kreuzer[21] gaben 13% der Befragten an, daß sie täglich und 29% gelegentlich Alkohol zusätzlich konsumieren. Die von den Medien stark beachteten neuen Drogen, Designer-Drogen und Crack waren durch die von Kreuzer Befragten kaum beachtet worden.
Auch eine Untersuchung von Keup[22] bestätigt dieses Ergebnis. Bei der Bestimmung der durchschnittlichen Konsummengen von Opiatabhängigen stößt man auf erhebliche Erhebungsschwierigkeiten, da die Konsumenten sich nicht klar erinnern können und die guten Versorgungstage die schlechteren in der Erinnerung verdrängen. Insgesamt könnte der Verbrauch etwa zwischen 0,5 und 3 Gramm pro Tag liegen.

2.1.6 Finanzierung und Erwerb

Die Finanzierung und der Erwerb der illegalen Drogen geschieht nur teilweise über die Beschaffung mittels Geld. Die Drogenabhängigen kennen meist auch einige Ärzte, die ihnen entsprechende Medikamente verschreiben. Dabei werden die Pillen, wie Medinox und Rohypnol auch zur Enthemmung für Diebstähle benutzt. Auch werden die Medikamente von den Betroffenen zu Handelszwecken verwendet. Entgegen den Aussagen der Presse ermittelte Kreuzer in seiner Untersuchung einen durchschnittlichen Geldbedarf von 250 DM pro Tag. Man darf hier aber nicht übersehen, daß die Abhängigen längst nicht jeden Tag Drogen konsumieren. Im letzten Jahr lebten die Befragten in der Untersuchung von Kreuzer 16,9

---

20 Vgl. Platt, J. J. ; Labate, C., 1982, S. 132.

21 Vgl. Kreuzer, 1991, S. 176.

22 Vgl. Keup W.: Analoga kontrollierter Substanzen (sogen. designer drugs): Entwicklung des Mißbrauchs in der Bundesrepublik, Suchtgefahren, 36, 1990, S. 243- 249.

Wochen drogenfrei. Diese Zeiten setzten sich aus Therapien, Gefängnisaufenthalten und Selbstentzug zusammen. Bei den Frauen ergibt sich eine drogenfreie Zeit von 13,5 Wochen pro Jahr, wovon allein 4,6 Wochen Selbstentzug waren. Deshalb muß der oben genannte Betrag um ein Viertel reduziert werden. Weiterhin versuchen Abhängige durch Reduzierung ihrer Dosen, diese wieder ihren Geldmitteln anzupassen. Somit kann man von einen Geldbedarf von 100-150 DM pro Tag ausgehen. Dieser Geldbedarf wird nach einer Untersuchung von Jarvis/Parker[23] zu 65%, nach Mott[24] zu 50% und nach Kreuzer zu 31,7% durch die indirekte Beschaffungkriminalität gedeckt. Ein weiteres Drittel wird durch den illegalen Drogenhandel finanziert, und immerhin ein Fünftel wird auf legale Weise finanziert. Ein Zehntel des Geldbedarfes wird durch Prostitution gedeckt.

2.1.7 Delinquenzkarriere

Der Vielfachdelinquent ist der vorherrschende Typus in der Drogenszene, da bei den Abhängigen die Bereitschaft zu Delikten jeglicher Art sehr hoch ist. Nach der Studie von Kreuzer summiert sich die Anzahl der begangenen Delikte in einem Jahr auf 173.749 bei 100 Drogenabhängigen, dies sind im Durchschnitt vier Delikte pro Tag und pro Person. Dabei handelt es sich zum überwiegenden Teil um direkte Beschaffungsdelikte, wie Drogenhandel und -vermittlung mit einem Anteil von 70.000 Delikten. Eine geringere Bedeutung haben die Apothekendiebstähle, die mit einem Anteil von unter 7% der Fälle von Gebhardt[25] angegeben werden. Der Ladendiebstahl nimmt mit 27.324 Delikten, d.h. 273 Delikte pro Person und Jahr, bei der indirekten Beschaffungskriminalität den ersten Platz ein. Dabei ist aber zu berücksichtigen, daß ein Großteil

---

23 Vgl. Jarvis, G.; Parker, H., Young Heroin Users and Crime. How Do the New Users Finance Their Habits?, British Journal of Criminology, 29, 1989, S. 175-185.

24 Vgl. Mott, J., Reducing Heroin Related Crime, Home Office Research and Planning Unit Bulletin, No. 26, Grat Britain 1989, S. 30-33.

25 Vgl. Gebhardt, C., in Kreuzer u.a. (1981) S. 239 f, 243.

dieser Delikte für die Beschaffung des eigenen Bedarfs an Kleidung und Nahrung erfolgte. Bei der Untersuchung der Geschlechtsverteilung in Bezug auf schwere Delikte kommt heraus, daß Männer 3 1/2 mal so häufig sich schwere Delikte zuschulden kommen lassen. Dagegen ergibt sich eine sehr viel höhere Deliktbelastung der Frauen bei der Prostitution und bei Beischlafdiebstählen. Bei den Frauen ist die Prostitution das zweithäufigste "Delikt". Die Aufklärungsquote liegt bei der Beschaffungskriminalität nach Kreuzer bei einem 1%.

Zusammenfassend kann man feststellen, daß der Drogenhandel wegen der geringen Gefahr der Aufklärung und der direkten Beschaffung von Drogen die beliebste Methode zur Drogenbeschaffung ist. Das Problem dabei ist, daß Drogenabhängige nach kurzer Zeit die notwendige Zuverlässigkeit für diese Art von Handel verlieren. Diese Entwicklung hat zur Folge, daß mehr indirekte Beschaffungskriminalität entsteht. Auch andere Taten der schweren Kriminalität, z. B. Hehlerei im großen Stile, werden von Drogenabhängigen selten begangen, da ihnen hierfür die intellektuelle Übersicht und die Zuverlässigkeit fehlen. Bei der Kriminalität der Drogenabhängigen gibt es kein Begehungsmuster, da sie sich sehr schnell der aktuellen Lage im Bezug auf Verfolgungsdruck und Möglichkeiten anpassen.

2.1.8 Delinquenz und Drogenabhängigkeit

Nach der Untersuchung von Kreuzer[26] kann festgestellt werden, daß die Drogenabhängigkeit für die Delinquenz der Frauen eine weit höhere Bedeutung hat als bei Männern. Auch läßt sich die Drogenabhängigkeit nicht als alleinige Ursache für die Delinquenzbelastung darstellen, sondern diese hängt von sehr unterschiedlichen Faktoren ab. Ein Beispiel hierfür ist das zu beobachtende Phänomen der Delinquenzverminderung durch den Einstieg in den Konsum von harten Drogen[27].

---

26 Vgl. Kreuzer, 1991, S. 335.

27 Vgl. Kreuzer, Arthur: Endstation "Sucht" - Wege aus der Sucht?, in: Deutsche Vereinigung für Jugendgerichte und Jugendgerichtshilfen (Hrsg.), Mehrfach Auffällige - Mehrfach Betroffene - Erlebnisweisen

Aus diesen Überlegungen heraus ist anzunehmen, daß die Drogenabhängigkeit nur ein Faktor im Bedingungsgeflecht "Drogen-Kriminalität" darstellt. Es kann aber festgehalten werden, daß die Drogenabhängigkeit fast immer zu einer Verstärkung der Kriminalität geführt hat[28].

2.2 Nach Studien in Frankreich:

Die Abhängigen sind in ihrer Mehrheit in den jugendlichen Altersgruppen zu finden. 90% der Süchtigen sind zwischen 16 und 30 Jahre alt[29]. Aber in den letzten Jahren hat sich ein gewisser Alterungsprozeß eingestellt. Die Abhängigen unter 26 Jahre sind von einem Anteil von 72% im Jahre 1990 auf einen Anteil von 64% im Jahre 1993 gefallen. Meistens sind es Personen, die in materieller Hinsicht benachteiligt sind. 1993 waren 68% gegenüber 1992 66% der Abhängigen ohne Arbeit[30]. Inzwischen ist die Droge nicht mehr das besondere Laster der Interlektuellen, sondern auch Arbeiter sind drogenabhängig[31]. Mit 11% sind die Frauen noch immer unterrepräsentiert, auch wenn ihr Anteil konstant steigt. 87% der männlichen Abhängigen sind Junggesellen und 37% der Abhängigen leben bei ihrer Familie. Bei den Strafgefangenen in Frankreich geht man davon aus, daß ein Viertel bis ein Drittel Drogenprobleme haben.

---

und Reaktionsformen, Schriftenreihe der DVJJ, Bd. 18, Bonn 1990 (a) S. 276-222.

28 Vgl. Inciardie, J. A.; Pottieger, A. E., Drug Use and Crime Among Two Cohorts of Women Narcotic Users: An Empirical Assessment, The Journal of Drug Issue, 16, 1986, S. 91 -105.

29 Vgl. Rapport de la commission de réflexion sur la drogue et la toxicomanie, Ministère des affaires sociales, de la santé et de la ville, März 1995, S. 16.

30 Vgl. DGLDT, STUPS, Ministère de l'interieur et de l'aménagement du territoire, Usage et trafic de drogues Statistiques 1993, S. 9.

31 Vgl. Rapport de la Commission de réflexion sur la drogue et la toxicomanie, Président R. Henrion, Mars 1995, S. 23.

2.2.1 Die Kindheit des Abhängigen

Es wurde versucht, die Kindheit von Abhängigen zu analysieren um Gründe für die Sucht zu entdecken. Das Ergebnis war, daß es keine spezifisch suchtbildende Kindheit gibt. Es gibt nur Brüche in der Entwicklung, die auch bei grundsätzlich normal heranwachsenden Kindern auftreten können[32]. Es müssen zwei Voraussetzungen vorliegen, daß eine Prädestination für Drogenabhängigkeit entstehen kann: Der Kontakt mit Drogen und der Bruch mit den Moralvorstellungen der Gesellschaft. Ein Schock in der Kindheit kann zu einer fehlenden Identität führen. Dieser Schock kann ausgelöst werden durch das Fehlen des Vaters. Die durch den Bruch mit sich entstandene fehlende Einheit der Identität wird dann vielfach durch die Droge ersetzt, da diese den Jugendlichen für einen kurzen Zeitraum eine imaginäre einheitliche Identität vorspielt. Ein anderer Erklärungsansatz wäre, daß die Erwachsenenwelt dem Heranwachsenden ohne Eindringungsmöglichkeit, ohne Sinn oder für nicht erkämpfenswert erscheint. Die Drogen erscheint als Ausweg[33].

Aber die Kindheit kann nicht alleiniger Grund der späteren Sucht sein, da es genügend Beispiele gibt, bei denen die Kindheit ohne tiefgreifende Probleme verläuft und trotzdem später eine Abhängigkeit entstanden ist. Neben den oben genannten Erklärungsansätzen gibt es noch andere; der bekannteste ist der soziologische Ansatz. Hierbei wird davon ausgegangen, daß die Jugendlichen durch den Verlust von traditionellen Werten, wie z.B. Arbeit, orientierungslos geworden sind. Die starke Hervorhebung des Karrieretums und die damit verbundene Leistungsgesellschaft führen dazu, daß junge Menschen häufig überfordert sind[34]. Auch tragen die Medien dazu bei, daß Mißstände, durch die Verbreitung von Informationen über Staaten, in denen die Situation besser sein soll, unerträglicher erscheinen.

Keiner dieser Erklärungsansätze scheint nach Meinung der französischen Autoren das ganze Phänomen erfassen zu kön-

---

32 Vgl. Olievenstein, 1980, Verlag puf, S. 7.

33 Vgl. Pélicier Yves et Thuillier Guy, 1992, S. 46.

34 Vgl. Pélivier Yves et Thuillier Guy, 1992, S. 58.

nen. Jeder für sich kann nur die Drogenabhängigkeit eines Teils der Betroffenen erklären.

2.2.2 Die Familie der Abhängigen

Nach einer Studie des Sozialministeriums kommen 52% der Drogenabhängigen aus Familien mit mindestens 5 Kindern und 11% der Drogenabhängigen aus Familien mit mindestens 10 Kindern[35]. Bei Beachtung des Prozentanteiles von kinderreichen Familien in Frankreich, stellt man fest, daß Abhängige überproportional aus kinderreichen Familien kommen.

Die Familien von Abhängigen haben meistens folgende Merkmale: 1. Die Generationenbarrieren fehlen. 2. Die Eltern sind sehr individualistisch. 3. Es existiert oft ein Rollentausch, das heißt, die Kinder müssen fehlende Elternteile ersetzen. 4. Das Elternpaar versteht sich nicht gut und es gibt geheime Koalitionen mit den Kindern, die bis zum Inzest gehen können. Hinzu kommt, daß der Abhängige meistens seine Wünsche und Bitten nicht ausdrücken kann[36].

2.2.3 Lebenssituation des Drogenabhängigen

Es gibt einen Zusammenhang zwischen dem Konsum von illegalen Drogen und Religionszugehörigkeit. Die Angehörigen einer Religion nehmen sehr viel seltener illegale Drogen, als Nicht-Religionsangehörige. Auch Raucher haben sehr viel öfter eine Erfahrung mit illegalen Drogen als Nichtraucher. In der Gruppe der Personen, die mehr als 9 Gläser Alkohol pro Woche trinken, sind doppelt so viele Leute, die illegale Drogen

---

35 Vgl. Ministère des affaires sociales et de la solidarité, toxicomanes incarcérés vus dans les antennes - toxicomanie, 1993, Enquête épidemiologique, Francois Facy, Inserm U. 302, Es handelt sich hier um eine Studie über Strafgefangenen, die sich bei einer der Drogenhilfsstellen in den Gefängnissen gemeldet haben.

36 Vgl. Olievenstein, 1991, S. 45.

in ihrem Leben konsumiert haben, als bei Personen, die weniger als 9 Gläser Alkohol pro Woche konsumieren[37].

2.3 Zusammenfassung

Eine vergleichbare Studie, wie die von Kreuzer, gibt es in Frankreich nach Wissen des Verfassers nicht. Aber auch in Frankreich hat man als Grund für eine spätere Drogenabhängigkeit soziale Störfaktoren als zwar nicht allein entscheidend angesehen, aber zumindest als stark mitbestimmend angesehen. Die deutschen wie französischen Studien lassen auf ein Älterwerden der Drogenszenepopulation schließen. Auch in Frankreich geht man davon aus, daß ein Großteil des Drogenbedarfs durch kriminelle Handlungen gedeckt wird. Aber es gibt keinerlei Studien in dieser Richtung. Dieser Mangel wird auch von der vom französischen Sozialministerium eingesetzten Kommission Henrion[38] beklagt, die feststellt, daß es keinerlei Studie über die Drogenszene auf der Straße gibt, und daß nur dort ein realistisches Bild des Phänomens aufgezeichnet werden kann. Alle Studien kommen zu dem Ergebnis, daß die Prohibition der Drogen zumindest zu einer Verstärkung der Delinquenzkarriere der Abhängigen führt. Der erste Kontakt mit den Drogen wird in den meisten Fällen durch Gleichaltrige hergestellt. Die Zugehörigkeit zu einer sozialen Schicht ist für die spätere Abhängigkeit ohne nachweisbare Relevanz. Eine gestörte Schulbildung ist keine Ursache für die Drogenabhängigkeit, sondern eine Folge der sich verfestigenden Drogenkarriere. Bei Jugendlichen bleibt der Konsum von Cannabis in der Regel auf wenige Probier-handlungen beschränkt. Wie auch andere Verhaltensweisen, wird auch diese von Jugendlichen nur für kurze Zeit aus-probiert. Es gibt also nicht das "Alles oder Nichts", wie teilweise vertreten wurde[39].

---

37 Vgl. Baromètre santé 92, Résultats de l'enquête annuelle sur la santé des Francais, Francois Baudier, S. 3.

38 Vgl. Commission Henrion, 1995, S. 40.

39 Vgl. Reuband, 1994, S. 277.

Reuband hat in seiner Studie als wichtigstes Ergebnis das Versagen des pathologischen Erklärungsansatzes festgestellt[40]. Als erklärungskräftiger stellten sich die sozialwissenschaftlichen Erklärungsansätze, die auf einer Konzeption soziokulturellen Lernens aufbauen, heraus. Dabei ist die soziale Einbettung des Konsumenten in einen Kreis anderer Konsumenten entscheidend. Die bisherige starke Verbreitung des pathologischen Erklärungsansatzes führt Reuband auf die Dominanz der Praktiker in der bisherigen Drogenforschung zurück, die ihre Daten von ihren Patienten hatten. Dabei wurde sehr oft von einer Bewußtseinsveränderung auf eine Bewußtseinsstörung geschlossen.

Die Gründe für den Griff zur Droge, wie Herkunftsfamilie, Altersgenossen und der Wechsel von Bezugspersonen können mit dem Strafrecht nicht bekämpft werden. Deshalb werden sie, bei den Vorschlägen für Liberalisierungsmodelle im Kapitel sieben, keine Rolle spielen.

3. Anteil der Beschaffungskriminalität an der Gsamtkriminalität

3.1 Studien in Deutschland:

Kreuzer hat in seiner Studie "Beschaffungskriminalität" versucht, an Hand von drei exemplarischen Delikten, nämlich Diebstählen in/aus/an Kraftfahrzeugen, Gebäude- und Wohnungseinbrüchen und Raub/räu-berische Erpressungen gegenüber szenefremden Personen, den Anteil der Delikte, die von Drogenabhängigen begangen wurden, zu berechnen. Bei Gebäude- und Wohnungseinbrüchen weist die Kriminalstatistik des Jahres 1987 insgesamt 374.000 Delikte auf. Nach Dunkelfelderforschungen fallen auf ein angezeigtes Delikt zwischen

40 Vgl. Reuband, 1994, S. 279.

zwei[41] und elf[42] nicht angezeigte Delikte. Kreuzer hat dann für seine weitere Berechnung den Faktor 2,5 verwendet, der bestimmt im unterem Bereich des tatsächlichen Wertes liegen dürfte. Die Gesamtdeliktzahl liegt dann bei 935.000 Gebäude- und Wohnungseinbrüchen. Bei der Berechnung der Delikte, die von Drogenabhängigen begangen wurden, ist man von einer Stichprobe von 100 Personen ausgegangen. Man hat die Anzahl der Drogenabhängigen harter Drogen auf 75.000[43] geschätzt. Pro Person wurde eine Deliktsbelastung von 20,47 Taten pro Jahr errechnet. Die Gesamtzahl der Delikte der Drogenabhängigen wurde um 8% wegen zu hohen Anteils von Frauen in der Stichprobe sowie um 5% wegen Verschweigens erhöht, reduziert wegen Mittäterschaft, 5% wegen Teilnahmedelikten, 25% Abzug für erweiterten Fragezeitraum, 15% Überschätzung des 12-Monats-Zeitraums, 5% wegen Versuchen, die dem Opfer nicht bekannt werden, 10% wegen Überrepräsentation der Großstadt und ein 5% Abzug als Renommierquote. Auf Grund dieser Rechnung ergibt sich ein geschätzter Anteil von 37% an der Gesamtkriminalität im Bereich des Gebäude-/Wohnungseinbruchs[44]. Bei Diebstählen in/aus/an Kraftfahrzeugen hat man den Anteil der durch Drogenabhängige begangenen Taten auf ähnliche Weise bestimmt, nur hat man die Renommierquote auf 15% angesetzt, da die meisten Delikte von jugendlichen Straftätern in den Städten begangen wurden. Dabei errechnet sich eine Quote von 45%[45]. Bei Raub/räuberische Erpressung hat man die Dunkelfeldziffer auf 1:3 angesetzt und ist von einer Verschweigensrate von 20% ausgegangen. Danach errechnet sich

---

41 Vgl. Schwind, H. -D., Die Göttinger und die Bochumer Dunkelfeldforschung, in : Kerner, H. -J. u.a. (Hrsg.), Deutsche Forschung zur Kriminalitätsentstehung und Kriminalitätskontrolle, Köln 1983, S. 175.

42 Vgl. Stephan, E., 1976, S. 223.

43 Diese Zahl ist ein Mittelwert aus den Angaben vom Gesundheitsministerium und des Bundesinnenministeriums. Nach dem Rauschgiftjahresbericht von 1993 liegt die Anzahl der Konsumenten harter Drogen zwischen 139.000 und 184.000 Personen.

44 Vgl. Kreuzer, 1991, S. 340.

45 Vgl. Kreuzer, 1991, S. 347.

eine Quote von 20% für den Anteil der Beschaffungskriminalität an der gesamten Kriminalität[46].
Bei einem Vergleich der hier gefundenen Zahlen mit anderen Studien in Deutschland stellt sich heraus, daß Schwanke[47] mit einer Quote von 35% aller Wohnungseinbrüche auf ähnliche Zahlen gekommen ist. Bei Raubdelikten kommt Schwanke auf 20%[48]. Nur bei der Berechnung der Diebstähle aus Kraftfahrzeugen ergibt sich eine erhebliche Abweichung, da dort Schwanke[49] auf einen Anteil von 10% kommt.

Nach einer Studie des Bundeskriminalamtes ergibt sich in Deutschland folgender Anteil der von Konsumenten harter Drogen begangener Delikte an der Gesamtkriminalität nach einem Vergleich der aufgeklärten Fälle allgemeiner Kriminalität mit der Anzahl der von registrierten Konsumenten von harten Drogen begangenen Delikten[50]:

Aufgeklärte Fälle 1993[51]		**Von erkannten und registrierten Konsumenten harter Drogen begangene Straftaten**	
		1993	1992
Gesamtkriminal. (ohne BtM-Vers)	2.370.021	116.154 = 4,9 %	119.623 = 5,4 %
Raubmord (einschl. Versuch)	110	14 = 12,7 %	15 = 15,5 %

46 Vgl. Kreuzer, 1991, S. 349.
47 Vgl. Schwanke, 1989, S. 151.
48 Vgl. Schwanke, 1989, S. 151.
49 Vgl. Schwanke, 1989, S. 169.
50 Vgl. Rauschgiftjahresbericht 1993, BKA, S. 28.
51 Vgl. Quelle: PKS, Tab. 12, Bereich: alte Bundesländer incl. Gesamt-Berlin.

Aufgeklärte Fälle 1993		Von erkannten und registrierten Konsumenten harter Drogen begangene Straftaten	
		1993	1992
Ausnutzen sexul. Neigung (Zuhält. Prostitution etc.)	4.204	786 = 18,7 %	494 = 14,6 %
Raubdelikte	20.184	3.420 = 16,9 %	3.135 = 16,2 %
Einfach. Diebsta.	690.114	42.067 = 6,1 %	45.422 = 6,9 %
davon: Ladendie.	541.834	31.225 = 5,8 %	33.583 = 6,7 %
Schwerer Diebst.	230.131	33.024 = 14,4 %	33.996 = 14,2 %
davon:			
D. in/aus Warenhäusern	19.456	4.213 = 21,7 %	4.537 = 23,8 %
D. in/aus Wohn räumen	23.994	3.971 = 16,5 %	3.960 = 16,4 %
Betrug mittels rechtswidrig erlangter unbarer Zahlungsmittel	21.374	2.617 = 12,2 %	3.241 = 14,5 %

Vers = Verstöße

Abschließend kann festgestellt werden, daß der Anteil der indirekten Beschaffungskriminalität an der Gesamtkriminalität eher höher als niedriger sein müßte, da die Berechnungen von Kreuzer von der Annahme von einer erheblich geringeren Anzahl von Drogenabhängigen ausgehen, als das Bundeskriminalamt in seinem letzten Rauschgiftjahresbericht errechnete. Das BKA war von mindestens 138.000 und höchstens von 183.000 Abhängigen von harten Drogen ausgegangen. Dagegen ist Kreuzer bei seinen Berechnungen von nur 75.000 Abhängigen ausgegangen. Auch darf nicht vergessen werden,

daß aufgrund fehlender Berechenbarkeit der Ladendiebstahl hier nicht berücksichtigt wurde. Aber das BKA stellte fest, daß nur 6,7% aller Ladendiebstähle von Drogenabhängigen begangen wurden. Somit kann durch den Ausschluß des Ladendiebstahls kein großer Fehler entstanden sein. Die Analyse des BKAs aufgrund der Ist-Zahlen kommt zu einen geringeren Prozentsatz für den Anteil der indirekten Beschaffungskriminalität als Kreuzer. Läßt man den einfachen Diebstahl unbeachtet, kommt man bei der BKA-Statistik für die indirekte Beschaffungskriminalität auf einen mittleren Prozentsatz von 16%. Dagegen war Kreuzer auf ca. 30% indirekte Beschaffungskriminalität gekommen. Im Gegensatz zur BKA-Statistik hat sich Kreuzer nur auf drei Gruppe von Delikten, die häufig von Drogenabhängigen wegen ihrer Einfachheit begannen werden, konzentriert. Betrachtet man nur die Prozentsätze bei schweren Diebstahl aus Warenhäusern, stellt man fest, daß die jeweiligen Prozentsätze nicht erheblich von einander abweichen. Die zweite von Kreuzer untersuchte Deliktgruppe, der Diebstahl in/aus/an Kfz., wurde in der BKA-Statistik nicht als Kategorie für sich berücksichtigt. Dabei handelt es sich um eine bevorzugte Methode für die Geldbeschaffung der Drogenabhängigen.
Es darf nicht davon ausgegangen werden, daß bei einer Legalisierung diese gesamte Kriminalität wegfallen würde, aber es ist anzunehmen, daß sie sich erheblich reduziert.

3.2 Nach Studien in Frankreich:

Auch in Frankreich wurd die Frage untersucht, wie hoch die indirekte Beschaffungskriminalität sei. Nach Aussage eines interministeriellen Komitees[52] ist die Droge mit weitem Abstand die Ursache Nummer eins für die allgemeine Kriminalität. 50% der Kleinkriminalität soll nach dieser Aussage ihre Wurzeln bei den Drogen finden. Auch nach einer Aussage von M. Pasqua[53],

---

52 Vgl. Comité interministériel, 23, Sept. 1986.

53 M. Pasqua war bis 1995 der Innenminister von Frankreich.

sollen die Drogen für mehr als die Hälfte der Delikte im Bereich der Kleinkriminalität die Ursache sein[54].

Im Jahre 1994 hat das CESDIP[55] eine Untersuchung[56] über die Sucht und Kriminalität gemacht. Die Ergebnisse dieser Untersuchung sollen im folgenden dargestellt werden.
Hierbei wurde eine Gruppe von 669 Personen untersucht, die innerhalb von 24 Wochen den Polizeibehörden wegen Verstoß gegen die Betäubungsmittelgesetzgebung oder wegen allgemeiner Kriminalität bekannt geworden waren. Danach wurde untersucht, wer von diesen Personen schon zuvor wegen strafbaren Handlungen aktenkundig geworden war. Es wurde festgestellt, daß die Personen, die wegen eines aktuellen Verstoßes gegen die Betäubungsmittelgesetzgebung in die Stichprobe aufgenommen wurden zu 32% wegen allgemeiner Kriminalität früher aktenkundig geworden waren und zu 30% wegen Betäubungsmitteldelikten. Dagegen waren die Personen, die wegen allgemeiner Straftaten in die Stichprobe aufgenommen wurden, nur zu 18% wegen früherer Betäubungsmitteldelikten aktenkundig. Diese Stichprobe wird dominiert durch den Ladendieb, den Einbrecher und Personen, die gegen die öffentliche Ordnung verstoßen haben.
Bei der Untersuchung der Gruppe der Ladendiebe stellte sich heraus, daß einer von sieben ein Drogenkonsument ist. Bei der weiteren Untersuchung stellte man fest, daß 68% der Drogenkonsumenten auch andere Delikte begangen haben. Hierbei werden aber auch andere Verstöße gegen die Drogengesetzgebung miteingerechnet. Dagegen sind 31% der Personen der allgemeinen Kriminalität auch Drogenkonsumenten. Nimmt man nur die Gruppe der Konsumenten der harten Drogen, ergeben sich für die Gruppe der Konsumenten, die sich auch wegen anderer Delikte strafbar gemacht haben, ein Prozentsatz

---

54 Vgl. Die französische Tageszeitung: "Le Monde", 16.04.93.

55 CESDIP Centre de Recherches Sociologiques sur le Droit et les Institutions Pénales, Institut für soziologische Untersuchungen über das Recht und die Strafverfolgungsbehörden.

56 Vgl. Études & Données pénales, toxicomanie et delinquance du bon usage de l'usager de produit illicite, Marie-Daniele Barre, 1994 - Nr. 70, CESDIP, Ministère de la justice.

von 85%. Dagegen sind nur 13% der Angeklagten wegen allgemeiner Kriminalität auch Konsumenten von harten Drogen. Der Verfasser dieser Studie folgert aus diesem Ergebnis, daß nicht wie oben von Politikern behauptet, die Drogenprohibition der Grund für 50% der Kleinkriminalität in Frankreich sei, sondern wenn überhaupt nur für 13% .

Nach dem INFOSTAT JUSTICE[57] vom Juli 1994 sind 30% der Drogenkonsumenten in andere Delikte, die nicht im Zusammenhang mit der Drogengesetzgebung stehen, verwickelt. Hierbei handelt es sich in der Mehrzahl um einfachen Diebstahl (12% der Verurteilungen). Dies ergab sich aus der oben zitierten Analyse des französischen Justizministeriums, welches die Verurteilungen von Drogenabhängigen untersucht hat.

Es ist wohl ein fragwürdiges Verfahren, von der ausschließlich strafrechtlichen Erfassung einer Person auf ihre tatsächliche strafrechtliche Verwicklung in andere Straftaten zu schließen, zumal keinerlei Dunkelfelderforschungen durchgeführt wurden. Auch der Konsum von weichen Drogen muß finanziert werden. Deshalb kann man die Kriminalität dieses Personenkreises nicht gänzlich außer acht lassen. Da es bei der Betrachtung der Ursachen der Gesamtkriminalität auf die absolute Anzahl der begangenen Taten ankommt, wäre auch noch eine Analyse der Anzahl der von den Konsumenten begangenen Taten notwendig gewesen. Es könnte sein, daß die Konsumenten wegen ihres größeren Mittelbedarfes im Durchschnitt mehr Taten begehen als ein krimineller Nicht-Konsument. Abgesehen von diesen Überlegungen, wird die Studie von Barre auch durch das INFOSTAT JUSTICE, das von 30% indirekter Beschaffungskriminalität ausgeht, widerlegt. Diese Untersuchungen lassen darauf schließen, daß die indirekte Beschaffungskriminalität wohl nicht 50% der Gesamtkriminalität ausmacht, da auch unter Einbeziehung der oben genannten Faktoren dieser Prozentsatz nicht erreicht wird.

---

57 Vgl. Infostat Justice wird vom französischen Justizministerium herausgegeben, Nummer38, 1994, Bulletin d'information de la Sous-Direction de la Statistique, des Études et de la Documentation.

3.3 Zusammenfassung

Die Studien sind nur sehr bedingt vergleichbar, da ganz unterschiedliche Ansätze gewählt wurden. Die Studie von Kreuzer erscheint dem Verfasser sehr viel aussagekräftiger, da hier von der Anzahl der begangenen Delikte ausgegangen wurde. Dagegen versuchte man in Frankreich bei beiden Studien von der Anzahl der Täter auszugehen. Die mit den französischen Untersuchungen vergleichbare Studie des Bundeskriminalamtes kommt zu ähnlichen Ergebnissen. Es ist zu vermuten, daß mit einem Interview unter den oben beschriebenen Bedingungen der Kreuzer-Studie sehr viel eher die tatsächliche kriminelle Belastung einer Person festgestellt wird, als mit Informationen aus dem Strafregister.
Der Anteil der Eigentumsdelikte, bei denen Drogenabhängigkeit eine Rolle spielt, ist beachtlich. Daher sollte überlegt werden, wie weit Änderungen der gesetzlichen Vorgaben das Problem mindern können[58].

4. Wirtschaftsfaktor Droge

Bei den illegalen Drogen handelt es sich um eine Ware wie jede andere, bis darauf, daß sie auf einem illegalen Markt gehandelt wird. Der weltweite jährliche Gesamtumsatz wird auf ca. 300 bis 500 Milliarden US-Dollar geschätzt. Der Großhandelswert der Einfuhren nach Europa und in die USA beträgt ca. 30 Mrd. US-Dollar. Die Gewinne aus dem Weltdrogenhandel sollen etwa 15 Mrd. US-Dollar betragen. Alleine das Medellin-Kartell hatte einen Gewinn von ca. 4 Mrd. US-Dollar pro Jahr. Der Gewinn der Drogenhändler soll zur Zeit der alten Bundesrepublik zwischen 1 und 1,5 Milliarden Dollar gelegen haben[59]. 1990 hat die Financial Action Task Force (FATF) das für Geldwäscheaktivitäten beachtliche Finanzvolumen aus dem Rauschgifthandel auf etwa 80 Milliarden US-Dollar pro Jahr geschätzt[60]. Der

---

58 Vgl. hierzu das Kapitel 7.

59 Vgl. Jahrbuch Sucht 1991, S. 46; Hartwig/Pies, Konzept für die Drogenpolitik, S. 76.

60 Vgl. Rauschgiftjahresbericht vom BKA, 1993, S. 7.

Umsatz in Frankreich soll ca. 20 Milliarden französische Franc (4 Milliarden US-Dollar) betragen[61]. Dieses Geld fließt im wesentlichen wieder in die legale Wirtschaft zurück. Angesichts dieser Zahlen ist die Gefahr zu erkennen, daß unsere Wirtschaft durch kriminelle Vereinigungen unterwandert wird. Dies wird auch durch den Bericht von Larcher[62] belegt, der einen Zusammenhang zwischen dem Zusammenbruch des Gewerbeimmobilienmarktes und der Geldwäsche von Drogengeldern sieht. Auch wird vermutet, daß die japanische Mafia für den Zusammenbruch des französischen Kunsthandels verantwortlich ist

4.1 Ein unregelmentierter Drogenmarkt

Bei einer totalen Freigabe würde ein unreglementierter Drogenmarkt entstehen. Es besteht kein Zweifel daran, daß eine Nachfrage nach Substanzen besteht, die zu einer Abkoppelung von der Realität führen. Es ist daher davon auszugehen, daß ein legaler Markt durch die Freigabe der Drogen entstehen könnte, der sich in verschiedene Märkte für die verschiedenen Drogen aufspalten würde[63]. Die Nachfrage wäre relativ begrenzt, da gesundheitliche Bedenken und Furcht vor der Abhängigkeit die potentiellen Konsumenten abhalten würde. Das hohe Suchtpotential einiger Substanzen würde aber zu einer relativ unelastischen Nachfrage führen. Das Angebot dagegen würde elastisch sein, da bei steigenden Preisen neue Anbieter auf den Plan treten würden. Dies liegt auch an der einfachen Herstellungsweise der illegalen Drogen. Die Preise müßten ungefähr bei den Größenordnungen liegen, wie bei den heute legalen Drogen wie Alkohol[64].

---

61 Vgl. DGLDT, vom 21. Sept. 1993, plan gouvernemental de lutte contre la drogue et la toxicomanie, S. 7.

62 Vgl. Bericht Larcher: "La drogue nouveau désordre mondial", in Observatoire géopolitique des drogues, 1993, S. 141.

63 Vgl. Locher, Klaus: Zur Ökonomie des Rauschgift-Verbots, in: WiSt, 18 Jg. (1989), S. 149ff.

64 Vgl. Franke, Siegfried F., Grundlagen und Umrisse eines Konzeptes zur Freigabe illegaler Drogen, in Gerd Grözinger, Recht auf Sucht?, 1991, S. 106.

4.2 Marktmechanismen des illegalen Drogenmarktes

Durch das Verbot werden die Marktmechanismen umgedreht, sodaß sie nur noch zum Vorteil des Drogenlieferanten wirken. Das Verbot der illegalen Drogen vermag selbstverständlich nicht die Ursache der Nachfrage nach diesen Substanzen zu beheben. Nur das Risiko für den Konsumenten und den Anbieter wird erheblich erhöht. Der Gelegenheitskonsument scheidet als Konsument umso schneller aus, je besser er sozial integriert ist. Süchtige werden versuchen, ihren Konsum einzuschränken, soweit dies nicht zu Entzugssymptomen führt. Die Kosten der Produktion und Verteilung steigen stark an, da Bestechungsgelder zu zahlen sind und aufwendigere Verteilungswege benutzt werden, um den polizeilichen Kontrollen zu entgehen. Diese Entwicklung wird die kleineren Anbieter vom Markt verdrängen, da sie das Risiko scheuen. Die hierdurch ausgelöste Monopolisierung wird zu einem weiteren Preisanstieg führen, und die hohen Gewinnspannen dazu, daß die Händler versuchen, weitere Kunden zu gewinnen. Der Händler kann den Preis allein bestimmen, da dem Konsumenten der Preisvergleich erschwert wird. Je höher der Preis ist, um so mehr Konsumenten-Dealer treten auf den Plan, da sie nur auf diese Weise ihren eigenen Konsum finanzieren können. Somit wurde eine der fundamentalen Marktregeln umgedreht, da normalerweise jeder Verkäufer durch Heruntersetzen des Preises versuchen würde, eine größere Anzahl von Käufern zu bekommen[65]. Auch wird der Preisverfall im Großhandel nicht so stark an den Konsumenten, wie im legalen Handel, weitergegeben. Dies erkennt man am folgenden Beispiel: Auf dem amerikanischen Markt ist der Kilopreis von Kokain im Großhandel von 50.000 auf 33.500 US-Dollar gefallen, dies ist eine Preisminderung von 30%. Dagegen sank der Endverbraucherpreis nur um 12,5%[66]. Bei steigender Nachfrage kann der Drogenlieferant nicht nur den Preis steigern, sondern auch die Qualität der illegalen Drogen durch Strecken verringern.

---

65 Vgl. Charles-Henri de Choiseul Praslin, 1991, S. 22.

66 Vgl. Charles-Henri de Choiseul Praslin, 1991, S. 30.

Der illegale Drogenmarkt begünstigt das Entstehen von Monopolen, welche zu ungerechtfertigt hohen Preisen für den Konsumenten führen.

4.3 Gewinnspanne im heutigen illegalen Drogenhandel

Nach dem Bericht der Commission Henrion ist das Verhältnis zwischen Kaufpreis und Endverkaufspreis 1 zu 1000 bei dem Kokablatt oder dem Opium aus Südostasien und bis zu 1 zu 300 für Marihuana[67]. Ein Kilo Haschisch hat einen Erzeugerpreis von 7 DM und einen Verkaufswert auf der Straße von 5000 DM[68]. Heute liegt der Verkaufspreis von 1 gr. Haschisch in Frankreich zwischen 9,- und 14,- DM, in Abhängigkeit der Menge und des Herkunftsortes. Ein Kilo Rohopium wird in der Türkei für 200 DM gekauft und auf der Straße in New York für 1.000.000 DM verkauft[69].
Der erzielte Straßenpreis liegt nach Auskunft von der DGLDT[70] in Paris für eine Dose Heroin im Jahre 1995 bei 200 FF (58,- DM). Eine Dose sind 0,25 gr. Heroin mit einem Wirkstoffgehalt von 16%. Diese enorme Gewinnspanne entsteht unter anderem dadurch, daß der Dealer am Ende der Kette durch Strecken des Stoffes seinen Gewinn erhöht. Die Konsumenten haben keine Kontrollmöglichkeit, da sie auf den Stoff dringend angewiesen sind. Der zweite Grund ist der doppelte Importaufschlag, der durch den Import nach Europa und dann nach den USA bedingt ist. Auf der anderen Seite ist aus den gleichen Gründen der Anbau von Rauschgiftpflanzen für den Farmer der lukrativste Anbau. Nicht nur in den bekannten Gegenden in der Dritten Welt wird Cannabis angebaut, sondern auch in den Vereinigten Staaten von Amerika. Hierbei handelt es sich um die Staaten Kalifornien, Hawaii und

---

67 Vgl. Rapport Henrion, 1995, S. 95; DEA 1990.

68 Vgl. Amendt, 1983, S. 162.

69 Vgl. Amendt, 1983, S. 182.

70 Interview vom 08.04.1995 mit Etienne Apaire, Chargé de Mission von der DGLDT(Délégation Générale à la Lutte contre la Drogue et la Toxicomanie, diese Behörde ist dem französischen Sozial- und Gesundheitsministerium untergeordnet).

Idaho. In diesen Staaten legen die Farmer entweder versteckte Felder an oder züchten in Gewächshäusern Hanf. In Peru bekommt der Bauer 4.000 mal mehr Geld für ein Kilo Kokainbase als die Regierung für ein Kilo Mais garantiert. Deshalb ist es nicht verwunderlich, daß die Prokopfproduktion von Mais in den Jahren von 1981 bis 1984 um 24,5% gesunken ist. Dagegen ist der Anteil am Bruttosozialprodukt in Peru der illegalen Drogen von 53% auf 66% gestiegen. Diese Entwicklung führt zur weiteren Verelendung dieser Länder. Das eingenommene Drogengeld wird selten im Land investiert und der Drogenhändler kann wegen des fehlenden legalen Marktes den Preis diktieren. Auf Grund der Illegalität des Drogenhandels und der Armut der Bauern können sich keine Anbieterkartelle bilden.

4.4 Zusammenfassung

Insgesamt kann festgestellt werden, daß die Prohibition und die Repression, so wie sie heute funktionieren, nur zur Dynamisierung des illegalen Drogenmarktes und damit zum Profit der Drogenhändler beigetragen haben. Die Drogen erreichen trotz des Verbotes eine vielzählige Kundschaft. Dadurch sammelten die kriminellen Organisationen große Vermögen an, die nunmehr durch Investitionen in die legale Wirtschaft zurückfließen und diese unterwandern.

5. Perzeption in der Öffentlichkeit

5.1 In Deutschland:

Bei der Novellierung des Betäubungsmittelgesetzes von 1969/1970 war von vielen seriösen Zeitungen und Zeitschriften eine radikale Änderung der Drogenpolitik in Bezug auf Cannabis verlangt worden[71]. Die Bundesregierung versuchte im Anschluß an die Gesetzesnovellierung durch Veröffentli-

---

71 Vgl. Scheuch, E. K.: Haschisch und LSD als Modedrogen. Osnabrück, 1970.

chungen in den Massenmedien die Gefahren der Drogen herauszustellen. Es wurde eine gezielte Kampagne gegen die Drogen von der Bundesregierung inszeniert[72], wobei weniger aufgeklärt als desinformiert wurde. Zum Beispiel behauptete die Bundesgesundheitsministerin, daß Timothy Leary durch seine LSD-Trips kein normales Gehirn mehr habe[73]. Dies führte zu einer Wende in der Meinungsdarstellung in den Massenmedien.

Zuletzt änderte 1974 die Wochenzeitung "Die ZEIT" ihre Meinung[74] und schrieb einen Artikel, der die Gefahren von Haschisch herausstellte. Insbesondere wurde behauptet, daß Haschisch zu der "Entwicklung von weiblichen Brüsten" bei Männern und zu dauernden Schäden im Gehirn führe. In der Folgezeit war den Medien in Deutschland das Drogenproblem für reißerische Aufmachungen[75] willkommen. In den Achtziger-Jahren haben u.a. der Spiegel und die Frankfurter Allgemeine Zeitung durch die fehlerhafte Meldung, daß das Einstiegsalter der Drogenkonsumenten immer tiefer sinke, die Drogenangst weiter angeheizt[76].

Die Untersuchung von Kreuzer räumt mit einem weiteren Medienmythos auf, der behauptete, daß Frauen von Zuhältern abhängig gemacht würden, damit sie leichter zu benutzen seien. Denn die Drogenabhängigkeit hat negative Auswirkungen auf den Umsatz einer Prostituierten. Dies liegt daran, daß sie vermehrt Kontakt mit der Polizei hat, nicht mehr so zuverlässig wie eine Nicht-Abhängige sein kann und daß ihr Aussehen unter ihrer Abhängigkeit leidet[77].

In der Tagespresse kamen immer wieder Meldungen über drogensüchtige Kinder. Diese Meldungen konnten aber einer ernsthaften Prüfung nicht standhalten[78]. Immer noch liest

---

72 Vgl. Scheerer, 1982, S. 138.

73 Vgl. Scheerer, 1982, S. 133; Bundesministerium für Jugend, Familie und Gesundheit 1972, 140.

74 Vgl. Kolja Kater: Die ZEIT Nr. 36, 30. August 1974, Sonderdruck.

75 Vgl. Quensel, 1980, S.5.

76 Vgl. "Der Spiegel" 1988, Nr. 30, S. 39; "Der Spiegel" 1989, Nr. 12, S. 85; "Frankfurter Allgemeine Zeitung" vom 12.7.89.

77 Vgl. Kreuzer, 1991, S. 283.

78 Vgl. Homann, U.: Das Haschischverbot. Frankfurt/Main, 1972, S. 105.

man in der Presse von den Fahndungserfolgen der Polizei, dem Zoll und den Geheimdiensten. Dabei reichen die nackten Zahlen nicht aus, deshalb werden die Meldungen mit Prädikaten wie "Superfang der Grenzpolizei", "Größter Heroinfang des Jahres" und "Zollbehörden gelang der bisher größte Drogenfang" angereichert[79]. Es wird kein Vergleich mit den nicht abgefangenen Sendungen angetreten. Diese Art der Berichterstattung hat abgenommen, da das Beschlagnehmen von illegalen Drogen mehr oder weniger in Deutschland zum Alltag geworden ist. Nur noch besonders große Sendungen sind den Medien eine Meldung wert. Es liegt in der Natur des Journalismus die Probleme überspitzt darzustellen, um so Interesse beim Leser zu wecken. Da es sich beim Drogenproblem um ein stark emotional besetztes Thema handelt, führt diese Praktik zu großer Desinformation. Ein weiteres Beispiel für diese Vorgehensweise ist die Meldung in der Presse, daß Dealer mit LSD imprägnierte Aufkleber in den Kindergärten und Grundschulen verteilen würden. Nach Auskunft des BKA waren Flugblätter in den Schulen verteilt worden, in denen die Eltern vor dieser Gefahr für ihre Kinder gewarnt wurden. Die angekündigten Abziehbilder wurden in keiner Schule in Deutschland sichergestellt. Auch konnten die Urheber dieses Flugblattes nicht festgestellt werden[80]. Das sogenannte Haschisch-Urteil des Bundesverfassungsgerichtes 1994 hat erneut Aufmerksamkeit auf dieses Problem gezogen, auch wenn es wegen seiner juristischen Kompliziertheit eher zur Verwirrung beigetragen hat. "Der Spiegel" hat in seiner Nr. 6 vom 06.02.95 einen ausführlichen Bericht über die aktuelle Drogenpolitik mit ihren Auswirkungen gebracht. Hier wurde zum erstenmal das ganze Problem von allen Seiten beleuchtet.

Insgesamt kann man feststellen, daß die Berichterstattung wohl wieder sachlicher und korrekter geworden ist. Dies hat aber noch nicht zu einem Umschwenken der öffentlichen Meinung geführt. Immer noch ist die überwiegende Mehrheit der Deutschen gegen jegliche Art von Legalisierung. Dies ergibt sich aus der folgenden Umfrage[81]: Danach lehnen 83% der

---

79 Vgl. Amendt, 1983, S. 223.

80 Rauschgiftjahresbericht vom BKA 1993, S. 113.

81 Vgl. Frankfurter Rundschau vom 25.05.1994, S. 18.

Befragten die Richtlinien von Nordrhein-Westfalen, die eine weitgehende Tolerierung des Eigenkonsums vorsehen, ab. 62% lehnen die Anordnung des Bundesverfassungsgerichts im Haschischurteil vom 09.03.1994 bezüglich der Verfahren-seinstellung bei geringen Mengen zum Eigenkonsum ab, die im Regelfall vorgenommen werden soll. 89% sprechen sich strikt gegen den Umgang mit Cannabis aus. 5% sind experimentierbereit und 6% geben eigene Erfahrungen zu.

5.2 In Frankreich:

Die Berichterstattung in den französischen Medien ist ähnlich der deutschen Berichterstattung. Teilweise werden reißerische Aufmacher gewählt, andererseits wird durch Berichte über Aussprüche von Politikern das Problem auch von anderen Seiten beleuchtet. Zum Beispiel wird die indirekte Beschaffungskriminalität als Ursache für die Kleinkriminalität genannt. Durch das Votum der Kommission Henrion für die Freigabe von Haschisch wurde die Diskussion über die richtige Drogenpolitik erneut entfacht. Bei der Veröffentlichung des Berichtes der Kommission Henrion haben sich die Tageszeitungen Libération und Le Monde für eine Depönalisierung von Cannabis ausgesprochen.
Nach einer Umfrage des Gesundheitsministers in Frankreich ergibt sich folgendes Bild: 88,2% der Befragten sind gegen eine Freigabe der weichen Drogen. 10,4% sind dafür. Die Befürworter sind in der Masse jüngere Studenten. 88,9% finden es nicht normal, wenigstens einmal im Leben Drogen probiert zu haben. 76,8% der Befragten sind der Auffassung, daß die weichen Drogen wirklich gefährlich sind. 72,9% sind der Meinung, daß Abhängige als Kranke behandelt werden sollten und 92,8% halten nichts davon, alle Abhängigen ins Gefängnis zu stecken. Ein Drittel der befragten Personen fühlt sich in Bezug auf das Drogenproblem schlecht informiert.
Eine weitere Umfrage wurde bei Allgemeinmedizinern durchgeführt. 81,4% der Allgemeinmediziner betrachten den Abhängigen als Kranken. 73,3% sind der Auffassung, daß Haschisch nicht wirklich gefährlich ist. 98,4% sind nicht dafür, alle Abhängigen ins Gefängnis zu stecken. 22,2% der Allge-

meinmediziner befürworten einen freien Verkauf von Haschisch.

5.3 Zusammenfassung

Obwohl in beiden Ländern die Bevölkerung anerkennt, daß es sich bei den Drogenabhängigen um Kranke handelt und daß das Gefängnis niemanden von seiner Sucht heilt, ist eine überwiegende Mehrheit gegen eine Liberalisierung. Zwar ist an der obigen Umfrage in Frankreich zu erkennen, daß die Personen, die sich wie die Allgemeinmediziner mehr mit dem Drogenproblem beschäftigen müssen, eher für eine Legalisierung von Haschisch sind. Aber auch hier sind es nur 22%. Vieles spricht dafür, daß die jahrzehntelange Desinformation über das Problem zu einer unrealistischen Angst vor den illegalen Drogen geführt hat, die jede andere Art von liberaler Politik verhindert. Erst seit kurzem wird in der deutschen Presse umfangreicher und konkreter über das Drogenproblem informiert.
Insgesamt kann festgestellt werden, daß noch erhebliche Aufklärungsarbeit zu leisten ist. Erst dann kann eine Akzeptanz für eine andere Drogenpolitik entstehen.

6. Kosten der Repression

6.1 Kosten der Repression in Deutschland

Nach Keup (1981) belaufen sich in Deutschland die Kosten pro Fixer und Jahr unter Verwendung von Minimalwerten auf etwa DM 50.000,-. Dies bedeutet, je nachdem, von welcher Anzahl von Abhängigen von harten Drogen man ausgeht, die je nach Quelle zwischen 50.000 und 180.000 Personen liegt, Kosten von 2,5 bis 8 Milliarden DM. Allein für die Unterbringung der wegen Delikten gegen die Drogengesetzgebung in den deutschen Gefängnissen einsitzenden 5.000 Strafgefangenen[82] belaufen sich die Kosten auf 280 Millionen DM[83]. Hinzu

[82] Vgl. Kapitel 4, statistischer Teil.

kommen die Kosten für das Strafverfahren, für die Polizei, den Zoll und alle anderen Behörden, die sich mit der Repression der illegalen Drogen beschäftigen. Dabei darf auch nicht übersehen werden, daß die indirekte Beschaffungkriminalität einen enormen Schaden produziert. Es wurde gezeigt, daß Abhängige von harten Drogen DM 150,- pro Tag benötigen[84], die sie sich zu einem Drittel durch indirekte Beschaffungskriminalität erwerben. Damit beläuft sich der Schaden auf 1 Milliarde bis zu 2,8 Milliarden DM, je nach dem welche Anzahl von Abhängigen von harten Drogen man annehmen will[85]. Hierbei ist zu beachten, daß man diese Zahl mit aller Wahrscheinlichkeit mal fünf nehmen muß, da hier von dem Erlös des Abhängigen ausgegangen wurde und nicht von den volkswirtschaftlichen Kosten. Beim Diebstahl von Autoradios ist dieser Effekt leicht erkennbar. Ein Autoradio kostet bei der Wiederanschaffung zwischen 300,- und 800,- DM, und die Reparatur des Autos kann leicht über 1.000,- DM kosten. Dagegen erlöst der Abhängige nur ca. 50,- bis 150,- DM beim Hehler.

6.2 Kosten der Repression in Frankreich

Nach einer Untersuchung von Godefroy hat die Repression durch den Polizeiapparat im Jahre 1991 Kosten in Höhe von 19,3 Milliarden Francs verursacht[86]. Nach dem Annuaire Statistique[87] wurden 56.522 Delikte gegen die Drogengesetz-

---

83 Vgl. Kosten pro Tag für einen Strafgefangenen durchschnittlich DM 150,-. 5000 x 150 x 365 = 280 Millionen.

84 Vgl. Kapitel 5, 3. Beschaffungskriminalität S. 157, Geldmittelbedarf S. 152.

85 Vgl. 150,- : 3 (nur ein Drittel des Bedarfes wird durch indirekte Beschaffungskriminalität gedeckt) = 50,- DM x 365 Tage x 150 000 Abhängige von harten Drogen = 2,8 Milliarden DM. Bei dieser Berechnung wurde außen vor gelassen, daß der erzielte Gewinn des Drogenabhängigen nur ein Bruchteil des entstandenen Schadens ist.

86 Vgl. Godefroy, Thierry: Études et données pénales, Les couts du crime en France, Les dépenses de sécurité 1988-1991, CESDIP, Paris, Justizministerium, 1993, S. 95.

87 Vgl. Annuaire Statistique vom Ministère de la Justice, 1989 - 1990, S. 101.

gebung festgestellt. Dies sind 1,5% aller festgestellter Delikte. Somit entfallen ca. 290 Millionen Francs auf die Repression der Drogen. Wenn man die Kosten der indirekten Beschaffungskriminalität hinzunehmen würde, ergäbe sich eine sehr viel höhere Zahl. Die Kosten des Justizministeriums für alle Strafverfahren belaufen sich auf 3,4 Milliarden Francs, davon entfallen 4,5% auf die Verurteilungen wegen Drogendelikten. Somit entstehen dem französischen Staat 153 Millionen Francs Personalkosten für die drogenrechtliche Rechtsprechung. Die Gefängnisverwaltung verursacht dem französischen Staat Kosten in Höhe von 6,1 Milliarden Francs. Davon entfallen 20%[88] auf Strafgefangene, die auf Grund von Drogendelikten einsitzen. Somit ergeben sich 1,22 Milliarden Francs Kosten für die Unterbringung dieser Strafgefangenen. Hierzu könnte man auch noch das Budget der DGLDT, welches sich auf 200 Millionen Francs beläuft, rechnen. Die Repression der illegalen Drogen kostet in Frankreich ohne Hinzurechnung des Schadens der indirekten Beschaffungskriminalität 1,663 Milliarden Francs (465 Millionen DM). Nach einer Schätzung von Trautmann benötigen 20.000 Heroinabhängige, die im Durchschnitt drei Dosen Heroin konsumieren, pro Tag 10.000.000 FF (2.800.000 DM). Sie geht von einen Wertverlust von 80% bei den gestohlenen Sachen aus, d.h. der Dieb bekommt nur 20% des eigentlichen Wertes. Somit errechnet sie einen Kostenaufwand von 30 bis 50 Millionen FF pro Tag, den die französische Gesellschaft tragen muß[89].
Bei Umrechnung der obigen Zahlen auf den Prokopfverbrauch kommt man auf ca. 150,- DM. Dies entspricht exakt den Zahlen von Kreuzer. Trautmann hat aber bei der weiteren Berechnung übersehen, daß die Abhängigen nur einen Teil ihres Bedarfes durch die indirekte Beschaffungskriminalität decken. Da die Grundannahmen aber die selben sind, käme man je nach Anzahl der Heroinabhängigen zu ähnlichen Ergenissen bei den Kosten der indirekten Beschaffungskriminalität wie in Deutschland.

---

88 Vgl. Kapitel 4 Rechtsprechung in Frankreich.

89 Vgl. Trautmann, Catherine: Lutte contre la toxicomanie et le trafic des stupéfiants, Rapport auf Premier ministre, Feb. 1990, La Documentation francaise, S. 40.

6.3 Zusammenfassung

Bei der Ermittlung der Kosten der Repression wurden nur diejenigen Kosten einbezogen, die nach Ansicht des Verfassers nach einer Legalisierung ganz oder teilweise entfallen würden. In beiden Ländern wird ungefähr eine halbe Milliarde DM für den Polizei- und den Justizapparat ausgegeben. Der durch die indirekte Beschaffungskriminalität in beiden Ländern verursachte Schaden wird ungefähr zwischen 1 und 3 Milliarden DM liegen. Bei der Berechnung der Kosten der indirekten Beschaffungskriminalität wurde nicht beachtet, daß der von den Abhängigen erzielte Gewinn nur ein Bruchteil des volkswirtschaftlichen Schadens ist.

7. Gesundheitszustand der Abhängigen

Nach der Untersuchung von Kreuzer[90] sind 26% der Abhängigen von harten Drogen mit dem HIV-Virus infiziert. Umfragen in stationären Therapieeinrichtungen in der Bundesrepublik haben ergeben, daß 15% der Befragten im Jahre 1986 mit dem HIV-Virus infiziert waren[91]. Je nach Untersuchung könnte die Durchseuchungsrate bei bis zu 60% liegen. Abgesehen von HIV leiden viele Abhängige unter Infektionen; insbesondere Hepatitis.
Nach einer Untersuchung von Bichard[92] sind die niederländischen AIDS-Patienten nur zu 9% Drogenabhängige, im restlichen Europa liegt diese Rate bei 30%.

Nach dem Bericht der Kommission Henrion[93] waren im Juni 1994 23,3% der Patienten, die mit dem HIV Virus infiziert wa-

---

90 Vgl. Kreuzer, 1991, S. 352 ff.

91 Vgl. Kindermann W.: Zur HIV-1-Antikörperprävalenz bei Drogenabhängigen in der Bundesrepublik Deutschland, Drogen-Report, 1989, S. 6-9.

92 Vgl. Birchard, K. Dutch Approach to Drugs is Working, in: The Journal, March 1, 1991, S. 9.

93 Vgl. Rapport de la commission de réflexion sur la drogue et la toxicomanie, Ministère des affaires sociales de la santé et de la ville, März 1995, S. 18.

ren, Drogenabhängige. 70 - 80% der Abhängigen, die sich mit Spritzen Drogen injizieren, sind mit dem Virus Hepatitis C infiziert. Auch ist die Tuberkolose bei Abhängigen wieder gehäuft aufgetreten.

Insgesamt kann man davon ausgehen, daß die Gruppe der Drogenabhängigen durch das Fehlen von sterilen Spritzen und bei Frauen durch die Prostitution stark mit HIV und Hepatitis durchseucht wurde. Die Untersuchung von Birchard läßt vermuten, daß eine Liberalisierung der Drogenpolitik auch dieses Problem verringern würde.

8. Folgen einer Liberalisierung

Die entscheidene Frage, die sich in diesem Zusammenhang stellt, lautet folgendermaßen: Würde eine Liberalisierung zu einem Anstieg der Nachfrage führen?
Als einziges Land haben die Niederlande eine teilweise Legalisierung von Haschisch vorgenommen. Dieses Experiment kann nur bedingt als repräsentativ angesehen werden, da die Niederlande eine Insel in Europa sind umgeben von lauter sehr repressiv agierenden Ländern. Dies hat dazu geführt, daß die Niederlande einen großen Zuzug von Drogenabhängigen aus den umliegenden Ländern hatten. Außerdem hat der ständige Druck der anderen Staaten der EU auf die holländische Regierung zu keiner klaren Drogenpolitik geführt. Frankreich ist ein EU-Land, das am meisten Druck auf die niederländische Regierung macht, da es behauptet, daß ein Großteil der illegalen Drogen auf dem französichen Markt aus den Niederlanden käme.

Für Cannabis hat die OCTRIS festgestellt, daß 41 % aus Marokko, 19,5 % aus Spanien und 17,2 % aus Pakistan kommt. Die Mehrheit des sichergestellten Haschischs ist nicht einmal für den französischen Markt bestimmt, sondern zu 34,1 % für die Niederlande. Dagegen sieht die Lage bei Heroin anders aus, dieses kommt tatsächlich zu großen Teilen aus den Niederlanden.

Somit hat die Liberalisierung in den Niederlanden nicht zu einem größeren Angebot von Cannabis in Frankreich geführt. Aber Heroin wurde in Frankreich auf Grund des geringeren Preises in den Niederlanden billiger. Trotz dieser Insellage hat die niederländische Politik eine Trennung des Marktes von harten und weichen Drogen bewirkt[94]. Dies wird durch eine Untersuchung der CNPER[95] bestätigt, die festgestellt hat, daß nur 3-10 Mal im Jahr ein Coffee Shop[96] wegen des Handels mit Kokain oder Heroin geschlossen werden muß.

Das Vertrauen der Kunden eines Coffee Shops in den Verkäufer hat dazu geführt, daß die Kunden über mögliche Gefahren der Drogen besser aufgeklärt sind. Damit ist die Abkehr von den harten Drogen und der Spritze als Konsumform verstärkt worden. Es gibt nunmehr 300 Coffee Shops in Amsterdam und 1000 in den ganzen Niederlanden. Nach der Untersuchung der CNPER haben die 17 bis 18-jährigen in den Niederlanden nur zu 17,7 % bereits Erfahrung mit Cannabis, dagegen hat dieselbe Altersgruppe in den Vereinigten Staaten von Amerika schon zu 43% Erfahrung mit Cannabis (Plomput Al 1990). In Frankreich hat eine Untersuchung der SOFRES[97] 1992 festgestellt, daß 19 % von 1.167 Personen im Alter von 12 bis 44 Jahren Cannabis konsumiert hatten. Bei den 18 bis 24jährigen lag der Prozentsatz in Frankreich bei 22 % im Jahre 1992, im Jahre 1990 noch bei 41 %[98]. Bei Hochrechnung des Prozentsatzes von 1992 käme man auf 4,7 Millionen Haschischkonsumenten, davon aber nur 250.000 regelmäßige Konsumenten und 750.000 unregelmäßige Konsumenten[99].

---

94 Vgl. A.C.M. Jansen, Cannabis à Amsterdam, Une Géographie du Haschisch et de la Marijuanan, 1991, S. 56.

95 Centre national de prévention d'études et de recherches en toxicomanie, Voyages et Voyageurs de la drogue 15.04.1991 dans l'auditorium de Toussel UCLAF, 35, boulevard des Invalides, 75007 Paris.

96 Geduldete Verkaufsstelle von Haschisch.

97 Vgl. Institut für Umfragen in Frankreich.

98 Vgl. Baromètres Santé 1992, Editions CFES, S. 143.

99 Vgl. Boekhout van Solinge, 1995, S. 9.

Die INRP[100] hat in Frankreich bei 15 bis 19jährigen Gymnasiasten in drei Großstädten eine durchschnittliche Drogenprävalenz von 22 % im Jahre 1991 errechnet[101]. Für die Altersgruppe von 17 bis 18jährigen ergeben sich für den Konsum im letzten Monat Werte von 4,6% für die Niederlande und 16,7% für die USA. Dieselbe Altersgruppe wurde im Jahre 1987 in den Niederlanden in Bezug auf den Konsum von Cannabis im bisherigen Leben untersucht. Der Wert lag bei 24,5% und für den letzten Monat bei 12,6%. 1990 ergab die gleiche Untersuchung 21,3% und 10,7%. Bei einem Vergleich mit den Vereinigten Staaten von Amerika und Frankreich liegen die Niederlande klar im Vorteil. Man könnte hier anführen, daß die USA schon sehr viel länger eine Drogenszene haben als die Niederlande. Trotzdem darf nicht übersehen werden, daß die USA die weichen Drogen nicht legalisiert haben.

Bei dem Vergleich der Untersuchungen von 1987 und 1990 kann man den Schluß ziehen, daß sich der Konsum von Cannabis in den jugendlichen Altersgruppen verringert hat. Beim Vergleich der Untersuchungen in Frankreich von 1990 und 1992 kommt man zu dem Schluß, daß sich der Konsum von Cannabis in den jugendlichen Altersgruppen stark verringert hat. In dieser Zeitperiode hat sich die Gesetzeslage in Frankreich nicht entscheidend verändert. Die Fundiertheit dieser Zahlen, die einen starken Rückgang des Cannabiskonsums in Frankreich signalisieren, werden von der Commission Henrion angezweifelt. Es kommt hier wohl sehr stark auf die Region an, da es nach anderen Untersuchungen Regionen gibt, in denen bis zu 80% der Jugendlichen Haschischerfahrungen haben. Interessant ist auch, daß in der gleichen Altersgruppe der Alkoholkonsum in Frankreich gesunken ist. 1975 wurde in Frankreich noch 22,1 Liter reiner Alkohol konsumiert. Dagegen sind es im Jahre 1989 nur noch 16,8 Liter pro Kopf und Jahr. Diese Reduzierung ist zum größten Teil auf den

---

100 Vgl. L`Institut National de Recherche Pédagogique

101 Vgl. Christine de Peretti & Nelly Leselbaum (1991), Tabac, alcool, drogues illicites: Opinions et consommations des Lycéens, Insitut National de Recherche pédagogique,

geringeren Konsum der Jugendlichen zurückzuführen[102]. Dieses neue Gesundheitsbewußtsein könnte auch der Grund für den Rückgang des Cannabiskonsums sein.

Leider gibt es keine Untersuchungen vor und nach der Liberalisierung der weichen Drogen in den Niederlanden. Weiterhin gab es in Amsterdam bei einer Drogenpopulation von 4.000 Heroinabhängigen in den Jahren von 1987-1991 im Durchschnitt 15 Drogentote. Von den 4.000 Heroinabhängigen in Amsterdam waren 3.000 dort wohnhaft. Damit liegt das Verhältnis der Drogentoten zu Drogenkonsumenten von harten Drogen in den Niederlanden sehr viel besser als in Deutschland[103]. In Deutschland sterben 3,8 Mal mehr Drogenabhängige.

In den Vereinigten Staaten von Amerika hat man nach 1970 in manchen Staaten eine Liberalisierung der Drogengesetze vorgenommen. Aber leider liegen nach Reuband nur wenige Daten über das Konsumverhalten vor und nach der Liberalisierung vor[104]. In Oregon wurde zunächst keine Veränderung des Konsummusters nach Vollzug der Entkriminalisierung festgestellt. Aber nach einer gewissen Zeit erhöhte sich die Drogenprävalenz etwas und der Glaube an die Gefahren von Cannabis nahm ab.

Umfragen in Kalifornien lassen einen leichten Anstieg der Drogenprävalenz unter Jugendlichen in einem Zeitraum von 11 Monaten vor und nach der Dekriminalisierung erkennen[105]. In diesem Zusammenhang gemachte Umfragen belegen, daß entgegen der Lehre der Abschreckungstheoretiker die gesundheitlichen Bedenken die Haupt-triebfeder zu einer

---

102 Vgl. "La baisse actuelle de la consommation d`alcool" in: Patrick Mignon (1993). Les toxicomanies légales" (Alcool, tabac, médicaments), S. 16-19, Paris: La documentation francaise.

103 In der BRD: 2.125 Drogentote im Jahr 1991 : 150 000 Konsumenten von harten Drogen = 0,0142; 15 Drogentote im Jahr 1991 in Amsterdam : 4 000 Konsumenten von harten Drogen = 0,00375.

104 Vgl. Reuband, 1992, S. 28.

105 Vgl. Single, E. W.: The Impact of Marijuana Decriminalization: an Update, in: Journal of Public Health Policy, 10, Nr. 4, 1989, S. 459.

Abstinenz von illegalen Drogen sind[106]. Nach Studien von Saveland und Bray[107] kann von einer Ausbreitung des Drogenkonsums bei einer Strafreduktion nicht gesprochen werden[108]. Dagegen ist die Drogenprävalenz in Staaten, die die hohen Strafen beibehalten haben, angestiegen.

Diese Ergebnisse der Untersuchungen werden auch von der neueren Strafrechtslehre bestätigt, die davon ausgeht, daß ein Strafverbot bei triebgesteuerten Verhaltensformen nur geringe Bedeutung hat. Eine allgemeine Handlungsanweisung kann den Prozess zur Willensentschließung, der durch den Wunsch, die Neugier, die Moral oder die Angst vor Selbst- oder Fremdschädigung bestimmt wird, mitbeeinflussen. Aber "das Gewicht dieses Einflusses ist gleich Null, der Verhaltensappell des Strafrechts läuft leer, wenn entweder ein Wunsch oder Triebimpuls in diese Richtung überhaupt fehlt (Kein Bedürfnis nach illegalen Drogen), oder wenn eine handlungsrelevante Abwägung und Motivationsbildung aufgrund von Aufklärung und Einsicht bereits stattgefunden hat."[109] Den unterschiedlichen Cannabiskonsum in Frankreich und den Niederlande könnte man auch auf folgendes zurückführen: In Frankreich ist es sehr viel schwieriger sich Cannabis zu beschaffen. Deshalb ist man bestrebt, beim Konsum die berauschende Wirkung zu erzielen, und nicht eine bloße Entspannung des Körpers zu bewirken, da sich der ganze Aufwand sonst nicht lohnen würde.

Zwar ist davon auszugehen, daß eine Freigabe zunächst zu einem höheren Konsum von harten Drogen führen wird. Aber nach allen bisherigen Studien wird dies nur vorübergehend

---

106 Vgl. National Governors Conference Center for Policy Research and Analysis 1977:33.

107 Vgl. Walt Saveland und David Bray: 1981, Trends in Cannabis Use Among American States with Different and Changing Legal Regimes, 1972-77, in: Contemporary Drug Problems, 10, 1981, S. 335-361. vgl. a. Reuband 1992 s.o., S. 29.

108 Vgl. Quensel, 1982, S. 79 u. S. 303.

109 Zitat aus dem Gutachten von Böllinger, 1991a, S. 67.

sein[110]. Der Anstieg wird durch die Konsumenten von harten Drogen geschehen, die im Moment auf Grund von Geldmangelsteilweise auch andere Drogen verwenden. Außerdem wird es bei den weichen Drogen eine gewisse Anzahl von Personen geben, die nur einmal probieren wollen. Auf der anderen Seite wird auch bei den weichen Drogen sehr schnell der Effekt des Wegfalls des Anreizes des Verbotenen bei Jugendlichen zu einer Reduzierung der Nachfrage führen.

Insgesamt kann man feststellen, daß die Politik in den Niederlanden sehr viel besser funktioniert als in Deutschland. Die oben aufgeworfene Frage kann hier nicht abschließend beantwortet werden, da keine quantitativen Untersuchungen in Bezug auf die Nachfrage vorliegen.

9. Schlußfolgerungen

Die negativen Auswirkungen der Prohibition sind gewaltig. Die Drogenmafia verdient Milliarden und kann damit die Gesellschaft und die Wirtschaft unterwandern und korrumpieren. Durch die hohen Preise der harten Drogen haben die Abhängigen in der Mehrzahl keine andere Wahl, als sich durch Beschaffungskriminalität und Drogenhandel die benötigten Mittel zu beschaffen. Dieser Teufelskreis könnte mit einer Liberalisierung durchbrochen werden. Das Verbot kann den Konsum nicht verhindern. Stattdessen zwingt es den Konsumenten zu gefährlicheren Konsumformen. Hierzu gehört die Wiederverwendung von Spritzen, gestreckter Stoff und fehlende ärztliche Betreuung. Der Gesellschaft entstehen durch die Prohibition Kosten in Milliardenhöhe, die sich aus den Kosten für die Strafverfolgungsbehörden und dem Schaden durch die indirekte Kriminalität zusammensetzen. Weiterhin spricht das Experiment in den Niederlanden eher für eine Abnahme des Drogenkonsums bei Entkriminalisierung, als für eine Zunahme.

---

110 Vgl. Derks, Jack: The efficacy of the Amsterdam morphine dispensing program. the Netherlans Institute of mental Health. Utrecht 1988; Stimson, G.V./Oppenheimer, E.: Heroin Addiction. London 1982.

Zumindest hat das niederländische Experiment zu einer Trennung der Drogenmärkte von harten und weichen Drogen geführt. Auch werden die Abhängigen von harten Drogen medizinisch besser betreut. Dies läßt sich an der geringeren Anzahl von Drogentoten erkennen.

6. Kapitel: Verfassungsmäßigkeit der Straftatbestände bezüglich des Drogenkonsums

In diesem Kapitel soll versucht werden, die großen Linien der verfassungsrechtlichen Diskussion in Deutschland und Frankreich aufzuzeichnen und weiter zu entwickeln. In Deutschland wurde die Diskussion in jüngster Zeit durch die Entscheidung des Bundesverfassungsgerichts[1] über das Konsumverbot von Cannabis erneut angefacht. In Frankreich gibt es bisher nur wenige Autoren, die eine Diskussion über die Verfassungsmäßigkeit des Verbotes für erforderlich halten. Es gibt bisher noch keine Urteile des französischen Verfas-sungsgerichts, die sich mit ähnlichen Argumenten, wie in Deutschland, mit dieser Frage beschäftigt haben.

1. Stand der verfassungsrechtlichen Diskussion in Deutschland

1.1 Voraussetzungen für die Strafbarkeit eines Verhaltens und ihre Beweislast

Gesellschaftliche Sachverhalte sollen durch das Recht auf Grund rationaler Überlegungen geregelt werden. Die Staatsgewalt darf nicht zu willkürlichen Regelungen greifen[2]. Bei der Verwendung vom Strafrecht hat das Bundesverfassungsgericht die "wirklichkeitsnahe Würdigung einer konkreten Tat" und "schuldangemessene" Sanktionen zur Bedingung gemacht[3].

---

1 Vgl. BVerfGE 90, 145ff, vom Zweiten Senat vom 9. März 1994.

2 Vgl. Frankenberg, 1988, S. 17.

3 Vgl. BVerfG JZ 1987, 138 ff. (Sitzblockade-Urteil)

1.1.1 Bedingungen für die Strafbarkeit eines Verhalten

Die seit 1975 abgeschlossene große Strafrechtsreform hat folgende Prinzipien für die Strafbarkeit eines sozialschädlichen Verhaltens herausgearbeitet:

1.1.1.1 Ausschließlicher Zweck des Strafrechts ist der Rechtsgüterschutz. Pönalisiert werden dürfen nur sozialschädliche und sozialgefährliche Verhaltensweisen. Der Schutz einer irgendwie definierten "Sittlichkeit" oder Moral[4], irgendwelcher kultureller Werte oder staatlicher Ziele fällt nicht eo ipso unter diese Definition.

1.1.1.2 Die Gefährlichkeit oder Schädlichkeit des betreffenden Verhaltens, also insbesondere die spezifische Kausalität, bedürfen des schlüssigen empirischen Nachweises. Lediglich darüber, welchen qualitativen und quantitativen Anforderungen dieser Nachweis genügen muß, herrscht Streit.

1.1.1.3 "Selbst wenn der Nachweis der Gefährlichkeit gelingt, darf eine Strafvorschrift nur geschaffen werden, wenn Unrechtsgehalt und Schädlichkeit so gravierend sind, daß die Strafbarkeit nicht unverhältnismäßig, also als Überreaktion erscheint."

1.1.1.4 Nur spezifische, das soziale Unwerturteil rechtfertigende "tatbestandstypische Gefahren" sind zu berücksichtigen. "Strafvorschriften, die gefährliche und ungefährliche Verhaltensweisen gleichermaßen umfassen, sind nicht zu rechtfertigen."

1.1.1.5 Strafrecht darf nur die ultima ratio im gesetzgeberischen Instrumentarium sein. Die Regulierung von sozialen Problemen durch das Strafrecht muß wegen der besonderen Intensität der Grundrechtseinschränkung äußerstes Mittel der

---

4 Vgl. Jäger, Herbert: Entkriminalisierung im Sexualstrafrecht, S. 7, in Sexualwissenschaft und Strafrecht, Stuttgart 1987, BGH 1. Strafsenat, 22.07.1969, BHSt 23, 40-46 Fanny Hill; BVerfGE 6, 389ff, 434.

Sozialpolitik bleiben. Vor Anwendung dieses letzten und äußersten Mittels muß der Gesetzgeber prüfen, ob nicht andere, außerstrafrechtliche Mittel zum Schutz der betroffenen Rechtsgüter besser geeignet sind oder ausreichen. Das ultima-ratio-Prinzip" verlangt vom Gesetzgeber wie von allen, die im Bereich der sozialen Kontrolle tätig sind, über außerstrafrechtliche Möglichkeiten des Rechtsgüterschutzes konstruktiv nachzudenken und in dieser Hinsicht Initiativen zu entfalten, um Möglichkeiten zu entdecken, eine solche ultima ratio entbehrlich zu machen."

1.1.1.6 Konsequenz aus der in der Verfassung zum Ausdruck kommenden Wertordnung und dem daraus abgeleiteten Rechtsgüterschutzprinzip ist, daß "die Gesetzgebung durch das Strafrecht selbst bewirkte Sekundärschäden in ihr Kalkül einbeziehen, etwaige Kontraindikationen also berücksichtigen muß. Auf Strafvorschriften sollte daher verzichtet werden, wenn der durch die Kriminalisierung selbst hervorgerufene Schaden im Vergleich mit dem durch sie bewirkten Schutz von Rechtsgütern unverhältnismäßig hoch ist."

1.1.1.7 " Der Strafgesetzgeber muß - ebenfalls mit zeitgerechten wissenschaftlichen Standards - prüfen, ob sein Unwerturteil sich mit den Wertüberzeugungen der Bevölkerung immerhin soweit in Einklang befindet, daß mit einer Anerkennung der Normierung und daher einem generalpräventiven Effekt der Vorschrift zu rechnen ist."[5]

Die oben angeführten Prinzipien wurden entwickelt, da sich die Strafgesetzgebung mehr und mehr zu einem Instrument der Prävention entwickelt hat, und dadurch immer mehr Verhaltensformen von unserer pluralistischen Gesellschaft pönali-

---

5 Die sieben Prinzipien wurden aus dem Gutachten von Böllinger, Lorenz für die Deutsche Aids-Hilfe e.V.; "Möglichkeiten und Grenzen der Legalisierung und Entkriminalisierung des Betäubungsmittelgebrauchs im Rahmen einer Novellierung des BtMG", S. 4, 5, zitiert. Die dort verwendeten Zitate stammen von Jäger, Herbert, Möglichkeiten einer weiteren Reform des Sexualstrafrechts, 1984, S. 68ff. in :Sexualtheorie und Sexualpolitik, Hrsg.: Martin Dannecker und Volkmar Si gusch, Enke Verlag Stuttgart, 1984.

siert werden. Dabei besteht die Gefahr, daß Randgruppen wegen eines übergeordneten Zieles in der Ausübung ihrer Grundrechte beeinträchtigt werden. Dabei wird die Prävention als eine umfassende offensive sozialtechnologische Kontrollstrategie, die weit über das traditionelle strafrechtliche Entscheidungsprogramm hinausgreift und widersprüchlich ist, verstanden[6]. Diese Entwicklung des Einsatzfeldes des Strafrechtes verpflichtet den Gesetzgeber zu einer stärkeren Kontrolle der Auswirkungen der Pönalisierung bestimmter Verhaltensformen auf die Gesellschaft. Bei dem BtMG wird aber "nicht die direkte Fremdgefährdung unter Strafe gestellt, sondern die unterstellte psychologische Motivierung zur Nachahmung"[7]. Nur hierdurch ist die Volksgesundheit gefährdet. Der Gesetzgeber rechtfertigt unter anderen die Drogengesetzgebung mit dem Argument, daß nur auf diese Weise ein Initialzwang oder Motivation für eine Therapie bei den Süchtigen herbeigeführt werden kann. Diese Argumentation grenzt an das Motto "Der Zweck heiligt die Mittel". Die neue Sicherheits- und Strafrechtspolitik wandelt sich immer mehr in Richtung einer Sozialpolitik. Deutlich sichtbar wird die Änderung des Strafrechtssystems von einem rein repressiven zu einem präventiven System, welches einen erhöhten Steuerungsanspruch erhebt[8]. Damit steht die präventive Wende in der Gefahr, verfassungsmäßig garantierte Eingriffsvoraussetzungen zu verwischen und zu beseitigen.

1.1.2 Beweislast

Diese oben beschriebene Entwicklung der Strafgesetzgebung hat dazu geführt, daß ohne ein bestimmtes System Sozialprobleme, die bestimmte Gruppen als regelungsbedürftig ansehen, durch Strafgesetze geregelt werden. Dabei wird dieser

---

6 Vgl. Albrecht, Peter-Alexis 1986, Prävention als problematische Zielbestimmung im Kriminaljustizsystem, S. 55, in: Kritische Vierteljahresschrift für Gesetzgebung und Rechtswissenschaft; Böllinger, 1991a, S. 8.

7 Zitat: Böllinger, Lorenz: Grenzenloses symbolisches Strafrecht, 1994 KJ S. 419.

8 Vgl. Albrecht, Peter-Alexis, 1986, S. 60.

Prozeß durch die öffentliche oder veröffentlichte Meinung beherrscht. Da es keine abgesicherte Rangordnung von sozialen Problemen gibt und nicht geben kann, regiert mehr oder weniger nach dem Zufallsprinzip die Meinung der gerade herrschenden Gruppierung. Die Realitätsbeurteilung des Strafgesetzgebers ist "infor-mellen Einflüssen nahezu schrankenlos ausgesetzt"[9]. Deshalb müßte nach Jäger ein möglichst formalisiertes Verfahren mit den folgenden Kriterien eingesetzt werden, Kriminalpolitische Konzeption, Präzisierung der Gefährlichkeitshypothese; Vermeidung von Wertwidersprüchen; Verhältnismäßigkeitsprüfung; Beschränkung auf deliktstypische Gefahren; Prüfung außerstrafrechtlicher Alternativen; Sanktionswirkungen; Eliminierung irrelevanter Argumente[10].
Es stellt sich nun die Frage, wer die Beweislast für den vom Gesetzgeber behaupteten Zweck einer strafrechtlichen Norm hat. Diese Beweislast darf nicht nach dem Trägheitsprinzip demjenigen, der die Strafnorm bekämpft, auferlegt werden. Nach Schneider[11] müßte diese Beweislast spätestens bei einer andauernden Zweifelslage dem Gesetzgeber zuwachsen und im Falle einer fehlenden Beweisführung müßte das fragliche Gesetz aufgehoben werden, da es dem Bürger nicht zumutbar sei, für eine eventuell nicht vorhandene soziale Gefährdung eine Freiheitsstrafe hinnehmen zu müssen. Der Gesetzgeber behauptet[12], daß die Drogengesetzgebung ein wirkungsvolles Mittel gegen die "Rauschgiftwelle" sei.
Der BGH hat 1992 in einem Urteil[13] nur implizit über diese Frage entschieden, da er es für die Verfassungsmäßigkeit der Strafnorm ausreichen ließ, daß eine sozialschädliche Wirkung zu befürchten sei. Auch in dem Beschluß des Bundesverfassungsgerichts vom 9.3.1994 wird über die Beweislast nur inzident entschieden, da man es als nur teilweise überprüfbar

---

9 Vgl. Jäger, Herbert: Strafgesetzgebung als Prozeß. In: Festschrift für Klug, Köln 1983, S. 85; Noll, 1973, S. 46; Zitat aus dem Gutachten von Böllinger, 1991a, S. 10.

10 Vgl. Jäger 1983, S. 92 ff..

11 Vgl. RiOLG Hartmut Schneider, StrafV 11/1992 S. 514.

12 Vgl. Gesetzesentwurf von 1971, BR-Drs. 665/70, S. 5-8.

13 Vgl. BGH Urt. vom 25.08.1992 - I StR 362/92 (LG Karlsruhe), s.a. StrafV 11/1992 S. 513.

ansah, ob das vom Gesetzgeber gewählte Mittel zur Erreichung des erstrebten Zwecks geeignet sei. Dem Gesetzgeber wird ein Beurteilungsspielraum bei der Prognose und der vorzunehmenden Einschätzung der dem Einzelnen oder der Allgemeinheit drohenden Gefahren zugebilligt[14]. Damit legt das Bundesverfassungsgericht dem Gesetzgeber zwar eine Beweislast für die Zweckmäßigkeit der strafrechtlichen Vorschrift auf, aber gleichzeitig wird dem Gesetzgeber ein nur teilweise vom Gericht überprüfbarer Beurteilungsspielraum zugebilligt.
Überspitzt könnte man sagen, daß der Gesetzgeber zwar die Beweislast hat, diese aber nicht überprüfbar sei, da er selbst seine eigene Prognose überprüfen darf. Diese Beurteilung wird durch das Fehlen einer Sachverständigenanhörung in dem angesprochenen Urteil untermauert.

1.1.3 Periodische Überprüfung der Strafgesetzgebung

Damit die oben genannte Beweispflicht des Gesetzgebers Wirkung haben kann, muß diese mit einer Überprüfungspflicht der Strafgesetzgebung kombiniert werden. Nur auf diese Weise kann die einmal gestellte Prognose über die Wirkung der erlassenen Strafgesetze überprüft werden. Ein solches Verfahren würde den Gesetzgeber auch zu der Entwicklung von geeigneten Kontroll- und Meßinstrumentarien für die sozialen und sonstigen Auswirkungen seiner Strafgesetzgebung zwingen[15].

1.1.4 Zusammenfassung

Die Drogenstrafgesetzgebung ist nicht durch ein an die verfassungsrechtlichen Voraussetzungen gebundenes Verfahren entstanden, sondern sie wurde hauptsächlich aus politischen Gründen in dieser Weise entwickelt. Dies führte dazu, daß mehr oder weniger ein Glaubenskrieg aus diesem sozialen

---

14 Vgl. BVerfGE 90, 145, Leitsatz Nr. 2.

15 Vgl. Riem/Voigt (Hrsg.): Durchsetzung und Wirkungen von Rechtsentscheidungen. Schriften der Vereinigung für Rechtssoziologie Bd. 14. 1990; Böllinger, 1991a, S. 13.

Problem mit seinen möglichen Bekämpfungsstrategien gemacht wurde. Der Glaubenssatz dieses Krieges lautet folgendermaßen: Was schlecht ist, muß verboten werden. Dies hat auch bisher verhindert, daß ein an die verfassungsrechtlichen Grundsatzentscheidungen gebundenes Kontrollverfahren durchgeführt wurde. Der Grundsatz "in dubio contra libertate", welcher nur bei besonders hoher Bedeutung des Schutzgutes angewendet werden darf, wurde statt dem Grundsatz "in dubio pro libertate" angewendet[16]. Der Glaubenskrieg hat weiterhin verhindert, daß der Staat geeignete Meß- und Kontrollinstrumente für die Messung des Erfolges und Beurteilung möglicher anderer Strategien der Bekämpfung entwickelte. Deshalb erscheint es als unerläßlich, die bestehende Gesetzgebung einer Überprüfung zu unterziehen.

1.2 Grundrechtsschutz des nicht illegale Drogen konsumierenden Bürgers

Die Straftatbestände des BtMG werden vom Gesetzgeber mit der Behauptung legitimiert, daß nur auf diese Weise die Volksgesundheit und der Bürger vor Selbstschädigung sowie vor Drogenhändlern geschützt werden kann.

1.2.1 Art. 2 Abs. 2 S. 1 GG: Grundrecht auf Leben und körperliche Unversehrtheit

Die Nicht-Konsumenten werden in ihrem Grundrecht auf Leben und körperliche Unversehrtheit durch den Konsum von illegalen Drogen durch die Konsumenten gefährdet. Dieses Grundrecht soll nach Darstellung des Gesetzgebers durch die Konfrontation des Nichtkonsumenten mit dem Konsum des Konsumenten auf Grund des Nachahmungstriebes gefährdet sein. Für die Verletzung dieses Grundrechts muß zunächst feststehen, daß es sich bei dem illegalen Drogenkonsum um eine Gesundheitsbeeinträchtigung handelt. Der Gesetzgeber

---

16 Vgl. Schneider: Fschr. 100 Jahre Deutscher Juristentag. 1960 Bd. II, S. 263 ff.; BVerfG NJW 1983, 2627.

geht geht ohne Prüfung davon aus, daß alle illegalen Drogen einen solchen Effekt haben. Dies war eventuell auf der Grundlage des Wissensstandes von 1970 vertretbar. Nach neuerer Erkenntnis hat auch das Bundesverfassungsgericht[17] anerkannt, daß die gesundheitlichen Schäden zumindest bei dem Konsum von Cannabis, wenn überhaupt vorhanden, sehr viel geringer sind, als ursprünglich angenommen. Danach entsteht keine körperliche Abhängigkeit bei dem Konsum von Cannabis. Auch bei hohen Dosierungen wird keine Toleranzbildung bewirkt. Weiterhin werden die unmittelbaren gesundheitlichen Schäden bei mäßigem Genuß als eher gering angesehen[18]. Somit kann für das Verbot des Konsums von Cannabis als Begründung dieses Argument nicht herangezogen werden. Bei den anderen illegalen Drogen ist die Gesundheitsgefährdung alleine durch den Konsum fraglich, da es Selbstheiler[19] und auch Gelegenheitskonsumenten von Heroin gibt, die keine körperliche Abhängigkeit entwickelt haben. Damit ist die These zumindest in Frage gestellt, daß der Konsum von illegalen Drogen die Volksgesundheit gefährde[20]. Bei einer Annahme einer Gefährdung der Volksgesundheit ist zu bedenken, daß der Gesetzgeber bisher den Nachweis für die Kausalität zwischen Konsum der Abhängigen und der Schädigung der Gesunden nicht erbracht hat[21].

Das Bundesverfassungsgericht[22] hält trotz dieser Erkenntnisse über die medizinische Wirkung von Cannabis an seiner Auffassung fest, daß Cannabis Jugendliche an die Drogen heranführe und die Festigung der Persönlichkeit des Jugenlichen gefährde. Weiterhin stellt es das BtMG als einen Beitrag Deutschlands an die Staatengemeinschaft zur internationalen Kontrolle der Drogen dar. Es handelt sich hier um ein abstrak-

---

17 Vgl. BVerfGE 90, 180.

18 Vgl. Geschwinde, 1990, S. 41 Rdnr. 154 ff.; Täscher, 1986, S. 143 ff.; Stellungnahme des Bundesgesundheitsamts zu den Auswirkungen des Haschischgenusses im Verfahren 2 BvL 43/92 S. 10, 14.

19 Vgl. Scheerer in Scheerer/Vogt 1989, S. 298 ff.; Bossong/Marzahn ebd. S. 435 ff.; Happel 1988.

20 Vgl. Dünkel 1981, S. 674f.; Selling, Peter: Zur Geschichte des Umgangs mit Opiaten. In: Scheerer/Vogt 1989, S. 275 ff.

21 Vgl. Böllinger, 1991a, S. 22.

22 Vgl. BVerfG NJW 1994, 1579.

tes Gefährdungsdelikt, da der Konsum der Abhängigen die Nichtabhängigen gefährden soll.
Bei einem abstrakten Gefährdungsdelikt außerhalb des BtMG, das schon im Vorfeld einer Rechtsgutsverletzung ein für dieses Rechtsgut gefährliches Verhalten unter Strafe stellt, muß die unmittelbare Tathandlung für sich allein strafbar sein. Auch die Nichterbringung von sozialen Leistungen, die durch den Konsum von illegalen Drogen bedingt sein kann, kann aufgrund dieses Prinzipes keine Begründung für das Verbot von illegalen Betäubungsmitteln hergeben[23]. Der provozierte Konsum beim Nichtkonsumenten ist nicht strafbar. Damit wurde der personale Rechtsgutsbegriff im Betäubungsmittelstrafrecht, wonach auch die Definition sozialer, kollektiver Rechtsgüter auf ein Substrat konktret-individualisierbarer Opfer zurückgeführt werden muß, nicht mehr beachtet[24].

1.2.2 Art. 2 Abs. 1 GG: Allgemeines Persönlichkeitsrecht

Es handelt sich hier um die Einschränkung der allgemeinen Handlungsfreiheit durch illegale Drogen konsumierende Dritte, die damit die Gefahr begründen, daß die Willensfreiheit zur Abstinenzerhaltung durch Ansteckung beeinträchtigt wird. Zwar handelt es sich bei den Grundrechten grundsätzlich nur um ein Abwehrrecht des Bürgers gegen staatliche Eingriffe, aber diese Grundrechte werden unter bestimmten Voraussetzungen durch einen Leistungsanspruch gegenüber dem Staat ergänzt. In diesem Falle besteht kein Leistungsanspruch, da der Bürger keinen Anspruch auf die Verhinderung der Wahrnehmung von unangenehmen oder lästigen Tatsachen hat, z. B. den Drogenkonsum mit seinen Begleiterscheinungen. Denn er bleibt auch in dieser Situation Herr seines Willens und hat die Möglichkeit, sich zu entfernen.

---

23 Vgl. Nestler, Cornelius, 1996.
24 Vgl. Böllinger, 1994, S. 409.

1.2.3 Recht auf Moralschutz

Art. 2 Abs. 1 GG stellt bei der Abwägung der miteinander kollidierenden Freiheitsrechte der Bürger ein Fairneßgebot[25] auf, das keine herrschende Moral enthält. Denn die Moral, auch einer die Mehrheit, ist nicht schützenswert, wenn damit eine Minderheit in ihren Verhaltensformen beeinträchtigt wird. Es sei denn die Bürger der Mehrheit könnten nicht den Beeinträchtigungen der Minderheit ausweichen. Beim Konsum von illegalen Drogen liegt ein solcher Fall nicht vor, da niemand verpflichtet ist, sich dies anzuschauen. Es darf auch nicht übersehen werden, daß die Beihilfe oder Anstiftung zum Drogenkonsum, die durch die Vorbildfunktion des Konsums geschehen soll, nicht strafbar seien darf, da es sich um Beihilfe oder Anstiftung zu einer nicht strafbaren Haupttat handelt.

1.2.4 Staatlich abzusichernde Risiken

Der Staat hat immer dann eine subsidiäre Hilfspflicht, wenn eine Gruppe von Personen betroffen ist, die aufgrund von besonderen individuellen und sozialen Umständen wie entwicklungsbedingte Unreife, Krankheit oder psychischer Störungen nicht die Möglichkeit haben, ihre volle Entfaltungsmöglichkeiten wahrzunehmen[26]. Aus diesen Überlegungen ist zu folgern, daß der Staat die Jugend und geistig Behinderte vor den Risiken der illegalen Drogen schützen muß.

1.2.5 Art. 3 Abs. 1 GG Gleichheitsprinzip

Es soll geprüft werden, ob nicht die legalen und illegalen Drogen gleich zu behandeln sind. Bei der Beurteilung der Verfassungsmäßigkeit des Drogenverbotes in Hinblick auf den Gleichheitssatz ist von den realen und praktischen Auswirkungen und nicht von den bezweckten Wirkungen auszugehen[27]. Die

---

25 Vgl. Podlech-AK-GG Art. 2 Abs. 1 Anm. 55.

26 Vgl. Podlech-AK-GG Art. 2 Abs. 1 Anm. 55; Böllinger, 1991, S. 27.

27 Vgl. Stein-AK-GG Art. 3 Anm. 28.

Gruppe der Abstinenten von illegalen Drogen muß sich in einem objektivierbaren Kriterium von der Gruppe der Drogenkonsumenten unterscheiden. Auch bei Unterstellung eines Schadenspotentials der illegalen Drogen müßte man dieses dem Schadenspotential der legalen Drogen gegenüberstellen. Bei dieser Gegenüberstellung käme man zu dem Ergebnis, daß das Schadenspotential der illegalen Drogen zumindest nicht höher ist, als das von legalen Drogen, da bei exzessivem und abhängigem Alkoholkonsum die Organschädigungen, insbesondere des Gehirns, unausweichlich sind. Dagegen ist der aus medizinischer Sicht kontrollierte, konstant dosierte Opiatkonsum nicht organschädigend oder lebensverkürzend. Abgesehen von ihrer atemdepressiven Wirkung, die bei Überdosierung zum Tode führt, bewirkt Heroin keine irreversiblen chronischen Störungen, auch nicht bei chronischen Gebrauch[28]. Die Gefahren bei Nikotinkonsum sind erheblich, da hier Gefäßkrankheiten, Leberzirrhose und Herzerkrankungen, abgestuft nach der individuellen Präposition und Konsumform, mit Sicherheit eintreten.

Aus diesen Überlegungen heraus erscheint es zumindest fragwürdig, daß der Gesetzgeber den Bürger nur vor den illegalen Drogen schützen will, da keine sachlich erheblichen Unterschiede angeführt werden können.

1.2.6 Rechtsstaatsprinzip, Verhältnismäßigkeitsgrundsatz

Das verfassungsrechtliche Prinzip der Verhältnismäßigkeit verpflichtet den Staat, nur dort regulierend einzugreifen, wo dies geboten ist. Dabei muß das Mittel geeignet und erforderlich sein, d.h. es darf kein anderes milderes Mittel zur Verfügung stehen[29]. Der Gesetzgeber hat schon dadurch gegen das Rechtsstaatsprinzip verstoßen, indem er keine ordentliche Abwägung der möglichen Mittel und Gefahren seiner Gesetz-

---

28 Vgl. Böllinger, 1991, S. 29; Wely, J.J.W.M. van: Körperliche Wirkung des Opiatkonsums. In: Scheerer/Vogt 1989, S. 299 ff..

29 Vgl. BVerfGE 61, 126, 134; BVerfGE 19, 348f.: BVerfGE 38, 368;

gebung durchgeführt hat. Es wurde keine ausreichende Untersuchung des sozialen Problems des illegalen Drogenkonsums durchgeführt, sondern es wurde aufgrund internationaler Abkommen und öffentlichen Druckes das BtMG erlassen[30]. Als weitere Begründung der undifferenzierten Drogenprohibition wurde der Schutz der Jugend angeführt. Zwar kann man zu Recht argumentieren, daß Jugendliche eines besonderen Schutzes bedürfen, aber dies muß nicht zu gänzlicher Entmündigung führen. Die angebliche "Schrittmacherfunktion"[31] von Cannabis wurde seit dem Erlaß des BtMG widerlegt, und deshalb ist nur der Schutz der Jugend vor den sogenannten harten Drogen als verfassungsmäßiges Ziel vertretbar. Auch das BVerfG hat diese neue Erkenntnis über Cannabis sich zu eigen gemacht[32].

1.2.7 Verletzung der Bürger in ihrem Eigentumsrecht und körperlicher Unversehrtheit durch die indirekte Beschaffungskriminalität

Die indirekte Beschaffungskriminalität verletzt die betroffenen Personen in ihren Grundrechten. Durch die Diebstähle werden die Betroffenen in ihrem Eigentumsrecht aus Art. 14 GG verletzt. Ein Raub verletzt außerdem das allgemeine Persönlichkeitsrecht aus Art. 2 GG. Der Staat ist gegenüber seinen Bürgern verpflichtet, diese vor solchen Straftaten zu schützen. Aufgrund des Sozialstaatsprinzips, des Rechtsstaatsprinzips und des Eigentumsschutzes ist der Staat verpflichtet, Handlungen zu unterlassen, die seine Bürger der Gefahr des Eigentumsverlustes durch kriminelle Handlungen aussetzen. Im letzten Kapitel wurde an Hand der Untersuchung von Kreuzer und der Analyse des Bundeskriminalamtes nachgewiesen, daß

---

30 Vgl. Böllinger, 1991, S. 31.

31 Vgl. Körner, 1994, Anhang C 1, Rdnr. 256; Geschwinde, 1990, S. 44 f. Rdnr. 166; Quensel, Stephan, in: Scheerer/Vogt (Hrsg.), Drogen und Drogenpolitik, 1989, S. 379, 396; Stellungnahme des Bundesgesundheitsamts zu den Auswirkungen des Haschischgenusses im Verfahren 2 BvL 43/92 (Aussetzungs- und Vorlagebeschluß des Landgerichts Lübeck vom 17. Dezember 1991 - 2 Ns (Kl. 167/90)).

32 Vgl. BVerfGE 90, 181.

die sogenannte indirekte Beschaffungskriminalität in manchen Bereichen, wie z.B. dem schweren Einbruchdiebstahls, bis zu 30% der vorhandenen Kriminalität ausmacht. Unter Zugrundelegung der Behauptung, daß ein wesentlicher Teil dieser Kriminalität verschwinden würde, wenn die illegalen Drogen aufgrund einer Legalisierung erheblich billiger würden, könnte der Gesetzgeber zu einer Änderung seiner Drogenstrafgesetzgebung verpflichtet sein, da er nur auf diese Weise diese Eigentumsbeeinträchtigung seiner Bürger wirkungsvoll bekämpfen könnte.
Es besteht zwar eine Pflicht des Staates, seinen Bürger vor den oben genannten Beeinträchtigungen zu schützen, aber es handelt sich bei der Beeinträchtigung nur um einen ungewollten Reflex seiner Gesetzgebung. Daher ist es fraglich, ob die Handlungen der Drogenabhängigen dem Staat zugerechnet werden können.
Nach heutiger Erkenntnis ist der alleinige Grund für die Beschaffungskriminalität der Abhängigen von harten Drogen deren unbedingtes Bedürfnis, sich mit allen Mitteln ihren Suchtstoff zu besorgen. Bei einer Legalisierung könnten die Suchtstoffe erheblich billiger angeboten werden, so daß man sie mit Hilfe von Einkünften aus einer legalen Arbeit finanzieren könnte. Auch würde der Abhängige nicht so schnell aus seinem sozialen Millieu herausgerissen, da der Konsum ihn nicht zu einem Kriminellen machen würde. Somit kann man die Kausalität der Gesetzgebung im Bereich der illegalen Drogen für die Handlungen der Drogenabhängigen bejahen.
Es bleibt zu klären, ob die vom Gesetzgeber verfolgten Ziele seiner Prohibition den dabei bewirkten Schaden rechtfertigen. Als Gesetzesziel der Prohibition wurde der Schutz der Volksgesundheit, der Drogenkonsumenten und der Nichtkonsumenten angegeben. Es wurde schon gezeigt, daß der Nichtkonsument keinen verfassungsrechtlichen Anspruch auf diesen Schutz hat. Der Konsument soll vor sich selber geschützt werden. Somit steht sich das Eigentumsrecht und die körperliche Unversehrtheit des Bürgers, der Gesundheit des Drogenkonsumenten gegenüber. Beim Drogenkonsumenten handelt es sich um eine selbst gewollte Gesundheitsgefährdung. Dagegen ist der Diebstahl oder Raub, dessen Opfer der Bürger wird, keineswegs selbstgewollt. Daher stellt sich die Frage, ob nicht

der normale Bürger einen sehr viel größeren Anspruch auf Schutz durch den Staat hat, als der Drogenabhängige, der zumindest am Anfang sich freiwillig dem Konsum von illegalen Drogen hingegeben hat.

Dieses legislative Unrecht würde nur dann zu einer Pflicht zum Erlaß eines neuen Gesetzes führen, wenn man annehmen würde, daß der Staat grundsätzlich aufgrund solcher reflexartigen Schäden zum Erlaß eines Gesetzes verpflichtet sei. Grundsätzlich kann aber ein solches Unterlassen des Gesetzgebers nicht mit der Verfassungsbeschwerde eingeklagt werden, da das Bundesverfassungsgericht sich nicht an die Stelle des Gesetzgebers setzen soll[33]. Von diesem Grundsatz gibt es nur eine Ausnahme. Das Grundgesetz muß einen nach Inhalt und Umfang der Gesetzgebungspflicht im wesentlichen umgrenzten Auftrag an den Gesetzgeber formuliert haben[34].
Bei den Waldschäden entstand ein ähnliches Problem. Dort war durch die fehlenden Umweltgesetze ein Schaden entstanden, aber ein Amtshaftungsanspruch wurde abgelehnt. In einer anderen Entscheidung hat das Bundesverfassungsgericht[35] Gefährdungen aus dem Schutzbereich der Grundrechte ausgeklammert, die nicht unmittelbar auf die öffentliche Gewalt der Bundesrepublik zurückzuführen sind. In dieser Entscheidung hatte das Verfassungsgericht den deutschen Staat nicht für die Entscheidung eines anderen Staates verantwortlich gemacht, die, wenn überhaupt, nur mittelbar vom deutschen Staat ausgelöst wurde. Eine bloße Reflexwirkung des Gesetzes reichte für eine Verfassungsbeschwerde nach § 90 BVerfGG, Art. 93 I Nr. 4a GG nicht aus[36]. Dies gilt aber nicht, wenn der eigentliche Adressat des Gesetzes ein anderer als der nur formal Betroffene ist. Z.B. wurden die politischen Parteien als Adressaten einer Rechtsverordnung, die dem Steuerzahler ermöglichte Parteispenden abzusetzen, angesehen.
Das Bundesverfassungsgericht hat bei folgenden anderen Entscheidungen die nachteilige Wirkung eines Gesetzes dem

---

33 Vgl. BVerfGE 1, 100f.; 2, 244; 11, 261; 56, 70f..

34 Vgl. BVerfGE 11, 26ff.;12, 142; 23, 249; 56, 70f..

35 Vgl. BVerfGE 66, 56ff.

36 Vgl. BVerfGE 6, 278.

Gesetzgeber zugeordnet, auch wenn der Adressat des Gesetzes ein anderer war. Dies waren die Entscheidung zum Ladenschlußgesetz[37], Mitbestimmungsgesetz, welches die Binnenstruktur der Mitgliedschaftsunternehmen veränderte[38] und Preisfestsetzung für Schulbücher, die Auswirkungen für die Auftragnehmer[39] hatten. Das Ladenschlußgesetz richtet sich zwar an die Ladeninhaber, hindert aber zweifellos den Kunden, im Laden einzukaufen, wirkt also wie ein unmittelbar an den Kunden gerichtetes Gesetz. Auch bei dem Mitbestimmungsgesetzurteil hat der Bundesverfassungsgericht eine unmittelbare Betroffenheit angenommen, ohne daß die Antragsteller formelle Adressaten des Gesetzes sein mußten. Nach diesen Urteilen muß der durch eine staatliche Grundrechtsbeeinträchtigung Betroffene nicht unbedingt der Adressat einer Norm sein. Es reicht für die Zuordnung aus, wenn es wahrscheinlich ist, daß die Beeinträchtigung eintritt. Bei der Drogenprohibition ist der Eintritt des Eigentumsschaden beim Bürger wahrscheinlich, da der abhängige Drogenkonsument nur durch Vermögensdelikte seine Sucht finanzieren kann. Somit kann diese Grundrechtsverletzung dem Gesetzgeber zugerechnet werden. Eine Verfassungsbeschwerde wäre aber wahrscheinlich wegen der Mittelbarkeit und der im Einzelfall schwer zu beweisenden Kausalität der gesetzgeberischen Handlung für den konkret eingetretenen Eigentumsschaden erfolglos.

Grundsätzlich besteht aber die Möglichkeit, daß der Staat aufgrund einer Verletzung durch Unterlassen hinreichender Schutzvorkehrungen verpflichtet ist, staatliche Maßnahmen oder Gesetze zu erlassen, wenn die bestehenden Gesetze sich als unzulänglich erwiesen haben[40].

---

37 Vgl. BVerfGE 13, 230, 233.

38 Vgl. BVerfGE 50, 290, 320.

39 Vgl. BVerfGE 53, 1, 13ff..

40 Vgl. Badura, 1986, S. 79.

1.2.8 Zwischenergebnis

Ein genereller Anspruch der Bürger, die keine illegalen Drogen konsumieren, auf Verbot aller illegalen Drogen besteht nicht. Als schützenwertes Ziel haben sich lediglich die Sicherheit des Straßenverkehrs vor Betäubungsmitteln und der Schutz der Jugend herausgestellt. Ein Schutz durch den Staat vor den eigenen Trieben und damit vor der Versuchung, illegale Drogen zu konsumieren ist aus verfassungsrechtlicher Sicht nicht zu begründen. Auch ist es nicht verfassungsmäßig, daß der Staat die Moralvorstellungen einer Mehrheit von Personen mit der Hilfe des Strafrechts durchsetzen soll.

Andererseits hat der Staat seine Schutzpflicht gegenüber seinen Bürgern verletzt, da er durch die Drogenprohibition die indirekte Beschaffungskriminalität gefördert hat. Zwar handelt es sich hier nur um eine Reflexwirkung seiner Strafgesetze, aber diese Wirkung war vorhersehbar oder zumindest heute ist sie nachweisbar. Eine Zuordnung kann deshalb vorgenommen werden. Der Schutz der Grundrechte kann auch einen Anspruch des Bürgers auf Erlaß eines Gesetzes oder der Nachbesserung eines vorhandenen Gesetzes begründen. Bei der Abwägung des Schutzes der Konsumenten vor sich selbst und der Volksgesundheit mit dem Eigentumsrecht und der körperlichen Unversehrtheit der anderen Bürger, erscheint eine Bevorzugung der Konsumenten nicht zwingend. Nach Meinung des Verfassers sind die Nicht-Konsumenten schützenswerter, da diese sich nicht freiwillig selbstgefährdet haben.

1.3 Grundrechtsschutz für Konsumenten von illegalen Drogen

In Deutschland wurde der Konsum von illegalen Drogen nicht unter Strafe gestellt. Da aber der Besitz unter Strafe steht, ist ein strafloser Konsum faktisch fast unmöglich. Die gesetzliche Legitimation ist der Schutz des Konsumenten vor sich selbst[41]. Dies könnte aber einen Verstoß gegen die Grundrechte

41 Vgl. BT-Drs. 9/27 vom 27.11.1980, S. 25-27.

darstellen. Art. 2 Abs. 1 GG schützt jede Form menschlichen Handelns ohne Rücksicht darauf, welches Gewicht der Betätigung für die Persönlichkeitsentfaltung zukommt[42]. Absolut geschützt und damit der Einwirkung der öffentlichen Gewalt entzogen ist allerdings nur ein Kernbereich privater Lebensgestaltung[43].

1.3.1 Recht auf Rausch

Es stellt sich nun die Frage, ob das Recht, sich dem Genuß eines Rauschmittels hinzugeben, zu dem allgemeinen Persönlichkeitsrecht gemäß Art. 2 Abs. 1 GG gehört, und ob es auch Ausdruck der in Art. 1 Abs. 1 S. 1 GG geschützten Würde des Menschen ist. Aus der Geschichte der Menschheit ist zu erkennen, daß Rauschmittel in vielen Kulturen konsumiert wurden[44]. Zwar hat es immer wieder Bestrebungen gegeben, diesen Handel und Konsum zu unterbinden. Dies konnte aber nicht das Bedürfnis nach Substanzen, die die Realität vergessen lassen, verringern. In der modernen Welt hat sich dieses Bedürfnis eher verstärkt als abgemildert, da die Leistungsgesellschaft mit ihren vielerlei Zwängen den Drang sich aus dieser Umklammerung zu lösen, verstärkt hat. Aus diesem Grund wird vertreten, daß ein Recht auf Rausch vom Schutzbereich des Art. 1 Abs. 1 S. 1 GG mitumfaßt wird[45]. Dieses Recht auf Rausch kann auch nicht deshalb verneint werden, weil einige Konsumenten sich durch exzessiven Konsum in ihrer Gesundheit schädigen. Art. 1 Abs. 1 S. 1 GG schützt auch die freie Entscheidung über eine Selbstgefährdung, deshalb hat der Gesetzgeber auch den Selbstmordversuch straflos gestellt[46]. Nur der Kernbereich privater Lebensgestaltung, wozu nach dem Bundesverfassungsgericht der Umgang mit Drogen und das Sichberauschen nicht gehöre, sind der Einwirkung der öf-

---

42 Vgl. BVerfGE 80, 137 "152".

43 Vgl. BVerfGE 6, 32 "41"; 80, 137 " 153".

44 Vgl. Geo Wissen, Sucht und Rausch Nr. 3 S. 100.

45 Vgl. LG Lübeck, Beschl. vom 19.12.1991, StrafV 4/1992, S. 174.

46 Vgl. Ak-GG 1984 Art. 1 Abs. 1 Rdnr. 55, Bearbeiter Denninger.

fentlichen Gewalt entzogen. Das Gericht[47] begründet diese Einschätzung mit den vielfältigen sozialen Aus- und Wechselwirkungen des Sichberauschens. Die darin enthaltene empirische Prämisse wird nicht weiter begründet, und es wird übergangen, daß viele der sozialen Auswirkungen alleine auf die Strafbewehrung zurückzuführen sind[48]. Damit hat das Bundesverfassungsgericht den Kernbereich des Art. 2 I GG auf einen Bereich ausschließlicher Individualität reduziert[49]. Gemäß Art. 2 Abs. 1 GG ist die freie Entfaltung der Persönlichkeit und damit ein Recht auf Rausch nur insoweit geschützt, als dadurch nicht die Rechte anderer, die verfassungsmäßige Ordnung oder das Sittengesetz verletzt werden (allgemeine Handlungsfreiheit). Ein Recht auf Rausch wäre also allein dann nicht gegeben, wenn ein einschränkendes Gesetz, welches zur verfassungsmäßigen Ordnung gehört[50], vorhanden wäre, da die beiden anderen Schranken wegen fehlender Beeinträchtigung Dritter durch den Konsum nicht einschlägig sind. Das BtMG könnte ein solches Gesetz sein. Ob das BtMG mit seinen Strafnormen zur verfassungsmäßigen Ordnung gehört, wird noch zu prüfen sein.
Von der Frage, ob der Gesetzgeber mit Hilfe des Strafrechts den Konsum von illegalen Drogen verbieten darf, ist die Frage, ob er mit dem Verwaltungsrecht einen Konsum verbieten darf, da Belange der Gesellschaft, wie Fahruntüchtigkeit oder agressives Verhalten, auf diese Weise geschützt werden können, zu trennen. Mit der Argumentation, daß man mit Hilfe des Verwaltungsrechtes die gesellschaftlichen Belange schützen darf, hat das Bundesverfassungsgericht das "Recht auf Rausch" verneint[51]. Dies bedeutet aber nicht, daß auch eine strafrechtliche Verfolgung verfassungskonform ist.

---

47 Vgl. BVerfGE 90, 145ff.

48 Vgl. Böllinger, 1994 S. 407.

49 Vgl. Nestler, Cornelius, 1996.

50 Vgl. BVerfGE 17,313.

51 Vgl. Nestler, Cornelius, 1996.

1.3.2 Art. 2 Abs. 2 GG Recht auf Leben und körperliche Unversehrtheit

Der Staat hat die generelle Pflicht, seine Bürger vor Beeinträchtigungen von Seiten anderer Bürger zu schützen und selbst keine solchen Beeinträchtigungen zu verursachen. Wie schon gezeigt, kann man nicht von einer generellen Gesundheitsschädigung durch die illegalen Drogen ausgehen. Die Krankheiten der Drogenabhängigen entstehen hauptsächlich durch die soziale Verelendung, die dann zu einer schlechteren medizinischen Versorgung führt. Es gibt Beispiele, die belegen, daß auch eine längerfristige Abhängigkeit ohne gesundheitliche Schäden möglich ist. Nach verschiedenen Studien[52] hat Schneider[53] feststellen können, daß zumindest auch die Möglichkeit eines kontrollierten Heroinkonsums nach einer Phase der Abhängigkeit vorhanden ist. Der abhängige Konsument wird durch das Drogenverbot in seiner Gesundheit stark beeinträchtigt, da er unter unhygienischen Umständen seine illegalen Drogen konsumieren muß. Dagegen wird der Süchtige nicht vor den wirklich gefährlichen Fremdeinflüssen geschützt, die sind: Unreiner Stoff, fehlende Spritzen, Streckung des Stoffes wegen Nachschubproblemen und Abdrängung auf legale, aber gefährlichere Betäubungsmittel wie Alkohol.

Unter Annahme, daß es sich bei der Sucht um eine Krankheit handelt, wäre zu prüfen, auf welche Weise der Staat verpflichtet wäre, eine Gesundheitsvorsorge und -fürsorge zu organisieren[54].

---

52 Vgl. Studie von Graeven und Jones (1980); Robins Follow-up-Studie von Robins u.a. an Vietnamheimkehrern; Harding u.a. (1980) im Auftrag des National Institut on drug Abuse (NIDA).

53 Vgl. Schneider, Werner: Welche Entwicklungsmöglichkeiten haben Heroinabhängige? in: Neue Praxis Heft np 3/88, S. 241 ff..

54 Vgl. Böllinger, 1991a, S. 34; RVO BSGE 28, 114 f. u. 46, 41 ff..

1.3.3 Recht auf Gleichbehandlung Art. 3 Abs. 1 GG

Es liegt ein Verstoß gegen den Gleichheitsgrundsatz vor, da bestimmte legale Drogen wie Alkohol und Nikotin weit aus größere Schäden verursachen als zum Beispiel Cannabis. Die unterschiedlichen gesundheitlichen Schäden wurden schon oben aufgeführt und sollen deshalb hier nicht mehr wiederholt werden. Auch der Medikamtenmißbrauch wird strafrechtlich nicht sanktioniert. Nur Verstöße gegen die Regelungen des Medikamentenhandels sind sanktioniert. Man kann bei der Gruppe der Abhängigen von harten Drogen nicht von einer relativ kleinen Gruppe von Personen sprechen, bei der eine Grundrechtsbeeinträchtigung durch eine vereinfachte Regelung zur Lösung von sozialen Problemen hinnehmbar wäre[55], da man zumindest von 50.000 Abhängigen ausgehen muß.
Der Gleichheitssatz verbietet, wesentlich Gleiches ungleich, und gebietet, wesentlich Ungleiches entsprechend seiner Eigenart ungleich zu behandeln. Es bleibt dem Gesetzgeber überlassen, die Sachverhalte auszuwählen, an die er gleiche Rechtsfolgen knüpfen will. Bei der Auswahl muß er sich von sachlichen Kriterien leiten lassen[56]. Das Bundesverfassungsgericht hat in seiner Entscheidung zu der Verfassungsmäßigkeit des Cannabisverbotes festgestellt, daß der Gleichheitssatz nicht gebietet, alle potentiell gleich schädlichen Drogen gleichermaßen zu verbieten oder zuzulassen[57]. Bei dem Vergleich von Cannabis mit Nikotin kommt das Bundesverfassungsgericht im oben angeführten Urteil zu dem Schluß, daß Nikotin im Gegensatz zu Cannabis kein Betäubungsmittel ist. Obwohl einerseits anerkannt wird, daß Alkohol zu größeren gesundheitlichen Schäden als Cannabis führen kann, wird mit der Begründung, daß die berauschende Wirkung bei Cannabis im Vordergrund steht, und daß die starke soziale Einbindung von Alkohol seine potentielle schädliche Wirkung verhindert, kein Verstoß gegen den Gleichheitssatz angenommen. Als sachliches Unterscheidungskriterium führt es weiterhin an, daß die Kontrolle und Bekämpfung auf internationaler Ebene eine

55 Vgl. BVerfGE 26, 265, 275f..
56 Vgl. BVerfGE 53, 313, 328ff..
57 Vgl. BVerfGE 90, 145 ff., 196.

Prohibition verlangt, und daß die Bekämpfungsmöglichkeiten beim Mißbrauch illegaler Drogen sich von denen bei legalen Drogen unterscheiden. Auf das Argument des Landgerichts Lübeck[58], daß es sich bei der möglichen Gleichbehandlung von Alkohol mit Cannabis um keine Gleichheit im Unrecht handle, da es im verfassungsrechtlichen Sinn kein Unrecht sei, daß der Gesetzgeber bei Alkohol auf ein strafbewehrtes Verbot verzichtet habe, hat das Bundesverfassungsgericht nur indirekt Stellung bezogen, indem es feststellte, daß keine Verpflichtung zur Gleichbehandlung bei gleich hohem gesundheitsschädlichem Potential bestehe. Dies deutet darauf hin, daß die Freigabe von Alkohol als Unrecht aufgefaßt wird. Gleichzeitig argumentiert das Bundesverfassungsgericht mit sachlichen Unterscheidungskriterien, die das Verbot von Cannabis rechtfertigen. Es kann nicht eindeutig geklärt werden, ob das Bundesverfassungsgericht wegen der Argumente: Soziale Einbindung, Herkömmlichkeit und Undurchführbarkeit eines Verbotes von Alkohol das fehlende Verbot als Unrecht oder Recht ansieht. Zumindest leitet es aus dem Gleichheitssatz keine Verpflichtung des Gesetzgebers für die Gleichbehandlung her.

Diesen Argumenten könnte man entgegen halten, daß bei 2.000.000 Alkoholabhängigen, bei denen sehr wohl die berauschende Wirkung im Vordergrund steht, die soziale Einbindung als Schutzmechanismus nicht funktioniert hat. Dagegen ist zumindest bei Cannabis eine solche Abhängigkeit erst gar nicht möglich. Auch beim kulturell eingebundenem Cannabiskonsum steht bei der Mehrheit der Konsumenten die entspannende Wirkung im Vordergrund. Auch erscheint das Argument, daß eine Prohibition von Alkohol in Deutschland wegen der starken traditionellen Bindung nicht möglich sei, als nicht überzeugend, da man auch bei Cannabis von einer Undurchführbarkeit ausgehen muß, wenn man beide Prohibitionen an ihrem Erfolg messen wollte.

---

58 Vgl. BVerfGE 90, 145ff., 153.

1.3.4 Grundrechte in der pluralistischen Gesellschaft

Art. 4 Abs. 1 GG garantiert dem Bürger die freie Gewissensentscheidung. Damit werden die intimsten Entscheidungen der menschlichen Persönlichkeit erfaßt. Die Entscheidung des Drogenkonsumenten, Drogen zu konsumieren gehört zu diesem Bereich. Der moderne Verfassungsstaat muß wegen der immer pluralistischeren und multikulturellen Gesellschaft auch die Verhaltensformen schützen, die neu sind, wenn sie den Rest der Bevölkerung nicht schädigen und von einer nennenswerten Gruppe von Personen ausgeübt werden[59].

1.3.5 Zwischenergebnis

Der Drogenkonsument wird durch die Drogenprohibition in seinen Recht auf körperliche Unversehrtheit, seinem allgemeinen Persönlichkeitsrecht und in seinem Recht auf Gleichbehandlung verletzt. Abgesehen von weiteren Grundrechtsverstößen stellt es eine Grundrechtsbeeinträchtigung dar, daß der "Kranke" und der "Kriminelle" auf die gleiche Stufe gestellt werden, da die Prohibition zu einer "faktischen Pönalisierung von Suchtkrankheit" führt. Der Drogenkonsument wird in eine "Objektrolle" gezwungen, da er wegen eines bestimmten erwünschten Verhaltens strafrechtlich belangt wird. "In der moralisierenden Nicht-Akzeptanz eines selbstgewählten Lebensstils, der andere nicht notwendig gefährdet und dessen Selbstschädigungs-Qualität zweifelhaft oder widerlegt ist, liegt eine grundrechtswidrige Entmündigung des Bürgers"[60].

---

59 Vgl. Böllinger, 1991a, S. 36.

60 Zitate von Böllinger, 1991a, S. 65.

1.4 Der Schutz der Interessen von Gesellschaft und Staat

1.4.1 Motive der Gesetzgebung

Der Gesetzgeber hat für den Schutz der Kollektivinteressen folgende Motive angeführt:

A. Die von illegalen Drogen ausgehende Gefahr für die "Volksgesundheit"[61].

B. Die "gravierende Entwicklung des Drogenproblems in der Bundesrepublik Deutschland und in der ganzen Welt".

C. Der Rauschgiftmißbrauch sei auch in der BRD zu einer Herausforderung für die Verantwortung des Staates geworden, die strafrechtlich zu lösen sei.

D. Verhindert werden müsse die Rauschmittelabhängigkeit auch deshalb, weil der Jugendliche sich die Droge nur illegal verschaffen könne und deshalb in eine Kriminalität getrieben werde, "die gleichzeitig für die Allgemeinheit mit erheblichen Gefahren verbunden ist".

E. Die durch Kriminalisierung bewirkte Rehabilitation von Drogenabhängigen erleichtere den Organen der Aufrechterhaltung der öffentlichen Ordnung ihre Arbeit und liege im Interesse des Schutzes der Allgemeinheit.

G. Das BtMG i.d.F. vom 1972 sei von Grund auf novellierungsbedürftig wegen der durch Änderungen und viele Verordnungen entstandenen Unübersichtlichkeit, Unsystematik und Widersprüchlichkeit sowie wegen des Erlasses neuer internationaler Suchtstoff-Übereinkommen, die die BRD in den letzten Jahren ratifiziert habe [62].

---

61 Vgl. BT-Drs. 8/3551, S. 35, hier wurde dieser Begriff benutzt.

62 Die Gesetzesmotive A-G wurden aus dem Gutachten von Böllinger, 1991a, S. 37, zitiert.

1.4.2 Verfassungsrechtliche Sachaufklärungspflicht des Gesetzgebers

Die Motive des Gesetzgebers sind nicht mit Daten und Untersuchungen untermauert. Vielmehr werden nur bloße Behauptungen aufgestellt. Besonders herauszuheben ist das Dogma, daß ein "gravierendes Drogenproblem" bestehe und dies eine "Herausforderung des Staates" sei. Bei Betrachtung der Abhängigkeitszahlen und der Todesursachen in Vergleich mit anderen Problemen in unserer Gesellschaft, kann diese Behauptung nicht aufrechterhalten werden. Sie steht im Widerspruch zu der in Kapitel fünf genannten absoluten Zahl der Drogentoten. Diese ist wesentlich kleiner als z.B. diejenige der durch Alkohol bedingten Todesfälle. Auch werden viele Auswirkungen den illegalen Drogen zugeschrieben, obwohl sie vielmehr durch die Prohibition entstehen. Hier könnte man die soziale und gesundheitliche Verelendung der Abhängigen aufführen. Auch können die vorhandenen Daten über die Anzahl der Abhängigen die Behauptung einer Staatsbedrohung nicht untermauern.

Der Gesetzgeber hat beim Erlaß oder der Novellierung eines Gesetzes die Pflicht, eine nachvollziehbare Beweisführung vorzunehmen. Die Beweispflicht liegt beim Gesetzgeber, wie schon unter 1.2 gezeigt. Es wurde nicht der Nachweis erbracht, daß eine nennenswerte Sozialschädlichkeit vorliegt. Nur wenn die Wahrscheinlichkeit hierfür gegeben ist, kann eine Kriminalisierung vorgenommen werden.

1.4.3 Zwischenergebnis

Das Gesetzesziel der absoluten Abstinenz ist, wie oben gezeigt, nicht mit der Verfassung vereinbar. Dem Grundgesetz widerspricht es, seinen Bürger gegen die kollektive Selbstschädigung zu schützen. Die Gesetzesmotive enthalten keine Gründe, die diese Art der Kriminalisierung rechtfertigen. Zwar wurde zu Recht der Schutz der Jugendlichen und Kindern als Grund für die BtMG Gesetzgebung angeführt, aber dies darf nicht zu einer Bevormundung des mündigen Bürgers führen. Die multikulturelle Gesellschaft verlangt vom Staat eine Deregulierung, vor allem dann, wenn er durch seine Gesetzgebung zu einer Verstärkung eines sozialen Problems beigetragen hat. Des weiteren fehlt es an einem durchschaubaren und substanziellen Beweisverfahren für die behaupteten Gesetzesmotive[63].

1.5 Beurteilung der Mittel der Drogenpolitik

In diesem Abschnitt soll nun geprüft werden, ob bei der Abwägung der verschiedenen Interessen zwischen Drogenkonsumenten und Nichtkonsumenten die Vorgaben des Grundgesetzes eingehalten wurden. Bei der Ausübung der Freiheits- und Grundrechte sind die Grenzen durch die Grundrechte Dritter bestimmt. Wie schon gezeigt, besteht kein Anspruch der Nichtkonsumenten auf Abstinenz der Konsumenten von illegalen Drogen. Deshalb wird nun in der Hauptsache zu prüfen sein, ob der Verhältnismäßigkeitssatz bei der Kriminalisierung eingehalten wurde. Dabei steht der Rechtsgüterschutz unter dem Vorbehalt des ultima-ratio Prinzips, da das Strafrecht erst als letztes Mittel eingesetzt werden darf[64].

1.5.1 Rechtsstaatsprinzip; Art. 103 Abs. 2 GG, Bestimmtheit; Art. 103 Abs. 3 (Verbot der Mehrfachbestrafung)

Der Gesetzgeber verstieß gegen das Rechtsstaatsprinzip, daß seine Ausprägung im Art. 103 Abs. 2 und 3 GG als grundrechtsgleichen Rechts findet[65], indem er ohne ausreichende Begründung der behaupteten Sozialschädlichkeit eines Verhaltens dieses pönalisierte. Er nutzte nicht die anderen Möglichkeiten zur Bekämpfung der Drogenproblematik aus. Es mangelt an einer ausreichenden empirischen Untersuchung des Phänomens. Es wurde weder eine ausreichende Prozedur

---

63 Vgl. Böllinger, 1991a, S. 44.

64 Vgl. BVerfGE 39, 47.

65 Vgl. Jarass, Hans/Pieroth, Bodo: Grundgesetz für die Bundesrepublik Deutschland. Kommentar. München 1989, Art. 103 Anm. 18.

vorgenommen, noch wurden die Prinzipien von "non liquet" und "in dubio pro libertate" eingehalten[66].

Das Mehrfachbestrafungs-Verbot des Art. 103 Abs. 3 GG ist durch die Pönalisierung von bestimmten Verhaltensformen, die nicht auf einzelne Willensentscheidungen zurückzuführen sind, verletzt. Es wird vielmehr eine bestimmte Lebensform und Gesinnung bestraft[67].

1.5.2 Art. 104 Abs. 1 GG (Verbot der seelischen Mißhandlung während des Freiheitsentzuges)

Der Süchtige wird im Strafvollzug durch einen Totalentzug, der ihn von seiner Sucht heilen soll, seelisch und körperlich mißhandelt. Das Verbot der seelischen Mißhandlung wird durch das Grundgesetz in absoluter Weise ohne Anwendung des Verhältnismäßigkeitsgrundsatzes garantiert[68]. Die Abhängigen werden durch den Strafvollzug gezwungen, sich ihren Suchtstoff unter erdenklich unangenehmen und gefährlichen Umständen zu besorgen. Zum Beispiel werden aus Kugelschreibern Spritzen konstruiert (Stationspumpen)[69].

1.5.3 Art. 20 Abs. 1 GG Demokratie- und Sozialstaatsprinzip

Die Drogenprohibition verletzt durch die willkürliche Auswahl der verbotenen Drogen Art. 20 Abs. 1 GG. Das Demokratieprinzip verpflichtet den Staat, auch Minderheiten in ihrem demokratischen Mitbestimmungsrecht durch Schaffung von zusätzlichen Freiräumen zu schützen, wenn das Verhalten dieser Minderheiten nicht sozialschädlich ist. Der Sozialstaat

---

66 Vgl. Schneider, Festschrift 100 Jahre Deutscher Juristentat. 1960, Bd II, S.. 263 ff.; BVerfGE NJW 1983, 2627; Böllinger, 1991a, S. 61.

67 Vgl. Böllinger, 1991a, S. 61f., BVerfGE 23, 191, 206 - Kriegsdienstverweigerung; BVerfGE 28, 264, 279 f. - Befehlsverweigerung.

68 Vgl. Azzola-AK-GG Art. 104 Anm. 40.

69 Vgl. Böllinger, 1991a, S. 63.

muß einen Ausgleich zwischen den verschiedenen sozialen Gruppen finden. Die "Herstellung einer gerechten Sozialordnung" bedeutet nicht, daß eine relevante Gruppe von Personen wegen ihrer frei gewählten Lebensweise von der Erfassung durch das soziale Netz ausgeschlossen wird. Es darf nicht eine Gruppe wegen ihres, einem utopischen Ideal widersprechenden, Verhalten ausgeschlossen werden[70]. Der Staat ist verpflichtet, auch für diese Minderheit eine gesundheitliche Vorsorge vorzusehen, die sich nicht allein in der strafrechtlichen Abschreckung, mit dem Ziel der absoluten Abstinenz, erschöpfen darf.

1.5.4 Verhältnismäßigkeitsprüfung

Jeglicher Eingriff des Staates in die Grundrechte seiner Bürger unterliegt dem Grundsatz der Verhältnismäßigkeit. Die Verhältnismäßigkeit eines Grundrechtseingriffes wird durch die Wesensgehaltsgarantie des Art. 19 Abs. 2 GG geschützt[71]. Der Verhältnismäßgkeitsgrundsatz wird in drei Teilschritten angewandt: Die Geeignetheit, die Erforderlichkeit und die Verhältnismäßigkeit im engeren Sinne der Maßnahme, d.h. die Zumutbarkeit, die Proportionalität oder die Angemessenheit.

1.5.4.1 Geeignetheit

Aus dem bisher vorliegenden Zahlenmaterial kann geschlossen werden, daß das strafbewehrte Drogenverbot nicht den Schutz des Bürgers vor sich selbst oder die Verhinderung der Ausbreitung des Drogenkonsums bewirkt hat.
Grundsätzlich soll der mündige Bürger durch eine eigene Willensbildung unter zur Verfügungsstellung des notwendigen Informationsmaterials durch den Staat sich selbst für ein bestimmtes Verhalten entschließen können. Die Sozialpsychologie hat gezeigt, daß der Mensch von vielerlei Motivationen beein-

---

70 Vgl. BVerfGE 5, 85, 206.

71 Vgl. BVerfGE 19, 342, 348f.; Denninger-AK-GG Art. 19 Abs. 2 Anm.11.

flußt wird. Zwar stellt eine strafbewehrte Verhaltensanweisung eine Bedingung für diesen Entscheidungsprozeß dar, aber je höher der Triebdruck ist, um so weniger kann die Angst vor der Strafe den Betroffenen zurückhalten[72]. Stattdessen erzeugt sie nur Mechanismen, sich der Strafe zu entziehen. Die Abschreckung durch Strafe funktioniert nur bei leicht einsehbaren und wenig gravierenden Delikten, wie zum Beispiel der Anschnallpflicht[73]. Dagegen handelt es sich bei dem Drogenkonsum um ein weltanschauliches und stark triebgesteuertes Verhalten. Die Strafangst verhindert in diesem Bereich eher die Information und damit die Einsicht in die Gefahren des Drogenkonsums. Die Strafangst blockiert psychische Erkenntnisprozesse, da die dem Trieb widersprechende Strafandrohung negativ erlebt wird.
Diese Beurteilung wird auch von Quensel geteilt: "Wie wenig auch sonst die Tatsache und Höhe der Strafandrohung, der tatsächlichen Gefahrenrisiken der Droge und Art wie Ausmaß des Konsums miteinander zusammmenhängen müssen, zeigt die Zunahme des Heroinkonsums trotz Gefährlichkeit und Strafrisiko, das Stagnieren von Alkohol- und Zigarettenkonsum bei Jugendlichen trotz Straflosigkeit und der Rückgang des Amphetamin-Speed-Mißbrauchs trotz Straflosigkeit wegen seines hohen Gefahrenpotentials in Kanada[74]."[75]
Der Gesetzgeber hat es unterlassen andere mögliche Problemlösungen zu untersuchen. Sonst wäre festgestellt worden, daß eine kontrollierte Freigabe einen Großteil der sozialen Probleme verhindert hätte. Die Kriminalisierung von sozial schwachen Abhängigen und ihre Abdrängung in das soziale Elend hätte verhindert werden können. Dieser Vorteil wäre dann abzuwägen gewesen mit den möglichen Nachteilen der Freigabe, wie zum Beispiel der unbewiesenen und teilweise widerlegten Behauptung des Anstiegs der Zahl der Drogenkon-

---

72 Vgl. Böllinger, 1991a, S. 67.

73 Vgl. Schumann/Berlitz/Guth/Kaulitzki: Jugendkriminalität und die Grenzen der Generalprävention, Neuwied 1987; Böllinger, 1991a, S. 68.

74 Vgl. Final Report 1973, S. 114., Hasleton 1979, S. 133, Logan 1980, S. 339.

75 Quensel, 1982, S. 303.

sumenten[76]. Zum Beispiel wäre mangels Nachfrage kein Markt für Crack oder Designer-Drogen entstanden, da diese Drogen nur bei einer Prohibition Absatzchancen[77] haben.

1.5.4.2 Erforderlichkeit

Es liegt immer dann ein Verstoß gegen den Verhältnismäßigkeitsgrundsatz im Bereich der Erforderlichkeit einer Maßnahme vor, wenn der angestrebte Zweck mit einem weniger grundrechtseinschränkenden Mittel erreicht werden kann[78]. Prävention und Aufklärung kombiniert mit Angeboten von Therapie in selbst gewählter Form würden als milderes Mittel das Ziel eher erreichen als die Pönalisierung.

1.5.4.3 Proportionalität

Die BtM-Strafgesetzgebung führt zu sozialen Schäden und Grundrechtsbeeinträchtigungen, die gegenüber dem bezweckten Ziel außer Verhältnis stehen. Die behauptete Nachahmungswirkung des Drogenkonsums führt nur unter Hinzutreten eines eigenen Entschlusses der Drogenkonsumenten zum Drogenkonsum. Deshalb kann der Vorbildfunktion des Drogenkonsums nur eine Risikoerhöhung zugeschrieben werden. Abgesehen davon, daß diese Risikoerhöhung nicht bewiesen ist, führte sie, wenn überhaupt, nur bei einer kleinen, psychisch labilen Gruppe von Personen zu einem Drogenkonsum. Zwar ist der Staat auch verpflichtet, denjenigen Kranken Hilfe zu leisten, die die Krankheit selbst verursacht haben, aber dies darf nicht unter Inkaufnahme eines Freiheitsverlustes der Gesellschaft geschehen. Hinzu kommt, daß die Selbstschädigung straflos ist.

---

76 Vgl. Kapitel 4 unter 4.1.

77 Bei Crack handelt es sich um eine gesundheitlich sehr zerstörerisches und weniger wirkungsvolles Halluzinogen als Heroin, daß nur wegen seines geringen Preises in den USA bei den Armen verkauft werden konnte. Designer-Drogen sind nur zur Umgehung des gesetzlichen Verbotes auf den Markt gekommen, s.a. Kapitel 1.

78 Vgl. BVerfGE 68, 193, 219.

Das Übermaßverbot wurde auch im engeren Sinne verletzt, da keine Unterscheidung zwischen weichen und harten Drogen vorgenommen wurde. Die weichen Drogen haben ein erheblich geringeres gesundheitsgefährdendes Potential. Diesem Risiko stehen die Schäden durch die soziale Verelendung der Konsumenten gegenüber.

Das Bundesverfassungsgericht[79] hat zwar anerkannt, daß die Gefahr, die von einem Besitz einer kleinen Menge Cannabis ausgeht, gering ist, aber es hat für die Annahme der Verhältnismäßigkeit ausreichen lassen, daß die Möglichkeit der Einstellung des Verfahrens vorhanden ist. Seit dem 16. September 1992 gibt es zusätzlich zu den allgemeinen Einstellungsmöglichkeit den § 31a BtMG, der bei geringer Schuld und dem Fehlen des öffentlichen Interesses der Staatsanwaltschaft die Möglichkeit eröffnet einzustellen. Das Bundesverfassungsgericht stellt fest, daß die Staatsanwaltschaft bei Fehlen einer Fremdgefährdung unter den oben genannten Voraussetzungen dann nach dem Übermaßverbot einzustellen habe. Es handelt sich bei der Entscheidung nach § 31a BtMG um eine gebundene Entscheidung[80] und deshalb erscheint es dem Gericht bedenklich, daß eine unterschiedliche Eintstellungspraxis[81] in Deutschland vorherrscht. Deshalb werden die Länder verpflichtet für eine einheitliche Eintstellungspraxis der Staatsanwaltschaften zu sorgen[82]. Das Bundesverfassungsgericht beurteilt die Entscheidung des Gesetzgebers, einem geringen Unrechts- und Schuldgehalt bestimmter Taten vorwiegend durch eine Einschränkung des Verfolgungszwangs Rechnung zu tragen, als verfassungsrechtlich unbedenklich. Der Gesetzgeber ist nicht gezwungen, die materiell-rechtliche Lösung zu wählen[83].

---

79 Vgl. BVerfGE 90, 181f.

80 Vgl. Kleinknecht/Meyer-Goßner, StPO, 41. Aufl., § 152 Rdn. 7-9; Schoreit in: Karlsruher Kommentar zur StPO, 3. Aufl., § 152 Rdn. 23-25

81 Vgl. BT-Drs. 11/4329, S. 15, 21, 22, 26.

82 Vgl. BVerfGE 90, 190; BVerfGE 11, 6, 19.

83 Vgl. BVerfGE 50, 205, 213ff.

Es erscheint fragwürdig, daß einerseits ein Bürger wegen seiner Tat nicht verurteilt werden darf, aber andererseits die Tat selbst strafbar bleibt. Allein die Einleitung eines Ermittlungsverfahrens stellt einen starken Eingriff in die Grundrechte des Bürgers dar[84]. Eine Einstellung hat nicht die gleiche Wirkung wie ein Freispruch wegen fehlender rechtswidriger Tat. Sommer[85] hat in seinem Minderheitsvotum festgestellt, daß nur der Gesetzgeber über Grundrechtseingriffe und die Strafbarkeit eines bestimmten Verhaltens entscheiden darf[86]. Die prozessuale Lösung führt aber dazu, daß die Exekutive oder die rechtssprechende Gewalt diese Entscheidung trifft. Diese Möglichkeit ist so lange erlaubt, wie nur bestimmte Einzelfälle erfaßt werden soll. Aber hier läuft die genannte prozessuale Regelung darauf hinaus, daß ein zu weit gefaßter Straftatbestand auf den Umwege der Einstellungspraxis korrigiert wird. Damit wird die Grenze des Art. 103 Abs. 2 GG, der als spezieller Ausdruck des Parlamentsvorbehalts aufgefaßt wird, überschritten.

1.5.5 Zwischenergebnis

Der angebliche Schutz der Nichtkonsumenten vor sich selbst wird mit nicht zu legitimierenden Grundrechtsverlusten der Konsumenten erkauft. Die strafbedingte Motivation zur Therapie ist entweder nicht vorhanden oder sogar kontraproduktiv. Der Konsument wird in das soziale Elend gedrängt und ihm werden faktisch die Leistungen der Gesundheitsvorsorge und -fürsorge und des Verbraucherschutzes vorenthalten. Das Strafrecht stellt kein verhältnismäßiges Mittel zur Bekämpfung des Drogenproblems dar, da es weder geeignet, noch erforderlich oder proportional ist.

---

84 Vgl. Hanack, Ernst-Walter: Empfiehlt es sich, die Grenzen des Sexual strafrechts neu zu bestimmen?, Gutachten für den 47. Deutschen Juristentag, 1968, A 35.

85 Vgl. BVerfGE 90, 212ff., Abweichende Meinung des Richters Sommers zum Beschluß des Senats.

86 Vgl. BVerfGE 47, 109, 120f.; 75, 329, 341f.; 87, 363, 391, st.Rspr..

Teilweise wird die Strafbarkeit des Drogenkonsums mit Folgen legitimiert, die allein durch die Pönalisierung entstanden sind. Die vom Bundesverfassungsgericht für Cannabis ausgesprochene Verfassungsmäßigkeit des Verbotes wegen der prozessualen Einstellungsmöglichkeit überzeugt nicht, da es sich hier um eine prozessuale Korrektur des zu weit gefaßten Straftatbestandes handelt, die sich nicht auf Einzelfälle beschränkt. Der Gesetzgeber hat gegen das Rechtsstaatsprinzip verstoßen, da er die behaupteten Gründe für seine Gesetzgebung nicht mit den zur Verfügung stehenden Mitteln wissenschaftlich überprüft hat.

1.6 Zusammenfassung

Die Drogenprohibition ist zunächst in den Zwanziger-Jahren auf Grund von internationalen Abkommen entstanden. Seine Verschärfung und heutige Ausprägung fand das BtMG 1970 mit einigen späteren Änderungen auf Grund der steigenden Angst vor dem Drogenelend und dem damit einsetzenden "Drogenkrieg". Die totale Abstinenz wurde als Moralvorstellung als einzig mögliche Verhaltensform apostrophiert. Die illegalen Drogen wurden als schlecht eingestuft und damit mußten sie verboten werden. Diese Entwicklung hat eine wissenschaftlich fundierte Prüfung der Auswirkungen und der Alternativen zur Drogenprohibition verhindert. Der Staat ist verpflichtet, bei Eingriffen in die Grundrechte seiner Bürger die Notwendigkeit dieser Beschränkungen zu beweisen. Einen solchen Beweis hat der Gesetzgeber bis heute nicht erbracht. Zwar kann bei dem Schutz eines bedeutenden Rechtsgutes wie der Gesundheit oder dem Leben, zunächst auch ein Verbot erlassen werden, wenn die Gefährlichkeit der verbotenen Verhaltensweise noch nicht endgültig feststeht, d.h. hier wird nach dem Grundsatz "in dubio contra libertate" verfahren. Aber gleichzeitig wird der Gesetzgeber verpflichtet, seine Einschätzung der Gefährlichkeit der verbotenen Verhaltensform zu überprüfen. Bei Nichterweislichkeit oder fehlender Nachforschung von Seiten des Gesetzgebers muß dann aber nach dem Grundsatz "in dubio pro libertate" vorgegangen werden. Dies würde in unserem Fall, in welchem das Verbot schon mehrere Jahrzehnte alt ist, zu einer Aufhebung des Verbotes führen.

Der Ausbau des sozialen Netzes hat dazu geführt, daß die Gesellschaft immer häufiger die Kosten für die von Einzelnen sich selbst zugefügten Schäden mittragen muß. Dies hat dazu geführt, daß die Bestrebungen, dem Einzelnen bestimmte gefährliche Verhaltensformen zu verbieten, größer geworden sind. Aber diese Entwicklung darf nicht dazu führen, daß dem Bürger alles vorgeschrieben wird. Auch wird das Strafrecht immer mehr als vorverlagerte Prävention gegen sozialschädlichen Verhalten eingesetzt. Dabei wird das "ultimo ratio" Prinzip nicht genügend beachtet. Es wurde festgestellt, daß die Nichtkonsumenten keinen Anspruch auf Schutz vor dem Anblick von Konsumenten haben. Der Ansatz der Gesetzgebung, daß der Bürger vor sich selbst geschützt werden soll, ist in einem modernen Verfassungsstaat, der von der Mündigkeit seiner Bürger ausgeht, verfehlt. Die angebliche Fremdgefährdung, die von dem Besitz von illegalen Drogen ausgehen soll, wird einerseits weit überhöht eingeschätzt, und andererseits führt ihre Bekämpfung zu einer Bevormundung des mündigen Bürgers. Der Konsument von illegalen Drogen wird in erheblicher Weise in seinen Grundrechten verletzt. Der Kranke wird mit dem Kriminellen gleichgesetzt, da faktisch die Suchtkrankheit pönalisiert wird. Der Drogenkonsument wird in eine reine Objektrolle gedrängt, da er mit Hilfe der Prohibition zu einem gewissen Verhalten genötigt werden soll. Die Pönalisierung hat zum Zweck, eine bestimmte Verhaltensform und Moralvorstellung einer Mehrheit von Personen durchzusetzen.

Die Drogenprohibition verstößt zumindest bei dem Verbot von Cannabis gegen das Verhältnismäßigkeitsprinzip, da die prozessuale Lösung bei einem generell zu weit gefaßten Straftatbestand verfassungswidrig ist.

Auch werden die Nichtkonsumenten mittelbar durch die Drogenprohibition in ihrem Eigentumsrecht und ihrer körperlichen Unversehrtheit verletzt. Dieser Rechtsreflex der Drogenstrafgesetzgebung kann dem Gesetzgeber zugerechnet werden.

2. Stand der verfassungsrechtlichen Diskussion in Frankreich

Die verfassungsrechtliche Diskussion in Frankreich wird bisher hauptsächlich nur von einem Rechtslehrer der juristischen Fakultät Paris X geführt. Urteile des Verfassungsgerichtshofs gibt es bis heute auf diesem Gebiet nicht. Ein Urteil des französischen Kassationsgerichtshofes vom 13.03.1995 behandelt lediglich die Frage der Rechtmäßigkeit der Klassifizierung von Cannabis als Betäubungsmittel durch Verordnung.

2.1 Verstoß gegen die Déclaration des droits de l'homme[87]

Caballero[88] stellt fest, daß das undifferenzierte Verbot des Drogenkonsums durch L. 628 C.S.P. gegen die Menschenrechtserklärung verstößt. Die Menschenrechtserklärung von 1789 hat in Frankreich Verfassungsrang[89]. Dabei muß beachtet werden, daß der L. 628 C.S.P. jeglichen Konsum, ob alleine oder in Gesellschaft, in der Öffentlichkeit oder zu Hause, unter Strafe stellt. Diese Art der Kriminalisierung bedeutet eine mehrfache Einschränkung der Freiheitssrechte: Das Recht alles zu tun, was keinen anderen schadet, das Recht auf den eigenen Körper, das Recht auf den Respekt vor dem Privatleben, die Unverletzlichkeit der Wohnung, kurz die individuellen Freiheitsrechte in ihren wesentlichen Bestandteilen[90].
Artikel 4 der Menschenrechtserklärung erklärt, daß jeder alles machen kann, solange er damit nicht einen anderen schädigt, und Artikel 5 ergänzt, daß das Gesetz nur die Verhaltenswei-

---

87 Menschenrechtserklärung von 1789, abgedruckt in: Que sais-je?, Les textes sur les droits de l'homme, puf, 1993, Paris, S. 41 ff.

88 Vgl. Caballero, 1989, S. 489.

89 Vgl. Philip: La constitutionnalisation du droit pénal francais, R.S.C., 1985, S. 711.

90 Vgl. Cornu: Droit civil, Introduction, Les personnes, Montchrestien, 1988, S. 165; Teyssie: Droit civil, Les personnes, Litec, 1983, S. 17; Carbonnier: Droit civil, Introduction, Thémis, Nr. 48. Adde: Le corps humain et le droit Trab; Cabitant, T. XXVI, 1975; Le secret de la vie privée , Trav.; Cabitant, Vol XXV, 1974.

sen verbieten darf, die die Gesellschaft schädigen. Auf Grund von Artikel 4 der Menschenrechtserklärung darf der Gesetzgeber nicht den solitären Konsum, bei dem nicht die Gefahr der Weitergabe besteht, unter Strafe stellen. Der Konsument verletzt nur sich selbst. Auch widerspricht es der verfassungsrechtlichen Auffassung, die Selbstverletzung unter Strafe zu stellen, da der Selbstmord, gefährliche Aktivitäten und Experimente mit gefährlichen neuen Medikamenten am Menschen erlaubt sind[91]. Das Verhältnis der Substanz zum Konsumenten gehört zum Intimbereich des Menschens. In diesem Bereich darf der Staat nur mit äußerster Vorsicht Eingriffe vornehmen. Vor allem deshalb, da der Staat für die Feststellung des Konsums in Privaträume eindringen muß. Aus diesem Grund wurde auch die nächtliche Durchsuchung in Privaträumen bei Verdacht des Konsums in Gesellschaft verboten[92].

Das beste Argument für die Prohibition ist der Schutz der Volksgesundheit und die Gesundheit des Einzelnen. Schon 1970 bei der Einführung des Gesetzes wurde argumentiert, daß die Freiheitsrechte des Einzelnen vor dem Interesse der Gesellschaft, die wegen des stärker werdenden sozialen Netzes verpflichtet ist, die sozialen Kosten für die Suchtkrankheit zu übernehmen, zurücktreten müssen. Die Gesellschaft muß die Möglichkeit haben, dem Einzelnen gewisse Grenzen für selbstgefährdende Verhaltensweisen zu setzen[93].

Weiterhin wird als Verfassungsverstoß angeführt, daß bei der heutigen Prohibition kein Unterschied zwischen den weichen und harten Drogen gemacht wird, da ihre Wirkungen höchst unterschiedlich sind. Das Prinzip der Proportionalität der Strafe zur Schwere des Verstoßes verlangt, daß das unterschiedliche Gefährdungspotential mit berücksichtigt wird.

---

91 Vgl. M. Cornu, 1988, Er zählt die körperlichen Selbstgefährdungen auf, von denen keine einzige Gegenstand eines Straftatbestandes ist. S. 166.

92 Vgl. Art. L. 627 Abs. 8 C.S.P. Über die Illegalität einer nächtlichen Durchsuchung in Privaträumen bei dem Verdacht auf illegalen Drogenkonsum, Strafgericht Vannes, 18. Feb. 1982, RTDSS, 1982, 428 obs. Dubouis.

93 Vgl. Doll: La lutte contre la toxicomanie, GP, 1971, S. 1, 117.

Caballero[94] sieht in der fehlenden Definition der Betäubungsmittel einen weiteren Verfassungsverstoß. In keinem Gesetz werden die Betäubungsmittel näher definiert, sondern es wird gänzlich dem Verordnungsgeber überlassen, dies zu tun.
Insgesamt ist Caballero der Meinung, daß die Verfassungswidrigkeit des Drogenkonsumverbotes in der undifferenzierten Regelung des Gegenstandes liegt.

2.2 Die heutige Begründung des Konsumverbotes

Welche Legitimation besitzt die Prohibition heute? Gemäß Choiseul Praslin[95] wird folgendermaßen argumentiert: Der Konsum von illegalen Drogen zerstört den eigenen Willen bis zu dem Punkt, daß der Staat verpflichtet ist, den Abhängigen von seiner Sucht zu heilen und damit vor sich selbst zu schützen. Damit wird nicht die Ausübung der individuellen Freiheiten verhindert, sondern erst überhaupt wieder ermöglicht. Diese Pflicht des Staates ist so wichtig, daß er mit seinem schärfsten Eingriffsmittel, nämlich dem Strafrecht, einschreiten muß. Mit dieser Argumentation wird auch die extrem harte Bestrafung der illegalen Drogenhändler begründet, da diese noch einen freien Willen haben und eine Gefahr für den willenlosen Konsumenten darstellen.

Im Strafrecht bedeutet der Verlust der freien Willensbetätigung gleichzeitig auch den Ausschluß jeglicher Verurteilung durch den Richter. In diesem Fall kann der französische Richter im allgemeinen Strafrecht keine Entscheidung an Stelle des Betroffenen treffen. Im Falle des Drogenabhängigen wird dieser Grundsatz nicht beachtet. Nur in diesem Fall hat der Richter, der über die Willenlosigkeit entscheidet, auch gleichzeitig das Recht, den Abhängigen vor sich selber zu schützen. Im Gegensatz zum Zivilrecht wird für die Vertretung des Willenlosen kein Dritter bestellt. Beim Drogenstrafrecht wird nicht ein Mensch, sondern eine Substanz verurteilt; nicht das Verhal-

---

94 Vgl. Interview vom 22.06.1995 mit Prof. Caballero.

95 Vgl. Choiseul Praslin, 1991, S. 75 ff..

ten eines Menschens, sondern sein Zustand wird verurteilt. Bei der Bemessung der Strafe muß der Richter sich nicht wie sonst überlegen, was er von dem Verhalten des Angeklagten hält, sondern enscheidend ist die chemische Zusammensetzung und die Quantität der absorbierten Substanz. Die Möglichkeit der Zwangstherapie sollte dazu führen, daß der Richter seine Macht benutzt, um den Betroffenen zum Arzt zurückzuschicken. Aber ohne die Einwilligung und den Willen des Betroffenen kann keine Therapie Erfolg haben.
Die Möglichkeit der Therapie ist in Frankreich sehr wenig verwendet worden und hat selten Erfolg[96]. Somit hat sie nur zur Folge, daß der Abhängige zum Gericht zurückgeschickt wird und die Macht des Richters verstärkt wird.

Insgesamt begründet Choiseul Praslin seine Kritik auf den Widerspruch zwischen der angeblichen Willenlosigkeit des Betroffenen und der darauffolgenden Verurteilung. Es widerspricht dem allgemeinen Strafrecht, einen willenlos Handelnden für seine Tat zu bestrafen. Bei dieser Betrachtung ging Choiseul Praslin davon aus, daß der Drogenabhängige vor sich selbst geschützt werden soll, da er sich nicht mehr frei entscheiden kann.

2.3 Urteil des französischen Kassationsgerichtshofs[97]

Am 13. März 1995 hat der französische Kassationsgerichtshof[98] als Revisionsinstanz für ein Berufungsurteil über die Rechtmäßigkeit der Klassifizierung durch Verordnung von Cannabis als illegales Betäubungsmittel entschieden. Der Antragsteller hatte gegen das Berufungsurteil mit dem Argument des Verstoßes gegen Artikel 8 der Menschenrechtserklärung von 1789, Artikel 7 des europäischen Menschenrechts-

---

96 Vgl. Choiseul Praslin, 1991, S. 84.

97 Entspricht ungefähr dem deutschen Bundesgerichtshof als Revisionsinstanz.

98 Vgl. Cour de cassation, chambre criminelle, 13.03.1995, Crim., Nr. G 94-81.343 PP sur les 1er et 4ème moyens, Verurteilung des Salgado Alain wegen des Importes von 20 Gramm Cannabis.

abkommens, Artikel 55 der französischen Verfassung und des Artikel 111-3 C.P. Revision eingelegt. Er stützte sich auf den Grundsatz "nulla poena sine lege". Erstenmalig wurde in Frankreich der Grundsatz, daß die internationalen Abkommen auch im Strafrecht über den nationalen Gesetzen stehen, indirekt aufgegeben. Das Gericht stellte fest, daß nur die Regierung das Recht habe, die Klassifikation der Betäubungsmittel vorzunehmen. Es liege sonst ein Verstoß gegen die tragenden Prinzipien des Strafrechts vor, da nur ein nationales Gesetz einen Straftatbestand definieren dürfe[99]. Ein internationales Abkommen könne nur dann einen Strafttatbestand definieren, wenn der nationale Gesetzgeber dies ausdrücklich bestimmt habe. Die internationalen Abkommen hätten im Bereich des Strafrechts keinerlei Bedeutung. Aus diesem Urteil folgert der Verfasser, daß die Verordnungsermächtigung des R 5179 des Verordnungsteils des C.S.P. rechtswidrig ist, da sie sich auf die internationalen Abkommen stützt. Auch erscheint es fragwürdig, daß dem Gesundheitsminister aufgrund einer Verordnung die Verordnungsermächtigung der Exekutive übertragen wurde.

In einem Urteil des Pariser Landgerichtes[100] vom 3. April 1995 wurden die vorgebrachten Argumente des Verteidigers Caballero gegen die Verfassungsmäßigkeit des Cannabisverbotes zurückgewiesen. Caballero argumentierte unter anderen mit dem Grundsatz der Verhältnismäßigkeit und berief sich auf das deutsche Verfassungsgerichtsurteil über Haschisch. Das französische Gericht geht mehr oder weniger nicht auf diese Argumente ein, da es davon ausgeht, daß ab fünf Gramm Haschisch ein Besitz als Händler vorliegt. Es läßt für die Gefährlichkeit von Cannabis die Möglichkeit von negativen Effekten auf den menschlichen Körper ausreichen. Ohne weitere Erläuterung bezüglich der Gefährlichkeit von Cannabis für die Gesellschaft wird der Strafrahmen von zehn Jahren für einen Aidskranken, der sich 23 Gramm Haschisch aus Marokko mitgebracht hat, um seine Appetitlosigkeit zu bekämpfen, als verhältnismäßig angesehen. Zur Untermauerung der behaupte-

---

99 Vgl. Art. 111-2 C.P..

100 Vgl. Tribunal de Grande Instance de Paris, 14 EME Chambre, 03.04.1995, Affaire Nr. P 94 321 8100 4.

ten Gefährlichkeit von Cannabis wird auf den Bericht Henrion mit einer falschen Seitenangabe verwiesen. Auch wird übersehen, daß der Bericht Henrion klar feststellt, daß es keine gesundheitliche Beeinträchtigung durch Cannabis gibt. Nur bei extremen Gebrauch können gewisse Entzugserscheinungen untergeordneter Art auftreten. Die negativen Auswirkungen, die von den Gegner einer Liberalisierung im Bericht Henrion vorgebracht wurden, sind alle von sozialer Natur und nur sehr bedingt auf den Gebrauch von Cannabis zurückzuführen.

2.4 Zusammenfassung

Die Argumente von Caballero für die Annahme der Verfassungswidrigkeit laufen im wesentlichen auf den Verstoß gegen den Grundsatz der straflosen Selbstgefährdung und die Verhältnismäßigkeit hinaus. Choiseul Praslin dagegen macht auf den Widerspruch zwischen der Annahme der Willenlosigkeit und der trotzdem ergehenden Bestrafung aufmerksam. Ein Grund für die sich nur langsam entwickelnde Diskussion über die Verfassungsmäßigkeit in Frankreich könnte die Eigenart des Artikel 55 der französischen Verfassung sein, der die internationalen Abkommen über die nationalen Gesetze stellt. Damit müssen sich die nationalen Gesetze nach den Bewertungen der internationalen Abkommen richten. Bei dieser Bewertung der internationalen Abkommen erscheint eine mögliche Verfassungswidrigkeit dieser Abkommen und der konformen nationalen Gesetze unwahrscheinlicher. Nach dem oben zitierten Urteil des französischen Kassationsgerichtshofs ist nun aber indirekt klargestellt worden, daß im Bereich des Strafrechts die internationalen Abkommen keinerlei Bedeutung haben. Caballero war der erste Autor, der sich mit der Drogengesetzgebung ernsthaft auseinandergesetzt hat. Vor ihm gab es nach seiner Auffassung kein Drogenrecht. Er erklärt diesen erstaunlichen Umstand mit der Eigenschaft der französischen Juristen, sich lieber mit praxisfernen Themen auseinanderzusetzen.

3. Schlußfolgerung

Beim Vergleich des Diskussionstandes über die Verfassungsmäßigkeit der Drogenstrafgesetzgebung beider Länder fällt die geringe Intensität der Diskussion in Frankreich auf, die nur mit der grundsätzlich konservativeren Haltung Frankreichs und der oben angeführten Besonderheit der französischen Verfassung zu erklären ist. Mit dem neuen Urteil des französischen Kassationsgerichtshofs[101] und dem Votum der Kommission Henrion[102] für eine Freigabe von Cannabis kommt aber auch in Frankreich die Diskussion ins Rollen.

Dagegen hat man die Verfassungsmäßigkeit des faktischen Konsumverbotes in Deutschland schon ausführlich begutachtet und ist zu dem Ergebnis gekommen, daß das BtMG in seinem strafrechtlichen Abschnitt in vielfacher Weise gegen die Verfassung verstößt. Es handelt sich aber bei den bedeutenderen Verstößen um solche im Bereich der Verhältnismäßigkeit, die sich auf die Geeignetheit und Verhältnismäßigkeit der getroffenen Maßnahmen stützen. Das Bundesverfassungsgericht hat dem Gesetzgeber jedoch für die Beurteilung dieser Fragen einen weiten Ermessensspielraum eingeräumt.

Insgesamt besteht das Hauptproblem in der fehlenden Beweisbarkeit der Behauptung, daß das Strafrecht keinen potentiellen Konsumenten vor der Droge schützt. Dies wäre nur durch Experimente und umfangreiche Untersuchungen möglich, zu denen der Staat aber so lange nicht verpflichtet ist, wie ihn keine Beweispflicht für seine Behauptungen trifft.

Der Gesetzgeber ist folglich verpflichtet, seine Strafgesetzgebung im Bereich des Betäubungsmittelrechts zu ändern, da sie nach Meinung des Autors verfassungswidrig ist.

101 Vgl. oben unter 2.3.

102 Vgl. Rapport Henrion, 1995, S. 82.

7. Kapitel: Liberalisierungsmodelle

In diesem Kapitel sollen die möglichen Wege von der Drogenprohibition zu einer Normalisierung aufgezeichnet werden. Nachdem in den beiden vorausgegangenen Kapiteln gezeigt wurde, welch erheblichen Schaden die Drogenprohibition in unserer Gesellschaft angerichtet hat und anrichtet und in welchem Maße diese Politik gegen unsere Verfassung verstößt, erscheint es an der Zeit, eine neue Konzeption für dieses Problem zu untersuchen.

In Deutschland findet zur Zeit eine sogenannte kalte Legalisierung statt, da in dem Urteil vom Bundesverfassungsgericht vom 09.03.1994[1] festgeschrieben wurde, daß der Besitz von geringen Mengen Cannabis für den Eigenkonsum ohne Fremdgefährdung in der Regel nicht bestraft werden darf. Die Staatsanwaltschaft ist verpflichtet, ein Ermittlungsverfahren in diesem Fall gemäß § 31a BtMG einzustellen. Die Länder sind verpflichtet worden, einheitliche Richtlinien für diese Einstellung zu schaffen. Somit kann nun straflos Cannabis in Deutschland konsumiert werden, wenn man nur eine geringe Menge für den Eigenkonsum im Besitz hat. Dies ist eine Entpönalisierung der weichen Droge Cannabis. Die kalte Legalisierung führt aber nicht zu einer Verringerung des Schwarzmarktes und damit zu einer Einschränkung der indirekten Beschaffungskriminalität, da die Preise wegen des Verbotes des Drogenhandels weiter hoch bleiben. Somit werden die Gewinne der Drogenmafia und die damit verbundenen negativen Auswirkungen auf die Gesellschaft nicht reduziert. Die weiterhin bestehende Strafandrohung bewirkt bei den Abhängigen eine Rechtsunsicherheit, die die Therapieaufnahme und die Drogenberatung nur erschweren kann.
Auf der anderen Seite wird die angebliche Abschreckungswirkung des Verbotes verringert. Für Jugendliche bleibt der Reiz des Verbotenen bestehen, da man weiterhin nur auf den Schwarzmarkt die Betäubungsmittel bekommen kann. Auch darf nicht übersehen werden, daß Jugendliche meist in Gesell-

---

[1] Vgl. BVerfGE 90, 145ff..

schaft Cannabis konsumieren, den einer aus der Gruppe mitgebracht hat und es den anderen abgibt. Diese Handlungsweise ist weiterhin unter Strafe gestellt. Nach Meinung des Verfassers werden daher bei der kalten Legalisierung die eventuellen Nachteile der Legalisierung mit den Nachteilen der Prohibition verbunden. Alle Maßnahmen zur harm reduction zielen im Endeffekt nur auf die Verringerung der Kosten der Prohibition. Diese widersprüchliche Entwicklung kann nur durch die festgefahrene Drogenpolitik erklärt werden.

1. Legalisierungsinitiativen in Deutschland

Aufgrund eines Vorschlages einer hessischen Kommission[2], die das Drogenproblem unter der Leitung von P. A. Albrecht untersucht hatte, stellte die hessische Landesregierung im Bundesrat einen Entschließungsantrag,

a) wonach der Umgang mit Cannabisdrogen straflos gestellt und einem Bundesmonopol unterstellt werden sollte,
b) wonach nach Änderung der internationalen Suchtstoffabkommen und des BtMG durch staatliche BtM Abgabestellen Opiate an Opiatabhängige entsprechend einem neuen § 12 a BtMG abgegeben werden sollten. Der Antrag fand jedoch keine Mehrheit.

In abgeschwächter Form tendierte der Vorschlag des Landes Rheinland-Pfalz[3] in die gleiche Richtung. Dieser Gesetzesvorschlag hatte zum Inhalt die Änderung des § 29 Abs. 1 BtMG in der Form, daß nur der Besitz von mehr als 20 gr. Haschisch oder 100 gr. Cannabiskraut strafbar ist. Der Besitz von Mengen unter dieser Schwelle sollte nur noch als Ordnungswidrigkeit verfolgt werden. Bislang fand dieser Entwurf keine Mehrheit.

Die AIDS-Hilfe e.V. und der Bundesverband Akzeptierende Drogenarbeit fordern "Normalisierung im gesellschaftlichen

---

2 Vgl. Albrecht, Peter Alexis/ Hassemer W./Voß M.,1992.
3 Vgl. BR-Drs. 507/92.

Umgang mit Suchtmitteln zu fördern sowie eigenverantwortliches Handeln im Gebrauch von rauscherzeugenden Substanzen zu unterstützen"[4]. Die beiden Verbände sind der Meinung, daß bei Anerkennung des rekreativen Drogenkonsums eine Entkriminalisierung des Drogenkonsums mit dem langfristigen Ziel der völligen Aufhebung der Prohibition vorgenommen werden müßte. Dies soll mit Hilfe eines lizenzierten und kontrollierten Kleinhandels und der Straffreistellung des Besitzes von gewissen Mengen von psychotrop wirkenden Substanzen erreicht werden. Gleichzeitig soll eine offensive Aufklärungspolitik kombiniert mit groß angelegten Substitu-tionsbehandlungen den Abhängigen den Ausstieg aus der Drogenszene ermöglichen.

Die neueste Legalisierungsinitiative[5] der Landesregierung von Schleswig-Holstein beinhaltet einen freien Verkauf von Cannabis-Produkten in den Apotheken. Die Landesregierung möchte daher einen diesbezüglichen Vorschlag im Bundesrat einreichen um einen Feldversuch zu ermöglichen. Die bisherigen Reaktionen der Bundesregierung und der CSU waren durchgehend ablehnend. Die hessische Gesundheitsministerin Blaul (Bündnis 90/Grünen) und der niedersächsische Sozialminister Hiller stimmten dem Vorschlag von Frau Moser zu.

2. Legalisierungsinitiative in Frankreich

Im März 1995 hat sich eine Regierungskommission[6] in Frankreich mit knapper Mehrheit von 9 zu 8 Stimmen für eine Entkriminalisierung des Konsums und des Besitzes von geringen Mengen von Cannabis ausgesprochen. Aber es sollen keine Maßnahmen in Bezug auf die Verteilung von Cannabis, zumindest für die erste Zeit, vorgenommen werden. Tatsächlich soll in Etappen vorgegangen werden, um die Möglichkeit der Korrektur der getroffenen Maßnahmen aufgrund späterer Er-

---

[4] Zitat aus Deutsche AIDS-Hilfe e.V.: Abschlußbericht der Arbeitsgruppe "BtM-Novellierung und Entkriminalisierung von Drogenkonsum..." Un veröffentlichtes Manuskript 1990, S. 2 ff..

[5] Vgl. Frankfurter Allgemeine Zeitung vom 4.7.1995

[6] Vgl. Rapport R. Henrion, 1995, S. 82.

kenntnisse zu haben. Diese Maßnahmen können auch eine Initialzündung für die Änderung der juristische Beurteilung und Behandlung des Drogenproblems sein. Diese Entkriminalisierung soll durch eine andere Art der Reglementierung begleitet werden. Weiterhin soll das Rauchen von Haschisch Jugendlichen unter 16 Jahren und in der Öffentlichkeit verboten bleiben. Es soll verboten werden in Gymnasien, Kasernen, Universitäten, Jugendzentren und an anderen Orten, wo die Gefahr der Nachahmung vorhanden ist, Cannabis zu rauchen. Weiterhin soll das Verbot aufrechterhalten bleiben unter den Einfluß von Cannabis Auto zu fahren oder einen anderen sicherheitsempfindlichen Beruf auszuüben. Diese Maßnahmen sollen begleitet werden von einer Prävention und einer Kontrolle des Konsums bezüglich aller heute illegalen Drogen. Der Straftatbestand der Anstiftung zum Konsum des L. 630 C.P. muß bestehen bleiben. In dem Falle, daß sich die Situation bei dieser Handhabung in den nächsten zwei Jahren nicht verschärfen würde, soll an einen staatlich reglementierten Drogenhandel gedacht werden. Im gegenteiligen Falle würde man zur totalen Prohibition zurückkehren[7].

Diese Kommission war von der Ministerin Simone Veil[8] eingesetzt worden, um das Drogenproblem in Frankreich zu untersuchen. Die Untersuchung von drogenpolitischen Alternativen war der Kommission zwar nicht zugewiesen worden, sondern diese Freiheit hat sie sich selbst genommen. Das Kabinett machte sich diesen Vorschlag nicht zu eigen.

In Frankreich haben sich noch andere Organisationen für eine Liberalisierung von Cannabis ausgesprochen. Eine Gewerkschaft der Richter und Staatsanwälte (Le syndicat de la Magistrature), die ungefähr 30 bis 35 % vertritt, hat sich für eine Liberalisierung ausgesprochen[9]. Aber die beiden anderen

---

7 Wie dies Schweden 1977 gemacht hat.

8 Vgl. Ministre d'état, Ministre des Affaires sociales, de la Santé et de la Ville, Ministerin für soziale Angelegenheiten, Gesundheit und Stadtwesen.

9 Vgl. Le journal du Syndicat de la Magistrature in: Justice, Nr. 140, Ja nuar 1994, S. 21.

Vereinigungen von Richtern und Staatsanwälten, Union Syndicale des Magistrats und Association Professionnelle des Magistrats, sind gegen eine Legalisierung der illegalen Drogen. Die ANIT[10], die eine anerkannte Vereinigung von 500 Spezialisten auf dem Gebiet der Drogen ist, hat sich anläßlich ihres Kongresses in Bordeaux vom 17. und 28. Mai 1994 für eine Entkriminalisierung von Drogen ausgesprochen. Im November 1994 hat die CCNE[11] vorgeschlagen, die aktuelle Drogenpolitik zu ändern und einen Weg zwischen Legalisierung und Prohibition zu beschreiten. Es soll eine klare Kontrolle der Beschaffung und des Gebrauchs von illegalen Drogen eingeführt werden[12].

3. Vorschlag für ein Liberalisierungsmodell

Ausgehend von der Annahme, daß nur eine komplette Legalisierung die größten Nachteile der Prohibition beseitigen kann, soll nun ein Modell entwickelt werden, welches den spezifischen Gefahrenpunkten einer Liberalisierung entgegenwirkt. Die Gefahren sind folgende:

a) Anstieg der Nachfrage bei größeren Angebot
b) Anreiz zum Kauf von Drogen, da der Preis geringer ist.
c) Werbung für illegale Drogen und dadurch erhöhte Nachfrage.
d) Verringerung des Jugendschutzes

Die Freigabe sollte sich auf die Drogen beschränken, die von einer relevanten Gruppe von Abhängigen konsumiert werden. Außerdem sollten die illegalen Drogen nicht freigegeben werden, die besonders gesundheitsgefährdend sind, wie Crack und Speed. Bei diesen Drogen handelt es sich um besonders billige und gefährliche Drogen. Die freigegebenden Drogen sollten

---

10 Vgl. Association Nationale des Intervenants en Toxicomanie = Natio nale Vereinigung der Drogensuchtspezialisten.

11 Vgl. Comité Consultatif National d`Ethique = Ehtische, nationale und beratende Kommission.

12 Vgl. Boekhout van Soling, 1995, S. 42.

unter einem Staatsmonopol[13] stehen. Auf diese Weise könnte ihre Qualität getestet werden. Die Drogen sollten apothekenpflichtig sein und dem Medikamentenrecht unterstehen. Der Handel auf den Schwarzmarkt bleibt weiterhin verboten. Der Preis der Drogen sollte auf folgende Weise bestimmt werden: Er sollte gerade so preiswert sein, daß er den Schwarzmarkt austrocknet aber auf der anderen Seite keinen zu großen Kaufanreiz gibt. Weiterhin sollte ein absolutes Werbeverbot erlassen werden. Der Staat darf keine allgemeine Steuer auf den Verkauf der Drogen erheben, da er sonst möglicherweise seine Anstrengungen für die Bekämpfung des Konsums nachlassen[14]. Es sollte nur eine Abgabe erhoben werden, die direkt zur Kostendeckung der sozialen und gesundheitlichen Schäden, die durch den Drogenkonsum entstehen, verwendet wird. Der Drogenkonsum muß weiterhin in der Öffentlichkeit verboten bleiben. Der Konsum von Haschisch könnte man ab 16. Jahren und den Konsum der anderen Drogen ab 18. Jahren erlauben. Bei den harten Drogen sollte man nur den Verkauf einer bestimmten Dosis pro Tag erlauben. Man könnte bei den harten Drogen auch an einen staatlich ausgegebenen Bezugsschein denken, den der potentielle Drogenkonsument sich bei seiner Gemeinde ausstellen lassen muß. Alle diese Maßnahmen dürfen aber insgesamt die Hürden für den Drogenkonsum nicht so weit erhöhen, daß der Schwarzmarkt mit all seinen Gefahren wieder eine Chance bekommt. Die Apotheker könnte man für den Fall eines Verkaufes von Drogen zu einem Aufklärungsgespräch verpflichten. Bei den Drogen müßte im Beipackzettel alle Gefahren aufgezählt werden. Diese Freigabe muß von einer intensiven Aufklärungs- und Präventionsarbeit begleitet werden.

---

13 Vgl. Le commerce passive, der passive Vertrieb, Vorschlag von Caballero, 1989, S. 126.

14 Bei der Bekämpfung des Tabakkonsums hat das Bekämpfungsinteresse des Staates rapide nachgelassen, nachdem er eine Tabaksteuer eingeführt hatte.

4. Umsetzung dieses Liberalisierungsmodells

Aus gesellschaftlichen und politischen Gründen ist eine sofortige so umfassende Freigabe der illegalen Drogen nicht möglich. Auch nähme man sich bei einer solchen Radikalkur, die Möglichkeit bei Fehlentwicklungen nachzusteuern. Eine stufenweise Einführung hat den Vorteil, die Erfahrungen aus der vorherigen Stufe für die spätere nutzbar zu machen. Besonders wichtig ist dies für die Beurteilung des Konsumverhaltens bei einer Freigabe von bestimmten illegalen Drogen.

4.1 Erste Stufe

In der ersten Stufe könnte man den Besitz von Cannabis zum Eigenkonsum legalisieren und den Verkauf von Cannabis unter einem Staatsmonopol organisieren. Werbeverbot und die sonstigen Begleitmaßnahmen wären wie oben beschrieben zu treffen. Das Ziel dieser Freigabe wäre die Feststellung, wie sich das Konsumentenverhalten ändern würde. Dazu müßten aber zunächst vor der Freigabe umfassende Untersuchungen durchgeführt werden. Für die Abhängigen von harten Drogen könnte, wie in Frankfurt geschehen, durch Bereitstellung von Druckräumen ohne Strafverfolgung und Spritzentausch eine gewisse Entlastung geschaffen werden.

4.2 Zweite Stufe

Nachdem festgestellt wurde, daß die Freigabe von Cannabis keinen erheblichen Anstieg der Konsumentenzahlen verursacht hat, sollte man die Heroinabgabe in groß angelegten Heroinabgabeprogrammen, in die jeder Abhängige nach Nachweis seiner Sucht aufgenommen würde, organisieren. Zwar wird auch diese Maßnahme nicht zur totalen Austrocknung des Schwarzmarktes führen. Durch eine großzügige Aufnahme in diese Programme könnte jedoch den stark Abhängigen geholfen werden. Gleichzeitig müßte der Besitz von Heroin für den Eigenkonsum legalisiert werden.

4.3 Dritte Stufe

Unter der Voraussetzung, daß die ersten beiden Stufen nicht zu einem erheblichen Anstieg der Konsumentenzahlen geführt haben, könnte dann zur endgültigen umfassenden Freigabe unter einem Staatsmonopol und den oben aufgeführten Begleitmaßnahmen übergegangen werden.

5. Zusammenfassung

In Deutschland wurde nun durch den Vorstoß der Gesundheitsministerin von Schleswig-Holstein zum dritten Mal innerhalb von wenigen Jahren die Freigabe von Cannabis vorgeschlagen. Schon in den siebziger Jahren waren solche Vorschläge zur Entschärfung des Drogenproblems vorgebracht worden. Die Anworten der konservativen Politiker bestehen nur aus den alten unbelegten Argumenten. Das erfolgreiche Experiment der Niederlande wird ignoriert. In Frankreich wurden ähnliche Vorschläge gemacht, aber auch hier halten die Regierenden an der Prohibition fest.
Der obige Entwurf erhebt keinen Anspruch auf Vollständigkeit. Nach Meinung des Verfassers wäre der mögliche Gewinn für die Gesellschaft, der durch ein solches Experiment entstehen könnte, zumindest den Versuch wert.

8. Kapitel: Zusammenfassung

Die Problematik der illegalen Drogen erkennt man schon bei der Suche nach der rechtlichen Definition daran, daß diese erfolglos bleibt. Da es nie gelang, eine allgemeingültige Definition der illegalen Drogen zu finden, wurde das Enumerationsprinzip angewandt. Die westliche Gesellschaft verweigerte damals wie heute den Vergleich mit den etablierten Drogen wie Alkohol und Tabak. Dank des Enumerationsprinzips war auch keine Begründung der unterschiedlichen Behandlung der illegalen und legalen Drogen aus gesetzestechnischen Gründen notwendig. Die Entstehungsgeschichte der Strafgesetzgebung der illegalen Drogen zeigt, die große Bedeutung der internationalen Abkommen, die ohne weitergehende Begründung der Gefährlichkeit der illegalen Drogen diese ächten. Die nationalen Gesetze wurden in Deutschland und Frankreich meist als Reaktion auf eingegangene internationale Verpflichtungen erlassen. In beiden Ländern wurden die Strafrahmen kontinuierlich erhöht. Obwohl der Gesetzgeber in den siebziger Jahren in beiden Ländern Regelungen aufnahm, die dem Konsumenten bei Therapieaufnahme Straffreiheit versprachen, blieb die Strafandrohung bestehen. In der Folge haben der französische und der deutsche Gesetzgeber versucht, den Unterschied zwischen Händler und Konsumenten deutlicher zu definieren.

Während in Deutschland der Konsum, der nur auf Grund des damit verbundenen Besitzes von illegalen Drogen strafbar ist, unter gewissen Voraussetzungen nicht mehr bestraft werden soll, besteht in Frankreich weiterhin die Strafandrohung bezüglich jeden Konsums von illegalen Drogen.

Beim Vergleich der deutschen und französischen Strafgesetzgebung wurde festgestellt, daß die deutsche Gesetzgebung sehr viel ausgefeilter ist als die französische. Durch das Tatbestandsmerkmal "Besitz" besteht in Frankreich die Gefahr, daß der einfache Konsument wie ein Händler bestraft wird. Dies ist um so bedenklicher, da der französische Gesetzgeber nur relativ wenige Qualifikationstatbestände für den Händler kodifiziert hat, und schon die normalen Strafrahmen sehr hoch sind. Insgesamt sind die französischen Strafrahmen sehr viel höher als die deutschen. Lediglich bei der Bestrafung des schlichten Konsums übertrifft die deutsche Strafandrohung die französische. Bei den anderen deutschen Straftatbeständen wird mit verschieden hohen Mindeststrafen gearbeitet. In Deutschland besteht zudem die Möglichkeit, bei Besitz von geringen Mengen für den Eigenkonsum gänzlich von Strafe abzusehen. Allerdings darf hier nicht übersehen werden, daß der Richter in Frankreich bei der Strafzumessung einen weiteren Ermessensspielraum hat. Der französische Richter hat die Möglichkeit, beim schlichten Konsumenten nur eine Verwarnung auszusprechen. Die unterschiedliche Handhabung dieser Gesetze hat in Frankreich zu großen Diskrepanzen bei den verhängten Strafen geführt.

Frankreich erließ spezielle Verfahrensbestimmungen für die Drogendelikte, die die individuellen Rechte einschränken. In Deutschland wurden im Hinblick auf die organisierte Kriminalität im Bereich des illegalen Drogenhandels erheblich erweiterte Eingriffsmöglichkeiten für die Polizei kodifiziert.

Der Grundsatz "Therapie statt Strafe", der in beiden Ländern durch verschiedenartige Regelungen umgesetzt wird, hat in Frankreich trotz des leichteren Zugangs zu den Therapieanstalten mit der Folge der Straflosigkeit, nur bedingten Erfolg, da nur der reine Konsument begünstigt wird. In Deutschland ist eine solche Regelung überflüssig, da der reine Konsument sich grundsätzlich nicht strafbar macht. Auf der anderen Seite kann auch der abhängige Kleindealer in den Genuß der deutschen Regelungen kommen.

Frankreich ist Anhänger einer stärkeren Repression, wie man an den höheren Strafrahmen, die in Frankreich bei Wiederholungstätern zu einer Verdoppelung des Strafmaßes und beim Bandenführer bis zu lebenslanger Freiheitsstrafe führen können, erkennen kann. Auch die Tatsache, daß in Frankreich signifikant mehr Verurteilungen mit Freiheitsstrafe erfolgen, belegt diese Feststellung.

Die negativen Auswirkungen in der Prohibition sind in Frankreich und Deutschland erheblich. Alleine die Strafverfolgung kostet dem Staat eine halbe Milliarde DM pro Jahr. Hinzukommen die Kosten, die durch die indirekte Beschaffungskriminalität verursacht werden. Vorsichtige Schätzungen beziffern diese auf drei Milliarden DM. Auch den Drogenkonsumenten wird ein normales, das heißt straffreies Leben mit der Droge verweigert. Das Experiment in den Niederlanden zeigt, daß eine Freigabe zumindest bei den weichen Drogen nicht zu einem Anstieg des Konsums führt. Deshalb erscheint es dem Verfasser angebracht, eine stufenweise Liberalisierung vorzuschlagen.

Aus verfassungsrechtlicher Sicht ist die Prohibition mit ihrer willkürlichen Auswahl der verbotenen Substanzen ohne einen wissenschaftlichen Beweis ihrer Gefährlichkeit, ein Verstoß gegen die Grundrechte. Schon aus diesem Grund sollte eine Änderung der Gesetze erfolgen.
Das Liberalisierungsmodell am Ende der Arbeit erhebt keinen Anspruch auf Vollständigkeit. Mit ihm wäre es jedoch möglich, die normalen Marktmechanismen, die zu einer größeren Nachfrage führen würden, außer Kraft zu setzen. Das Hauptargument der Liberalisierungsgegner, die auf Grund des größeren Angebotes eine stärkere Nachfrage erwarten, würde somit entfallen.

Durch die kontinuierliche Ausbauung des europäischen Binnenmarktes erscheint die Behauptung im zunehmenden Maße fragwürdiger, daß die Prohibition eine entscheidende Verknappung des Angebotes bewirken kann. Trotzdem setzt die konservative Regierung in Frankreich immer weiter auf Repression. Auch in der Zukunft ist hier keine Änderung zu erwarten, da der amtierende Präsident der französischen Republik, Jacques Chirac, in seiner Zeit als Pariser Bürgermeister beeinflußt durch Nahas sich für eine repressive Politik ausgesprochen hat. Dabei ist beachtenswert, daß die Kommission Henrion entgegen ihrem ursprünglichen Auftrag zu gänzlich anderen Ergebnissen gekommen war. Über die Frage der möglichen Liberalisierung von Cannabis sollte in diesem Forum gar nicht diskutiert werden. Auch war der Vorsitzende Henrion zunächst ein Befürworter der Repression und änderte erst im Laufe der Untersuchung seine Meinung. Dieser Meinungsumschwung entgegen den Wünschen des Auftraggebers und mithin gegen erheblichen Druck läßt sich nur dadurch erklären, daß sich bei vollständiger sachlicher Information über Drogen die Verfehltheit der aktuellen Repressionspolitik förmlich aufdrängt. Bei Cannabis läßt sich ein anderes Ergebnis nur durch Unterdrückung von Tatsachen und die Verwendung unbewiesener Behauptungen erreichen.

Gleichzeitig erscheint das geringe Interesse der französischen Jurisprudenz an der Frage der Verfassungsmäßigkeit der Drogenstrafgesetze angesichts des Ursprunges der Menschenrechte in Frankreich erstaunlich. Dies kann nur teilweise durch den Einfluß der internationalen Verträge auf die nationalen Gesetze erklärt werden. Als Ursache kämen weiterhin die geringe Selbständigkeit der französischen Judikative und der Glaube an den Staat und seine Tradition in Frage. Eine Untersuchung mit dem Ziel, zu klären, warum auf diesem Gebiet bisher keine höchstrichterlichen Entscheidungen ergangen sind, erscheint durchaus interessant. Auch existieren auf dem sozialwissenschaftlichen Gebiet in Frankreich zu wenig aussagekräftige Untersuchungen, die zu einer nur annäherungsweisen Einschätzung des Problemes befähigen würden. Konsumentenzahlen, Einstiegsumstände und -gründe, sowie die Beschaffbarkeit wurden in Frankreich bisher zu wenig untersucht. Die meisten Untersuchungen in Frankreich auf diesem Gebiet wurden offensichtlich in leicht identifizierbarer Absicht geschrieben.

Auch glaubt der Verfasser, daß die fortschreitende europäische Einigung zu einer Vereinheitlichung des Drogenstrafrechtes führen muß, da sonst die Politik eines Mitgliedstaates durch den anderen unterlaufen werden kann. Hier wäre es interessant zu wissen, welche Strömung letztendlich die Oberhand in der Europapolitik haben wird. Im Hinblick darauf, daß auf diesem Gebiet in der EU große Unterschiede herrschen und die konservativen Regierungen durch den Beitritt von Schweden und Österreich einen zahlenmäßigen Zuwachs erhalten haben, ist zu befürchten, daß der status quo festgeschrieben wird. Die meisten Regierungen in der EU scheuen vor einer Änderung der Politik zurück, da die Gründe für das Umschwenken in der Drogenpolitik den Bürgern nur schwer zu vermitteln sind. Dagegen läßt sich die Drogenprohibition durch leicht eingängige und auch von Vertretern des Liberalisierungsgedankens nur schwer zu widerlegenden Schlagwörter verkaufen. Auf diese Weise läßt sich auch am leichtesten ein Konsens in den eigenen Reihen herstellen, da die wirklich Benachteiligten nur eine kleine Gruppe am Rande der Gesellschaft sind. Es wäre interessant, eine Untersuchung über die tatsächlichen Beweggründe für die ablehnende Haltung der Bevölkerung durchzuführen. In den Jahren 1994 und 1995 ist die Diskussion über die illegalen Drogen in Deutschland durch die "Haschisch-Entscheidung" des Bundesverfassungsgerichts und in Frankreich durch die Arbeiten von drei unabhängigen Kommissionen, die alle drei die Liberalisierung zumindest bei Cannabis angeregt haben, wieder neu entfacht worden. Leider hat sich die französische Regierung weder unter Mitterand noch unter Chirac die Erkenntnisse der Kommissionen zu eigen gemacht. Trotz dieser positiven Ansätzen besteht im Moment die Gefahr, daß sich das Pendel wieder in Richtung auf mehr Repression bewegt.

Trotz besser aufgeklärter Bevölkerung erscheint es der SPD im Moment nicht tunlich, dieses emotionsgeladene Thema aufzugreifen. In der Koalition hingegen verhindert die CSU aus ihrer repressiven Tradition heraus jegliche Änderung der Politik in diesem Bereich. Zur Zeit besteht nach Ansicht des Verfassers in Deutschland auf Grund der unterschiedlichen Handhabung der Einstellung des Strafverfahrens gemäß § 31 a BtMG ein verfassungswidriger Zustand. Da sich die Länder bei dieser Frage nicht einigen können, kann nur ein weiteres Urteil des Verfassungsgerichtshofes eine Angleichung der Einstellungspraxis herbeiführen.

In dieser Arbeit sollte gezeigt werden, daß die immer mehr verschärfte Prohibition nicht zu einer Lösung des Drogenproblems beigetragen hat. Dies erkennt man an den trotz verstärkter Bemühungen immer weiter gestiegenden Zahl der Konsumenten, der Drogentoten, der Sicherstellungsmengen, der Gewinne der Drogenmafia und der Anzahl der Verurteilungen. Trotz dieser traurigen Zahlen wird weiter immer mehr vom Gleichen verlangt. Es bleibt zu hoffen, daß die zaghaften Bemühungen um einen Umschwung in der Drogenpolitik Erfolg haben werden.

Literaturverzeichnis

1. Deutsche Literatur:

Albrecht, Peter-Alexis:
Prävention als problematische Zielbestimmung im Kriminaljustizsystem, S. 55, in: Kritische Vierteljahresschrift für Gesetzgebung und Rechtswissenschaft, 1986

Albrecht, Peter Alexis/ Hassemer W./Voß M.:
Rechtsgüterschutz durch Entkriminalisierung, Vorschläge der Hessischen Kommission "Kriminalpolitik" zur Reform des Strafrechts, Nomos Verlagsgesellschaft, Frankfurt am Main 1992

Alternativkommentar zum Grundgesetz. Bd. 1 u. 2. Neuwied 1984

Alternativkommentar zum StGB. Neuwied. 1. Bd. 1990; 2. Bd. 1991

Ambos, Kai:
Die Drogenkontrolle und ihre Probleme in Kolumbien, Peru und Bolivien, Eigenverlag Max-Planck-Institut, München Diss 1992

Amendt, Günther:
Sucht Profit Sucht, Verlag Rowohlt, Hamburg 1983

Amendt, Günther:
Die Droge Der Staat Der Tod, Verlag Rasch und Röhrung, 1992

Arnold T. /Frietsch R.:
Modellprogramm Aufsuchende Sozialarbeit für betäubungsmittelabhängige Straftäter (ASS), 1987 und 1989

Badura, Peter:
Staatsrecht, Verlag C.H. Beck, München 1986

Behr, Hans-Georg:
Weltmacht Droge, Das Geschäft mit der Sucht, Econ Verlag, Wien und Düsseldorf 1984

Beke-Bramkamp, Ralf:
Die Drogenpolitik der USA, 1969-1990; Unter besonderer Berücksichtigung ihrer Auswirkungen auf die Bundesrepublik Deutschland und den Europäischen Einigungsprozeß, Verlag Nomos, Baden-Baden 1992

Berger H. u.a.:
Wege in die Heroinabhängigkeit. Zur Entwicklung abweichender Karrieren. München 1980

Bienick, Rajnhard:
Empirische und rechtliche Bedingungen einer Entkriminalisierung von Drogenabhängigen durch Substitutionsbehandlung, Diss Bremen 1993

Bundeskriminalamt:
Rauschgift Jahresbericht, Wiesbaden, 1993

Böllinger, Lorenz:
Drogenrecht, Drogentherapie, Frankfurt 1983, 2. Aufl., Frankfurt 1987

Böllinger, Lorenz:
Möglichkeiten und Grenzen der Legalisierung und Entkriminalisierung des BtM-Gebrauches im Rahmen einer Novellierung des BtMG, unveröffentlichtes Gutachten für die Deutsche AIDS Hilfe e.V., Berlin 1991a

Böllinger, Lorenz:
Strafrecht, Drogenpolitik und Verfassung, Krit Justiz 1991b, 393 ff.

Böllinger, Lorenz:
Drogenrepression als Drogenpolitik - Der Nationale Rauschgiftbekämpfungsplan in: Drogenpolitik und Drogenhilfe 1991c, 292ff

Böllinger, Lorenz:
Akzeptierende Drogenarbeit - Drogenstrafrecht und Verfassung, in: Akzept e.V. (Hrsg.): Leben mit Drogen, 1991d, S. 102 ff.

Böllinger, Lorenz:
Gesundheitsvorsorge für Fixer strafbar?, JA 1991e, 292 ff.

Böllinger, Lorenz:
Verfassungsrechtliche und kriminalpolitische Aspekte eines Ausstiegs aus repressiver Drogenpolitik in: Neumeyer /Schaich-Walch, Zwischen Legalisierung und Normalisierung, 1992a, 147 ff

Böllinger, Lorenz:
Fragen zur Verfassungsmäßigkeit des Betäubungsmittelgesetzes, in: Singer, J. (Hrsg.): Trennung der illegalen Drogenmärkte, 1992b, S. 49 ff.

Böllinger, Lorenz/Rüdiger, Lautmann:
Vom Guten das noch stets das Böse schafft, Verlag suhrkamp taschenbuch wissenschaft, Bremen 1992c/1993

Böllinger, Lorenz/ Stöver, H.:
Drogenpraxis, Drogenrecht, Drogenpolitik, ein Leitfaden für Drogenberater, Drogenbenutzer, Ärzte, Juristen, Materialien zur Sozialarbeit, Band 12, 3. Aufl., Frankfurt am Main 1992d

Böllinger, Lorenz:
Grenzenloses symbolisches Strafrecht: Zum Cannbis-Beschluß des Bundesverfassungsgerichts, in: KJ 1994, 405-420

Bossong, Horst; Marzahn, Christian; Scheerer, Sebastian Hrsg.:
Sucht und Ordnung, Drogenpolitik für Helfer und Betroffene, Frankfurt Main 1983

Brühl, Albrecht:
Drogenrecht, Dt. Tachenbuch-Verl. München 1992

Brakhoff, Jutta (Hrsg.):
Sucht und Prostitution, Verlag Lambertus, Freiburg 1989

Burian, Wilhelm: Haschisch:
Prohibition oder Legalisierung, Verlag Beltz, Weinheim 1982

Buttel, Michael:
Kritik der Figur des Aufklärungsgehilfen im BtM-Strafrecht, Diss Frankfurt 1987

Deutsche AIDS-Hilfe e.V.:
Abschlußbericht der Arbeitsgruppe "BtM-Novellierung und Entkriminalisierung von Drogenkonsum..." Unveröffentlichtes Manuskript 1990

Dünkel, F.:
Strafrechtliche Drogengesetzgebung im internationalen Vergleich, in: G. Vogler (Hrsg.): Rausch und Realität. Drogen im Kulturvergleich, Bd II, Köln 1981, S. 674-683

Ebert A./Müller E., Betäubungsmittelrecht:
Kommentar und Anleitung für die Praxis, 1982

Egg R.:
Drogentherapie und Strafe, Kriminologie und Praxis (KuP), Bd. 3, Wiesbaden 1988

Ellinger, Hans :
Betäubungsmittel und Strafbarkeit. (Schriftenreihe des Bundeskriminalamtes, 1974/ 1-3), Wiesbaden 1974

Erbs G./Kohlhaas M.:
Strafrechtliche Nebengesetze, Band I, 1.-4. Auflage, 87. Ergänzungslieferung, Stand: Oktober 1989

Europäisches Parlament:
Sitzungsprotokoll vom 23. April 1992, A3-0358/91

Franke, Siegfried F.:
Grundlagen und Umrisse eines Konzeptes zur Freigabe illegaler Drogen, in: Grözinger, Gerd: Recht auf Sucht?, 1991

Frankenberg, Günter:
AIDS-Bekämpfung im Rechtsstaat, Nomos Verlagsgesellschaft, Baden-Baden 1988

Frisch W.:
Selbstgefährdung im Strafrecht, Teil 1 NStZ 1992, 1 ff., Teil 2 NStZ 1992, 62 ff.

Gallandi, Volker:
Staatsschutzdelikte und Pressefreiheit, Darmstadt 1982, Verlag Athenäum, Königstein Taunus 1983

Gallandi, Volker:
Drogen und Recht, ecomed.Ver.-Ges., Landsberg/Lech 1992

Geschwinde, Thomas:
Rauschdrogen: Markformen und Wirkungsweisen, 2. Aufl. Springer-Verlag Berlin1985, 1990

Grözinger, Gerd (Hrsg.):
Drogen Markt Gesetze, Rotbuch Verlag, 1991 Berlin

Hanack, Ernst-Walter:
Empfiehlt es sich, die Grenzen des Sexualstrafrechts neu zu bestimmen?, Gutachten für den 47. Deutschen Juristentag, 1968, A 35.

Hobbing, Peter:
Strafwürdigkeit der Selbstverletzung: Der Drogenkonsum im deutschen und brasilianischen Recht, Verlag Peter Lang, Frankfurt am Main 1982

Homann, U.:
Das Haschischverbot. Frankfurt/Main, 1972

Hügel/Junge/Winkler:
Deutsches Betäubungsmittelrecht, 6. Auflage

Jäger, Herbert:
Strafgesetzgebung als Prozeß. In: Festschrift für Ulrich Klug, Hrsg. Günter Kohlmann, Verlag Deubner, Köln 1983

Jäger, Herbert:
Möglichkeiten einer weiteren Reform des Sexualstrafrechts, 1984, S. 68ff. in: Sexualtheorie und Sexualpolitik, Hrsg.: Martin Dannecker und Volkmar Sigusch, Enke Verlag Stuttgart, 1984

Jäger, Herbert:
Entkriminalisierung im Sexualstrafrecht, S. 7, in: Sexualwissenschaft und Strafrecht, Verlag Enke, Stuttgart 1987

Jarass, Hans/Pieroth, Bodo:
Grundgesetz für die Bundesrepublik Deutschland, Kommentar, München 1989

Joachimski J.:
Betäubungsmittelrecht, Taschenkommentar, 4. Auflage, 1985

Keup Wolfram:
Analoga kontrollierter Substanzen (sogen. designer drugs): Entwicklung des Mißbrauchs in der Bundesrepublik, Suchtgefahren, 36, 1990

Keup Wolfram:
Mißbrauchsmuster bei Abhängigkeit von Alkohol, Medikamenten und Drogen, Verlag Lambertus, Freiburg i. Brsg. 1992

Kindermann S.:
Risse im sozialen Netz: Wege zum Drogengebrauch, in: Kindermann, W. u.a. (Hrsg.), Drogenabhängig - Lebenswelten zwischen Szene, Justiz, Therapie und Drogenfreiheit, Freiburg i. Br. 1989

Kindermann W.:
Zur HIV-1-Antikörperprävalenz bei Drogenabhängigen in der Bundesrepublik Deutschland, Drogen-Report, 1989

Körner, Harald:
Kommentar zum BtMG, 4. Auflg, München, 1994

Kreuzer, Arthur/Gebhardt, C./Maassen, M./Stein-Hilbers, M.:
Drogenabhängigkeit und Kontrolle, BKA-Forschungsreihe, Bd 14, Wiesbaden 1981

Kreuzer, Arthur; Hürlimann, Michael; Wagmann, Klaus:
Drogenpolitik und Justiz im Konflikt? Lambertus Verlag, Freiburg im Breisgau 1990

Kreuzer, Arthur; Römer-Klees, Ruth; Schneider, Hans:
Beschaffungskriminalität Drogenabhängiger, BKA Forschungsreihe 24 Band Bundeskriminalamt, Wiesbaden 1991

Kreuzer, Arthur; Wille, Rolf:
Drogen-Kriminologie und Therapie, Fachbücherei Praktische Sozialarbeit, Verlag R.v.Decker & C.F.Müller Heidelberg 1988

Lange K.J./Günther E.:
Zur Frage des "Herauswachsens aus der Sucht" bei Opiatabhängigen: Eine Auswertung der Aufzeichnungen über Fixer bei der Koordinierungsstelle für Rauschmittelfragen in Hamburg, SuchtG 1983, 175-180

Lange K.J.:
Neuere kriminalistische Beobachtungen zum Verlauf von Opiatabhängigkeit, SuchtG 1986, 112 ff.

Lindner, Peter:
Sozialisationsstörungen als Suchtursache und Möglichkeiten der Prävention, Werner Reiners-Kröncke. - 1. Aufl. Sankt Augustin: Asgard-Verlag Hippe, 1993

Locher, Klaus:
Zur Ökonomie des Rauschgift-Verbots, in: WiSt, 18 Jg. (1989)

Mazloum, Khorasani, Mohammad:
Soziale und individuelle Ursachen der Drogenabhängigkeit und ihre Folgen, Diss Berlin 1989

Menninger, Karl:
Selbstzerstörung, Suhrkamp

Menschenrechte und Freiheit:
Verlag SOI, Bern 1987

Meyer, Jürgen (Hrsg.):
Betäubungsmittelstrafrecht in Westeuropa, Eine rechtsvergleichende Untersuchung im Auftrag des Bundeskriminalamts, Freiburg i. Brsg. 1987

Nestler, Cornelius, Vortrag:
Verfassungsprinzipien und Strafrechtstheorie in der Drogengesetzgebung, in Böllinger, Lorenz (Hrsg.) Sammelband über die Cannabis-Tagung von 1995 in Bremen, erscheint 1996.

Neumeyer, Jürgen:
Zwischen Legalisierung und Normalisierung, Marburg 1992

Nowack, Andreas:
Einkaufskooperationen zwischen Kartellverbot und Legalisierung nach dem Gesetz gegen Wettbewerbsbeschränkungen, Universitätsverlag Dr. N. Brockmeyer, Bochum 1993

Noll, Peter:
Gesetzgebungslehre, Verlag Rowohlt, Reinbeck 1973

Noller, Peter:
Junkie-Maschinen, Rebellion und Knechtschaft im Alltag von Heroinabhängigen, Verlag DUV, Diss, Frankfurt am Main 1987

Platt, J. J. ; Labate, C.:
Heroinsucht. Theorie, Forschung, Behandlung, Darmstadt 1982

Quensel, Stehpan:
Soziale Fehlanpassung und Stigmatisierung, Test zum Messen der delinquenten Entwicklung in: Zur Effektivität des Rechts, 1972, 447-490 (Jahrbuch für Rechtssozialogie und Rechtstheorie, Bd 3)

Quensel, Stephan:
Unsere Einstellung zur Droge. in: Kriminologisches Journal 12. 1980, 1 -16

Quensel, Stephan:
Drogenelend - Cannabis, Heroin, Methadon: Für eine neue Drogenpolitik, Campus Verlag, Frankfurt am Main, - New York, Campus, 1982

Quensel, Stephan:
Entstaatlichung der Drogenpolitik, in: Bossong, H./Marzahn, CH./Scheerer, S. (Hrsg.): Sucht und Ordnung, 1983, S. 109 ff.

Quensel, Stephan:
Mit Drogen leben. Erlaubtes und Verbotenes. Frankfurt 1985

Quensel, Stephan:
Zu den Auswirkungen vom AIDS auf die Drogenarbeit: Bieten sich Chancen? in: Wiener Zeitung für Suchtforschung (WZfS) 1986, S. 27 ff.

Quensel, Stephan:
Methadon - nicht die Lösung, aber eine Chance in: Neue Kriminalpolitik, 1, 1989, S. 36 -39

Quensel, Stephan:
Cannabis-Politik, in: Scheerer, S./Vogt, I. (Hrsg.): Drogen und Drogenpolitik, 1989, s. 396 ff.

Quensel, Stephan:
Wirkungen und Risiken des Cannabisgebrauchs, in: Scheerer, S./Vogt, I. (Hrsg.): Drogen und Drogenpolitik, 1989, S. 379 ff.

Quensel, Stephan:
Einige Fragen zur akzeptierenden Drgogenarbeit, in: Schuller, K./Stöver, H. (Hrsg.): Akzeptierende Drogenarbeit, Verlag Lambertus, 1990, S. 61 ff.

Reinicke, Hellmuth:
Heroinszene Frankfurt, Campus Forschung, Frankfurt am Main 1987

Rennings, Hedwig van:
Zum sozialpolitischen Ausgangspunkt und zur Logik der Drogenpolitik in der BRD, Bremen Diss 1992

Rentzel-Rothe, Wolfgang:
Legalisierung von Heroin die neue Debatte, Bremen 1992

Reuband, Karl-Heinz:
Drogenkonsum und Drogenpolitik, Verlag Leske + Budrich, Opladen 1992

Reuband, Karl-Heinz:
Soziale Determinanten des Drogengebrauchs, Eine sozialwissenschaftliche Analyse des Gebrauchs weicher Drogen, Westdeutscher Verlag, Opladen 1994

Riem/Voigt (Hrsg.):
Durchsetzung und Wirkungen von Rechtsentscheidungen. Schriften der Vereinigung für Rechtssoziologie Bd. 14. 1990

Scheerer, Sebastian:
Die Genese des Betäubungsmittelgesetze in der Bundesrepublik Deutschland und in den Niederlanden,Verlag Otto Schwarz & Co Göttingen, 1982

Scheerer, Sebastian in:
Scheerer/Vogt I.: Drogen und Drogenpolitik, Campus-Verlag, Frankfurt am Main 1989

Scheuch, Erwin K.:
Haschisch und LSD als Modedrogen. Osnabrück, 1970

Schmidt, Bernhard:
Rang und Geltung der Europäischen Konvention zum Schutze der Menschenrechte und Grundfreiheiten vom 3. November 1950 in den Vertragsstaaten, Verlag Helbung Lichtenhahn, Frankfurt am Main 1984

Schmidt-Semisch, Henning:
Drogenpolitik, Zur Entkriminalisierung und Legalisierung von Heroin, Verlag AG-SPAK, München 1990

Schmidt-Semisch, Henning:
Drogen als Genussmittel, ein Modell zur Freigabe illegaler Drogen, Verlag AG SPAK, München 1992

Schneider, Hartmut:
Fschr. 100 Jahre Deutscher Juristentag. 1960 Bd. II

Schneider, Hartmut:
Verfassungsmäßigkeit der Strafbarkeit des Haschischerwerbes, StrafV 1992, 513 ff.

Schneider, Hartmut:
Haschisch im sanktionsfreien Raum - das Konsumverhalten im Lichte der Entscheidung des Bundesverfassungsgerichts, StV 1994, 390.

Schneider, Werner:
Welche Entwicklungsmöglichkeiten haben Heroinabhängige? in: Neue Praxis Heft np 3/88

Schuller, Klaus/Stöver, Heino:
Akzeptierende Drogenarbeit; Ein Gegenentwurf zur traditionellen Drogenhilfe, Verlag Lambertus, Freiburg im Breisgau 1990

Schumann, Karl F./Berlitz, Claus/Guth, Hans-Werner/Kaulitzki, Reiner:
Jugendkriminalität und die Grenzen der Generalprävention, Verlag Luchterhand, Neuwied 1987

Schwanke, J.:
Alarmierende Dimension. Die Beschaffungkriminalität von Rauschgiftabhängigen in Hamburg. Kriminalistik, 1989

Schwind, H. -D.:
Die Göttinger und die Bochumer Dunkelfeldforschung, in: Kerner, H. -J. u.a. (Hrsg.), Deutsche Forschung zur Kriminalitätsentstehung und Kriminalitätskontrolle, Köln 1983

Sieber, Martin:
Drogenkonsum: Einstieg und Konsequenzen, Ergebnisse von Längsschnittuntersuchungen und deren Bedeutung für die Prävention, Verlag Hans Huber, Zürich 1993

Skarabis, H.; Patzak, M.:
Die Berliner Heroinszene. Eine epidemiologische Untersuchung. Weinheim, Basel 1981

Slotty M.:
Neuer Anfang zur Neuordnung des Betäubungsmittelrecht, in: ZRP 1981, S. 321 ff.

Slotty M.:
Das Betäubungsmittelgesetz 1982: Kurzbericht für die Strafrechtspraxis, NStZ 1981, S. 321 ff.

Statistisches Bundesamt Wiesbaden:
Strafverfolgung 1990-1993

Statistisches Bundesamt Wiesbaden:
Reihe 4.1 Strafvollzug- Demographische und kriminologische Merkmale der Strafgefangenen am 31.3.1991

Stephan, E.:
Die Stuttgarter Opferbefragung, BKA-Forschungsreihe, Bd. 3, Wiesbaden 1976

Stöver, Heino:
"Der" tolerierte intravenöse Drogengebrauch in den Angeboten der Drogen- und AIDS-Hilfe: ein Sammelband/Hrsg. im Auftrag der Deutschen AIDS-Hilfe, S. 144, 1991 Berlin

Stöver, Heino:
Drogenfreigabe Plädoyer für eine integrative Drogenpolitik, Lambertus Verlag, Freiburg im Breisgau 1994

Stosberg, Krista:
Sozialisation und Drogen: Entstehung, Fortdauer, Rückfall 1990

Täscher:
Das Cannabisproblem, 3. Aufl. 1986

Thamm, Berndt Georg:
Drogenfreigabe-Kapitulation oder Ausweg? Verlag Dt. Polizeiliteratur, Hilden/Rhld. 1989

Thamm, Berndt Georg:
Drogen-legal-illegal, Verlag Deutsche Polizeiliteratur GmbH, Hilden/Rhld 1991

Thamm, Berndt Georg:
Drogen Report, Lübbe Verlag 1988

Weider H. J.:
Die Strafmilderung für den Aufklärungsgehilfen nach § 31 Nr. 1 BtMG, NStZ 1984, 391 ff.

Welz R.:
Epidemiologie und Risikofaktoren jugendlichen Drogenkonsums, in : Hellbrügge, T. (Hrsg.), Drogen im Kindes- und Jugendalter, Lübeck 1987

Werner, Martin:
Drogenabhängigkeit, Die Bedeutung von Werten bei der Entstehung und Therapie der Rehabilitationseinrichtungen,

2. Französische Literatur:

Acteur social et délinquance:
Une grille de lecture du système de justice 1990

Annuaire statistique de la justice, Ministère de la justice, 1990, SESDIP

Baromètre santé 92:
Résultats de l'enquête annuelle sur la santé des Francais, Francois Baudier

Barre, Marie-Daniele:
Toxicomanie et délinquance, 1994, Nr. 70, CESDIP, Ministère de la justice, CNRS

Baudouin, Jean-Louis:
Éhtique de la mort et droit à la mort, Paris: Presses universitaires de France, 1993

Bernat de Celis, Jacqueline:
CESDIP 1992 - Nr. 54, Centre de recherches sociologique sur le droit et les institutions pénale, Fallait-il créer un delit d'usage illicite de stupéfiants

Bisiou, Yann:
D'un produit, l'autre: à Propos de deux siècles de controle des drogues en Europe, Rev. science crimminelle (2) 1991

Bocabra, Catherine:
La politique Internationale de lutte contre le Trafic illicite de drogues dans le cadre des Nations Unies, Paris Diss 1992

Boekhout van Solinge, Tim:
Gutachten im Auftrag des französischen Gesundheitsministeriums: La situation en ce qui concerne Le Cannabis en France, Paris 1995; (unveröffentlichtes Gutachten).

Bordes, Philippe:
1962-, Enquete aux frontières de la loi, Verlag Normandie roto, Paris 1992

Boulanger, Michel:
Drogues et préventions. Etude des Toxicomanies dans la société francaise contemporaire. Propositions pour une politque de préventions, Diss Grenoble 1988

Brouet, Olivier:
Drogues et relations internationales: du Phénomène de société à la narcodiplomatie, Presse universitaires de France, Paris 1991

Caballero, Francis:
Droit de la drogue, Verlag Dalloz, Paris 1989

Cathala, Fernand:
Délinquance et enquêtes policières, Verlag Éd. du Champ-de-Mars, 1987

Centre national de prévention, d'études et de recherches en toxicomanie:
Voyages et voyageurs de la drogue, dans l'auditorium de Roussel UCLAF, 35, blv. des Invalides 75007 Paris, 15.04.1991

Chaubard, Xavier:
La Toxicomanie en droit francais, Diss Bordeaux 1987

Choiseul, Praslin, Charles-Henri de:
La drogue: une économie dynamisée par la répression: la marée blanche, Verlag Presses du CNRS, 1991

Colin u.a.:
Le toxicomane malade de la Loi, Cahiers de la Corifet, Montpellier, 1988

Collinot, Jean-Francois:
La Tete à l'enfer: un an et demi d'enquêtes sur la section de voie publique de la Brigade des stupéfiants et du proxénétisme, Verlag Éd. du Cerf, Paris 1989

Cornu, Gérard:
Droit civil, Introduction, Les personnes, Montchrestien, 1988, Verlag Paris Jouve

Curtet:
L'incarcération des toxicomanes, La nouvelle presse médicale, 1978, Nr. 24, 2183

Debbasch Charles:
Droit constitutionnel et institutions politiques, Paris: economica, 1983, Verlag Jouve

Decocq, André:
Le droit de la police, Paris Litec, 1991

Delbrel. Guy. Dir.:
Géopolitique de la drogue / Campagne européenne d'information sur la drogue; Paris 1991

DGLCD:
La demande sociale de drogues, 1994

Doll:
Les médecins et la loi du 31. décembre 1970 sur la lutte contre la toxicomanie, La Presse Médicale, 1971, 29, S. 873

Facy, Francois:
Ministère des affaires sociales et de la solidarité, Toxicomanes incarcérés vus dans les antennes- toxicomanie, Enquête epidemiologique 1989-1990,1993

Ferandez, Joachim:
La dépénalisation des drogues douces en Italie, Rev. frz. aff. soz. No Spec. 1981 La drogue

Freda, Hugo:
IXe Journées de Reims , La drogue: dépénalisation, substitution et/ou thérapeutique, Reims 1990

Galland, Jean-Pierre:
Fumée clandestine, Paris: Ramsey 1991

Godefroy, Thierry:
Études et données pénales, Les couts du crime en France, Les dépenses de sécurité 1988-1991, CESDIP, Paris, Justizministerium, 1993

Gortais, Jean:
Stupéfiants et justice pénale: enquête pour l'année 1981, Paris, Service d'études pénales et criminologiques, 1983,

Grunbaum, Jean-Claude:
Enjeux ideologiques et cliniques autour d'un certain usge de soi: La conversion de l'usage de drogues en "Toxicomanie", en France. Diss Ehess. 1987

Guinchard, Selge:
Lexique de termes juridiques, Verlag Dalloz, Paris 1993, 9e édition

Haillot, Michelle:
L'intoxication par les drogues, Paris CNDP 1986

Hauthuille, Christine:
Face aux drogues, que faire? Paris: Édition 1, 1993

Henrion:
R. Rapport de la commission de réflexion sur la drogue et la toxicomanie, März 1995, im Auftrag des Ministère des affaires sociales de la santé et de la ville.

Hualde, Gabriel:
La drogue et la délinquance chez les jeunes de Navarre contribution sociologique a la perception, Diss Paris 1987

Jansen, A.C.M.:
Cannabis a Amsterdam: une géographie du haschisch et de la marijuana, 1991

Krüger, Henrik:
L'arme de la drogue, Paris 1984, Messidor

Le Monde:
Drogues, politique et société, sous la direction de Alain Ehrenberg et Patrick Mignon, Édition Descartes, Paris 1992

Labrousse, Alain:
La drogue, l'argent et les armes, Verlag SEPC, Paris Fayard 1991

Lakehal, Bouhadi Amar (Mokthar):
De la sécurité sociale à la prévention, Diss Paris I 1990

Larguier, Jean: Larguier, Anne-Marie:
Droit pénal spécial, Verlag Dalloz, Paris1992

Larguier, Jean:
Droit pénal général, 14. Auflage, Paris 1993, Verlag Dalloz

Larguier, Jean:
Procédure pénale, 14. Auflage, Paris 1994, Verlag Dalloz

Le Chère, Marcel:
La police

Levasseur:
La convention européenne des droits de l'homme et la procédure pénale francaise, Revue des droits de l'homme, 1970, Vol. 3

Lucchini, Riccardo:
Ed. Uni. Fribourg Swiss, Drogues et sociéte: essai sur la toxicodépendance

Maxence, Jean-Luc:
L'aide aux toxicomanes, Paris: Droguet et Ardant, 1993, Normandie roto

Monfreid, Henry de:
La croisière du haschich, Paris: B. Grasset, 1994, Firmin-Didot

Michaux, Henri:
Connaissance par les gouffres, Gallimard, Paris 1988

Ministère de la Justice:
Annuaire Statistique, 1989-1990

Ministère de la Justice:
INFOSTAT JUSTICE, Nummer 38, Juli-August 1994

Ministère de l'intérieur et de l'aménagement du territoire:
Usage et trafic de drogues Statistiques 1993

Ministère des affaires sociales et de la solidarité:
Toxicomanes incarcérés vus dans les antennes - toxicomanie, 1993, Enquête épidemiologique, Francois Facy, Inserm U. 302

Murard und Jaubert:
Drogues passions muettes, Recherches, Paris 1979

Novoa, Fournier Anne:
Faut-il libéraliser l'usage de certaines drogues? Cas particulier du Haschich, de la Cocaine et des Amphétamines, Diss Caen 1988

Observatoire géopolitique des drogues:
La drogue nouveau désordre mondial, Pluriel intervention, 1993

Olievenstein, Claude:
La vie du toxicomane, Seminaire de l'hopital Marmottan dirégé par Claude Olievenstein, 1982, Presses Universitaire de France

Panunzi-Roger, Nadia:
L'expérience toxicomaniaque, Marseille 1993, Verlag Robert

Panunzi, Nadie:
Drogue expérience sociale et espace intérieur approche clinique de toxiques incarcérés

Pélicier, Yves und Guy Thillier:
La drogue, Reihe: Que sais-je?, Presses Universitaire de France, Nr. 1514

Pellegrini, Charles:
A chacun sa mort, Paris Édition Nr. 1, 1990

Pelt, Jean-Marie:
Les drogues: leur histoire. leurs effets, Paris: Doin 1979

Philip:
La constitutionnalisation du droit pénal francais, R.S.C., 1985

Pila:
Le trafic de stupéfiants et la Société des Nations Sirey, 1925

DGLDT:
Plan gouvernemental de lutte contre la drogue et la toxicomanie vom 21. September 1993, 137 rue du Faubourg Saint-Honoré, 75380 Paris Cedex 08.

Pradel, Jean:
Introduction générale, Droit pénal général, Paris: Cujas, 1986, Bussière

Revue de science criminelle et de droit pénal comparé Nr. 2, 1991, Déviance

Revue des huissiers de justice JO vom 22.04.81

Revue pénitentiare et de droit pénal, 1992-1991

Schweitzer, Jean-Pierre:
Drogue et inadaptation sociale, Paris: Ministère de la Santé, 1975

Serradeil, Marie-Helene:
Étude de la législation francaise et européene (CEE) concernant le cannabis, Diss Monpellier 1989

Simoni, Simonetta:
Les acteurs et les enjeux des politiques contre la drogue: Esquisse d'une analyse ideologique et étude des cas, Diss Paris IV 1987

Stengers, Isabelle:
Drogues, le défi hollandais, Laboratoires Delagrange, Paris 1991

Sullerot, Evelyne:
Conseil économique et social, les problèmes posées par la toxicomanie, JO Séances des 30 et 31 Mai 1989

Teyssie:
Droit civil, Les personnes, Litec, 1983

Trautmann, Catherine:
Lutte contre la toxicomanie et le trafic des stupéfiants, Rapport au Premier ministre, Feb. 1990, La Documentation francaise.

Vaille:
Traitement des toxicomanes: responsabilité et rôle de la loi, Inf. Phram., 1978, Nr. 213, S. 961

Vaille:
Difficultés d'application de la législation concernant les toxicomanies aux drogues, Inf. Pharm., 1983, Nr. 263, S. 339

Verde:
La législation ancienne et moderne des substances vénéneuses, Dissertation, Strasbourg, 1950

Valleur, Marc:
Vous, vos enfants et la drogue. Prais 1992, Librairie générale francaise

Wachsmann, Patrick:
Les droits de l'homme, Dalloz, Paris 1992